윤리경영수압과
倫 理 經 營 需 壓

개방체제실험
開 放 體 制 實 驗

<창조적 고유탄력성에 관한 연구>

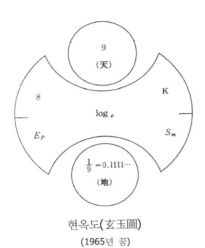

현옥도(玄玉圖)

(1965년 꿈)

뿌리깊은 良心 (誠) 샘이깊은 眞實

信 · 義 · 業

총서 제 3 권

윤리경영수압과
倫 理 經 營 需 壓
개방체제실험
開 放 體 制 實 驗

<창조적 고유탄력성에 관한 연구>

원당 이득희 저
즈네상스팀 편저

뿌리깊은 良心 (誠) 샘이깊은 眞實

信 · 義 · 業

이 총서명은 원당 이득희 선생의 정년퇴임기념집(1997년, 건국대학교)의 제목이다. 이 기념집은 선생의 논문, 기고, 작사 작곡, 그림, 기타자료 등을 엮어 헌정한 책이다. 당시 원당 선생이 이 책의 제목을 [誠 : 信 · 義 · 業]으로 정하셨다. 이것은 선생의 모든 학문과 삶을 꿰뚫는 중요한 상징적 의미를 갖고 있는 것이다. 2020년, 선생의 논문을 재편집하여 새롭게 총서 형태로 출간을 기획함에 있어 선생의 뜻을 이어받아 제목을 정한 것이다.

– 즈네상스팀

誠 (言→成:創造) : 信 · 義 · 業
(廣深久의 焦核)　　(敬天)　(愛人)　(實地)

하늘의 뿌리 誠성(言言연－成성 ; Logos), 사람의 뿌리 命核명핵(찌깁)을 살찌게 하는 샘끼, 그 근원은 신(경천) · 의(애인) · 업(실지) 결국의 근원이다. 사람과 하늘과 땅끼 사이, 이것의 久深廣구심광을 구슬방울로 가로질러 피어온 創生史창생사에 있어서 實地실지의 業업이 있는 곳에는 敬天경천의 信신이 있고, 愛人애인의 義의가 있는 곳에는 實地실지의 業업이 있다. 信義業신의업은 誠성, Logos의 tripod(鼎足정족)이다.

－1997년 정년퇴임기념집 [誠 : 信 · 義 · 業] 前記전기 중에서

머 리 말

원당 이득희선생은 '윤리경영수압과 개방체제실험', '건국이념-천부경의 수치실험해석', '창조적 고유탄력성에 관한 연구'로 이어지는 총 8편(1971~1997)의 논문을 완성하셨습니다. 제자들의 모임 즈네상스팀은 이 논문들을 공식 책으로 엮어 2020년 10월 24일 <총서 제1권>, 2021년 12월 18일 <총서 제2권>을 출간하였고, 이번에 <총서 제3권>을 출간하게 되었습니다. 세 번에 나누어 출간하였지만 <총서 1, 2, 3권>은 전체 내용 상 하나의 책이라고 할 수 있습니다. 이번 <총서 제3권>은 '창조적 고유탄력성에 관한 연구 (Ⅰ), (Ⅱ)' 두 편(1996, 1997)의 논문을 중심으로 하고, 신문기고, 창작시·그림과 친필원고 등을 함께 묶어 구성하였습니다.

먼저 알려둘 점은 <총서 제3권>의 '저자 전기前記, 후기後記'가 총서 전체에 관한 머리말에 해당한다는 것입니다. 이 저자 전기, 후기는 정년퇴임기념집(1997년)인 信·義·業 책에 담기 위해 원당선생이 직접 쓰신 것이며, <총서 1, 2, 3권>은 이 책을 근간으로 한 것입니다. 당시 기념집 형식으로만 있던 것을

일반 도서로 공식 출간하게 된 그 자체만으로도 의의가 크다 할 수 있겠습니다. 따라서 원당선생의 삶에 대한 술회와 고민, 연구의 계기와 동기 등을 밝히고 있는 '저자 전, 후기'와 부록의 '시론', '개방하의 산업과 지식을 위하여'등을 먼저 읽어 보는 것을 권합니다.

<총서 제3권>은 새로운 산업시대를 맞이하여 한국의 고유탄력성을 여하히 최유효로 발상시킬 수 있겠는가 하는 물음과 해답을 추구하는 연구로 집약될 수 있습니다.

<총서 제1권>은 윤리경영의 개념적 구도와 그 수리적 논리체계에 관한 연구 내용, 그리고 이에 대한 수리적 근거를 한국 고유의 건국이념-천부경을 통해 세밀하게 밝힌 내용을 담고 있습니다. 그리고 <총서 제2권>은 이러한 내용을 바탕으로 태초의 한국의 '얼'을 수리화하여 새로운 산업시대에 있어서 생산성 근원의 수리시스템(로고스Logos의 알고리즘Alogorithm)을 논증하고 있습니다.

<총서 제3권>은 이러한 <총서 제1, 2권>에 이어지는 연구로, 제1장에서는 진역震域민의 고유탄력성의 창조성 발상을 '유정溜晶(Gene-duum)의 섬정彡晶(Gene-nascence)'이란 뜻으로 집약하고 이 과정에 작동하는 '근원끼'는 무엇이며 어떠한 원리를 갖는가 하는 것을 세밀히 논합니다.

유정은 <총서 제1권>에서부터 주요하게 다뤄 온 원당선생의 고유한 용어로서, <총서 제1, 2권>에서는 주로 Residuum(현상학적 잔여殘餘)이란 용어로 설명되었지만 <총서 제3권>에서는 유전자적인 고유특성을 상징하는 뜻으로 진화시켜 'Gene-duum'이라 하고, 그 발현을 Gene-nascence라 하였습니다. "특정 역사와 특정 지역의 인간에 있어 결성된 생명성生命性을 "유정溜晶"(현상학적 Residuum)이라 할 때 이것의 형이상적 명칭으로써 "얼"이라 할 수 있는 결정체이다."라 하여 창조란 이러한 유정의 '을껼'의 산물이 된다는 것을 제시합니다.

원당선생은 근원끼를 '을'을 전제로한 '기氣'라 규정하고, 이 기의 양적인 측면은 에너지로, 핵적인 측면은 "끼"로 나타난다는 뜻에서 천인지天人地를 포괄하는 '낍'으로서 기의 근원을 세밀하게 밝히고 있습니다. 이러한 '근원끼의 창조성'에 관한 것은 <그림 2>에, '유정의 섬정'에 관한 것은 <그림 5>에 집약되어 있어 있습니다.

제2장에서는 Gene-duum → Gene-nascence 사이에는 Gene-Kenōn (genesis kenōn)이 존재하며, 그 작동방식을 나침반에 비유한 나자반 羅自盤(Gene-scope)이란 개념으로 상징하여 논증하고 있습니다.

Gene-Kenōn이란 '제 6의 생명의 Monas가 유전자 속에서 활동하는 기준'이라고 정의하고 있습니다. 망라적 세勢 energy의 극한과 독자적 기氣 pneuma의 그 극한의 간극장間隙場에는 ESP-PK$_{Extra\ Sensory\ Perception\ -\ Psychokinesis}$, ψ(Psi)현상(심리학)이 존재하고, 이것을 勢세 (Energy ; Quarks)와 氣기(Pneuma ; Quai-me)의 복합적인 Monas 인자의 운동에 비유하여 Gene-Kenōn 작동을 규명하고 있습니다.

한편 Gene-Kenōn 작동, 즉 나자반을 세차운동에 비유하여 [In-duction/De-duction(直向性직향성) → Pro-duction(實向性실향성) → Gene-duction(眞向性진향성), → Ciel-duction(妙向性묘향성)]라는 구도로 고찰하고 있습니다.

또한 이를 시스템 엔지니어링$_{System\ Engineering}$으로 비유하여, 독자獨自의 Gene-ware와 망라網羅의 Hard-ware사이에 Human-ware의 구도로 고찰합니다. 개인을 조건으로 했을 때, 서브시스템$_{subsystem}$에서는 Human-ware의 내촉자內觸子(Human-(monas-catalyst)-ware)가 Gene-ware와 Hard-ware를 교류하고, 토탈시스템$_{total\ system}$에서는 Gene-ware가 촉자觸子가 되어 Ciel-suite와 Hard-ware를 교류하는 것으로 종합적인 관계를 제시하고 있습니다.

그리고 독자와 망라의 실상을 Bodynet, Multimodal이란 정보과학적 개념을 원용하여 분석, 고찰합니다. Bodynet은 인간의 핵-유전정보를 향한 afferent(내생변수, endogenous)와 환경의 Multimodal의 핵을 향한 efferent(외생변수, exogenous)를 지향하는 것으로 구도화 하여 구체적으로 논하고 있습니다. 이에 대한 상세한 내용은 <그림 10>에 집약되어 있습니다.

이와 같은 나자반의 정항定恒상태를 통해 근원성이 창달되고 곧 건전한 안정·성장의 창조가 이루어진다는 것이며 이에 따라 독자와 망라는 행복과 희열喜悅을 넘어 '희囍의 열涅'의 세계를 펼칠 수 있다는 것을 밝히고 있습니다.

제3장에서 원당선생은 새로운 미래의 산업시대 특징은 고유 신토핵과 신토재身土材를 매개하는 신토身土의 질質의 발상으로 나타날 것으로 보고, 이 신토질의 발상에는 ψ(Psi)공학과 생명공학의 적용이 필수적이라고 제시합니다.

특히 한국민의 경우 기마민족적 특성을 지니고 있어 Ciel-duction을 향한 Providence(여섭)의 기질을 지니고 있고, 이것을 심리학적으로 Klinokinesis에서 유추, PPK(*Peep-People KlinoKinesis*)라는 용어로서 설명하고 있습니다. PPK는 여섭與攝을 상징하는 해가 돋는 동쪽으로, 즉 새햇발에 이끌려 한반도에 다다른 유전자적 고유 특성을 상징하는 것입니다.

이러한 PPK의 촉매에 따른 Seeding, 즉 촉새부리로 한반도에 농축된 서대륙西大陸의 특이동식물, 그리고 서해에서 정제된 황토흙으로 대표되는 신토재는 생명 및 인성공학人性工學적 미래의 요체가 된다는 점을 제시합니다.

이러한 내일의 산업을 위하여 현실의 근거를 되찾는 이론의 바탕은 수리논리적 입장에서 '물物의 동기動機'와 '인人의 동기動機'를 정항定恒 stationary시켜야 하고, 더 나아가 이른바 Unified field(齊攸場세유장; 물리학)에서 리만Riemann(수학) 시공의 5차원(☆; 오각형)에 대한 해석이 선행되어야 한다는 점을 강조합니다. 이러한 수리논리적 근거는 한국에만 전해져 내려오는 Logos의 Algorithm(Log·Algo−건국이념·천부경−Ciel·suite)이 예시하는 바의 수리 항수恒數의 활성화로부터 길을 틀 수 있을 것이라 논하고 있습니다.

이런 관점에서 첨단의 과학이나 수식이 인류를 위하여 그 목적과 결과가 모두 유용하게 되려면 진역震域만의 것, 즉, 천부경에서 얻은 씨앗으로 뿌리를 마련해야 하고, 그럼으로써 그 지엽적인 산업과 경제가 살아난다는 점을 강조하고 있습니다. 이런 의미에서 건국이념 천부경의 수괘數卦가 인류사에 기적처럼 등장될 것이라 예견합니다.

제4장 '건국이념-천부경의 수치실험해석'은 <총서 제1권>의 제4장에서 출발한 방정식과 수치체계, 그리고 <총서 제2권> 내용과 연계된 연구입니다. 따라서 제4장의 내용을 이해하기 위해서는 반드시 총서 1, 2권의 연구내용과 연결해서 봐야 합니다. 원당선생이 발견하고 체계화한 수치체계의 관계는 이 책의 맨 앞에 있는 현옥도(1965년 꿈)라는 그림에 상징적으로 표현되어 있습니다.

특히 $K^{(\ln K)^8} \times$ g $= 10c_p^{-2}$ 방정식에서는 황금분할($K = 1.6180339$)과 8의 승수, 천부경 계수(g$= 1.11111\cdots$), 광속도($c_p = 2.9979241625$)의 관계가 간결하면서도 아름다운 수식으로 표현되고 있습니다. <총서 제2권>에서 "c_p는 광속도가 아니라 황금분할과 더불어 고대 부적符籍의 수에서 유도된 또 하나의 부적이다"라고 밝히고 있습니다. 그리고 10진법과 12진법의 의미, $0.5(=x_u)$가 갖는 중용中庸적 의의, 천부경의 삼사성환三四成環, 1년 356일의 의미를 수치실험해석을 통해 풀이하고 있습니다.

"이처럼 초超자연적인 것을 직감적 數卦(수학과 괘)로 피력할 수 있다는 것은 우연한 기적이다"라는 문장으로 논문의 마지막을 맺고 있습니다.

지금까지 <총서 제1, 2권>에 이어지는 <총서 제3권>의 내용을 간략히 요약해 보았습니다만, 원당선생의 연구는 크게 보면 '물질과 정신과 영혼의 세계'에 대해 수리적 논리체계(Logos의 Algorithm)와 이를 통한 윤리경영의 본원과 미래의 과학·산업시대에 발현될 창조성에 관한 것이라 할 수 있습니다. 기존에 없던 이러한 신차원의 학문에는 원당선생만의 독특한 직감과 경험, 노력이 들어가 있는데, 이에 대해 원당선생은 강의를 통해, 또는 제자들과의 대화를 통해 많이 말씀하셨습니다. 수많은 내용이 있습니다만, 원당선생의 학문을 이해하는 데 도움을 주는 몇 가지 에피소드를 전하고자 합니다.

원당선생은 1931년 태어나 일제와 봉건말기사회에서 어린 시절을 보냈고 부산상업중학교, 연희대를 나왔습니다. 아주 어린 시절 경험으로, 어린 자신을 아버지가 품에 안고 개울을 건널 때 '아버지가 저 앞에 돌을 밟지 못하면 어떡하지...'라는 기억이 생생하게 날 정도로 예민한 감각을 갖고 있다고 하셨습니다. 초등학교 시절 교과서를 한 번만 보면 다 암기가 되었다고 합니다. 한 학년에 걸쳐 배우는 게 너무 지루해서 학교 가는 도중에 놀고 있다가 친구들이 끝나고 나오면 함께 집으로 돌아가곤 했다가 아버지에게 혼났다는 에피소드도 말씀해주신 적이 있습니다.

중고등 시절, 아인슈타인의 공식 $E = mc^2$에 왜 '빛의 속도'가 들어가야 하는가에 대한 직감적인 의문이 들어, 고등수학을 몰라서 그러나 하여 두꺼운 미적분학 책을 연습문제 몇 개씩 풀며 3일 만에 독파했다고 합니다. 6.25 전쟁 피난 중에는 미8군 중국어 통역관에 합격하여 활동하였고 영어, 불어를 함께 통역을 할 정도로 천재적인 외국어 능력도 갖고 있었습니다.

이후 뜻한 바가 있어 어려운 생활을 감내하면서 작은 화학공장에서 직공을 시작, 이후 많은 발명을 해내게 되었고 그 능력을 인정을 받아 공장현장에서는 발명기술자로, 경영에서는 최고책임자로, 많은 제조 기업들의 기술고문 등으로 활동하셨는데, 이 대부분의 경력이 20대 청년 시절에 이룬 것입니다.

그런 가운데, 타락해가는 사업가들의 모습, 비생산적인 노사 갈등, 6.25 전쟁이후 정치 혼란, 한국의 폐쇄적 군사 관료적 사회풍토, 나아가 물질로 급격히 치우쳐가는 시대 흐름에 깊은 회의가 들었다고 합니다. 이후 어쩌면 '운명에 떠밀려' 교수를 하게 된 계기로 연구에 몰두하여, 마치 '한 세기를 농축한 체험'처럼 더 뼛속 깊게 다가온 태어나 겪었던 다중 다양한 것들을 집약, 학문으로 체계화한 것입니다.

한편 원당선생은 교과서만으로는 배울 수 없는 공장관리와 경영에 대해 생생하게 직접 경험한 사례를 바탕으로 전달하며 강의를 많이 하셨습니다. 한 가지 사례로, 공장장일 때 아침 밥상에서 백합꽃 향기가 확 느껴져 이것이 현장에 불이 날 징조라는 것을 직감하여 바로 조처를 취해 큰 피해 없이 해결하셨다는 경험, 부도위기에 처한 상황에서 고민하다가 명동 어디에 가면 될 것 같다는 느낌으로 그곳을 갔는데 우연히 아는 사람을 만나 해결되었다는 경험 등, 현장의 관리란 지식, 논리만이 아니라 이런 초감각적 요소까지 전부 포괄한 것이란 점을 늘 말씀하셨습니다.

<총서 1, 2, 3권>에서 밝힌 실實의 장場(실의 현상)에 관한 분석, 'V : M·C·T'의 작동원리, 기재성基在性, 건국이념-천부경의 수치 실험해석, '근원끼'의 구조와 기능에 관한 연구에서 알 수 있다시피, 이와 같은 연구는 원당선생이 겪었던 수많은 발명의 실패와 성공, 경영 활동, 학문 연구 과정에서 직접 체험한 '신비스런' 초감각적 직감을 토대로 종합한 것입니다. 여기에 폭넓게 섭렵한 동서양의 철학, 인문학, 수학, 과학에 대한 천재적인 지식을 토양삼아 체계화한 것으로, 이러한 점이 원당선생 학문의 고유하고 탁월한 특징이라 말할 수 있습니다.

우연의 일치인지 원당선생의 논문을 읽기 편한 책으로 내자고 시작한 2020년부터 '코로나19 팬데믹'이 지구촌을 덮쳤습니다. 전례가 없는 엄청난 충격으로 20세기와는 또 다른, 지구촌 전체가 함께 해결해야 하는 무거운 과제들이 앞에 놓이게 되었습니다. 생산과 경제를 안정시키면서도 인류의 평화를 주는 새로운 질서는 없는가? 이를 갈구하는 '지구촌 인류'의 아우성(수요의 압력-需壓수압)이 들리는 듯합니다.

"그러면 우리는 이러한 현대 경영의 위기 상황 하에서 이해관계로 편향된 폐쇄상태 하의 자본력, 권력, 권위 등의 위압체제를 통한 강제력을 더욱 강화함으로써 이를 극복할 것인가? 그렇지 않으면 인간의 생기(Vitality)를 개발하고 개방시스템을 전개하여 한기(super vitality)의 발생력을 현실에 최유효(最有效)하게 발현시켜, 인간의 전통적인 자발의지에 의한 상보체제(相補體制)를 확립함으로써 근본적으로 시대적 난관을 극복하는 거대한 창조의 역사를 열 것인가? 현대 인류는 이 두 갈래의 갈림길에 서 있으며 역사는 시급한 결단을 재촉하고 있는 것이다." (<총서 제1권> 63쪽, 1971년 논문 내용 중에서)

50여 년 전(1971년) 논문에서 이미 - 어쩌면 20세기의 1930년대 어린 시절부터 싹튼 - 21세기의 문제와 해답을 앞서 다보며 연구에 몰두해 온 원당선생의 통찰이 이 책의 처음부터 끝까지 펼쳐져 있습니다. 독자 여러분도 이 책 속을 탐험하면서 그 답을 함께 찾아보기를 바랍니다.

학술논문이라는 틀과 부족한 지면이란 한계 안에 심오한 내용을 담아야 하기 때문에 농축된 글로서 표현할 수밖에 없는 곤란함을 자주 토로하셨습니다. 그러기에 논문 자체만으로 원당선생의 학문을 이해하는 데는 한계가 있습니다. 건국이념-천부경의 수치실험해석은 더욱 그렇습니다. 편저자라는 말이 부끄럽게도 제자인 즈네상스팀(Gene-Nascence Team)도 이해할 수 있는 범위가 제한적입니다. 이러한 부족함으로 인하여 편집과정의 오류가 있다면 전적으로 즈네상스팀의 잘못입니다(논문 원본은 한국교육학술정보원(KERIS)의 학술정보서비스(RISS)(www.riss.kr/index.do)에 디지털자료로 등록되어 있습니다).

다행스러운 것은 산업공학과 강의 내용, 연구실이나 자택 등에서 강의 겸 말씀하신 내용이 음성파일(약 2~3백시간 분량)로 보존되어 있습니다. 어릴 적부터 체험, 체감한 많은 세세한 이야기들과 논문에서 다 설명하지 못한 학술 내용들이 담겨져 있습니다. 또한 부록에 일부 수록한 자료처럼, 두꺼운 책 2~3권쯤에 달하는 수치실험해석 관련 친필 노트도 남아 있습니다(디지털 자료로 보존 중).

즈네상스팀에게는 유고들을 탐구, 정돈하여 이러한 주제를 탐구하게 될 미래의 '아직 존재하지 않는 연구자'를 위한 이정표를 만들어 놓아야 한다는 과제가 남아 있습니다.

원당선생의 초기 연구에 함께 하면서 협연한 많은 선배님들이 계셨기에 지금의 결실로 이어질 수 있었음에 감사합니다. 이 책이 나오기까지 물심으로 협조해 주신 선후배님, 유족들에게 감사의 뜻을 전합니다.

소박(純순)·순박(賤천)·예지(能능)!.

원당선생이 학생, 제자들에게 가장 강조한 말씀입니다. 이것이 [信·義·業]의 뜻을 실현하는(말씀(言)→이루는(成)) 수양修養이요, 『얼』을 도야陶冶하는 길이 된다는 가르침입니다. 상승작용 하는 이러한 '맑은 것'과 상쇄작용 하는 '탁한 것'(허영, 오만, 지배욕)을 대비해 말씀하신 것에서 그 뜻이 더 날카롭게 다가옵니다.

"내가 추구하는 것이 나의 호기심인가 진리(하늘)의 사명인가?"

학문을 완성해 가면서 호기심이라는 것조차 탐욕이 되지 않을까 떨리며 기도하는 마음으로 늘 두려워했다는 말씀이 떠오릅니다.

원당선생은 개인적인 공명이나 이익에 초연超然하셨습니다. "진리가 살아있는 한 인생도 희열에 불타고 있을 것입니다."(총서 제1권, '우리의 일' 중에서, 1965)라 하신 원당선생의 말씀처럼 진리 탐구에 죽음을 두려워하지 않는, '하나의 밀알 같은' 자세를 끝까지 유지한 진정한 스승으로 우리의 가슴에 남아 있습니다.

원당 이득희선생의 『얼』은 생생하게 살아 이어져 갈 것입니다.

2022년 12월

즈 네 상 스 팀
(Gene-Nascence Team)

목 차

저자 전기前記 / 21

1장 창조적 고유탄력성에 관한 연구(Ⅰ)
－ 윤리경영수압과 개방체제실험(Ⅶ) －
－ 건국이념-천부경의 수치실험해석(3) －

<건대 학술지 제40집(1996년)>

2장 독자獨自와 망라網羅의 근원성 창달暢達
[창조적 고유탄력성에 관한 연구(Ⅱ)]
- 윤리경영수압과 개방체제실험(Ⅷ) -
- 건국이념-천부경의 수치실험해석(4) -

<건대 학술지 제41집(1997년)>

3장 고유신토재固有身土材의 근원적 발상
[창조적 고유탄력성에 관한 연구(Ⅲ)]
− 윤리경영수압과 개방체제실험(Ⅸ) −
− 건국이념-천부경의 수치실험해석(5) −

<건대 학술지 제41집(1997년)>

4장 건국이념 − 천부경의 수치실험해석

<건대 학술지 제41집(1997년)>

일러두기

－[誠 : 信・義・業] 총서 제3권의 내용 구성에 관하여

원당선생은 1971년 논문(<총서 제1권>의 제1장) '윤리경영수압과 개방체제실험'을 시작으로 '건국이념－천부경의 수치실험해석', '창조적 고유탄력성에 관한 연구'등으로 이어지는 연구를 통해 학문을 체계화하셨습니다.

<총서 제3권>은 1996년, 1997년의 논문 '창조적 고유탄력성에 관한 연구(Ⅰ), (Ⅱ)'를 중심으로 재구성 한 것입니다. 이에 따라 주제목은 '윤리경영수압과 개방체제실험', 부제는 '창조적 고유탄력성에 관한 연구'입니다.

이 책의 2, 3, 4장은 '창조적 고유탄력성에 관한 연구(Ⅱ)'의 내용이며, 이 논문 한 편을 하나의 장으로 구성하기에는 내용이 많다고 판단, '독자와 망라의 근원성 창달'과 '고유신토재의 근원적 발상', 그리고 '건국이념－천부경의 수치실험해석'을 각각 별도의 장으로 구별하여 구성하였습니다.

1971년부터 1997년까지의 모든 논문 및 기타 자료를 총체적으로 정리한 정년퇴임기념집 [誠 : 信・義・業](1997년)을 준비하면서, 그 중 1997년 논문을 구별된 별도의 장으로 원당선생이 기획하신 바 있기에, 그 흐름을 따른 것입니다. 또한 정년퇴임기념집에 있는 내용 중 '전기', '후기'를 포함하였고 '신문기고', '창작그림', '작사작곡' 등을 이 책의 부록으로 함께 엮었습니다.

이런 의미에서 [誠 : 信・義・業] 총서 1, 2, 3권의 주제목이 '윤리경영수압과 개방체제실험'이지만 내용으로 보면 '건국이념－천부경의 수치실험해석'도 될 수 있고, '창조적 고유탄력성에 관한 연구'가 될 수 있다는 뜻을 담고 있습니다.

<총서 1, 2, 3권>은 [誠 : 信・義・業] 이라는 주제 하에, 넓고 깊고 장구한 초점과 핵심을 꿰뚫은 '한권의 책'입니다.

誠（言→成：創造）： 信 ・ 義 ・ 業
（廣深久의 焦核） （敬天） （愛人） （實地）

저자 전기 前記

1997년 원당선생의 정년퇴임기념집 [성 : 신 의 업]의 전기이다.
이는 <총서 제3권>의 들어가는 말과 같은 것이지만, 총서 1~3권
의 모든 내용을 아우르는 머리말이다.

뿌리 깊은 **良心**^{양심}은 **떳떳**하다.

샘이 깊은 **眞實**^{진실}은 **그윽**하다.

喜悅^{희열}의 그늘은 **흐믓**하다.

時空^{시공}은 그래서 **영근**다.

격절隔絶(초절超絶)과 상대相對(1)

하늘과 사람과 땅끼 사이, 넓고 깊고 오랜 것을 구슬방울로 굽이쳐 온 창생사創生史를 맑혀야 할 때도 됐다. 아득히 먼 곳이 이웃으로 다가선 지구촌地球村 시대, 옛 마연馬輦에 모여든 오늘의 교통·통신도 이제 UFO−IFO로 통할 정도이다. 이제 흙의 물끼, 하늘의 빛끼, 사람의 찌낍(명핵命核, Gene−Quaime)으로 살아온 사람의 수명은 그 삶고삶로 해 아직도 그 자리에 머물고 있다.

역사의 유속流速은 날로 인간의 조속漕速을 앞질러 간다. 고대의 문화는 중세의 종교로, 또한 그것은 내일의 산업으로 허겁지겁한다.

물질의 단자單子(Monas ; Quark−세勢(Energy))에 부딪힌 생명의 단자(Quaime−기자氣子(Pneuma))는 날로 그 마찰을 더해간다. 여건與件과 섭리攝理(여섭與攝)가 흐르는 강물, 아늑한 제 삶자리를 키우는 생명은 언제나 방향과 활성活性이 아쉽다.

오늘날의 물질의 평등과 권력의 방임, 혹은 인권의 평등과 물질의 방임을 가져온 상대성의 과잉은 드디어 사람들의 마음으로 하여금 경쟁에서 살육으로 유도케 한다. 그 그늘에는 탐욕의 과잉이 불씨가 되어 허영과 오만과 지배욕을 진작시켜 왔다.

실지상 내일의 생산성도 사회적으로는 농술인農術人을 "백정", 공장인工匠人을 "쟁이"로 만들고 그 위에 군림할 자리를 마련한 역사를 갖고 있다. 이해갈등은 동인과 서인, 남인과 북인, 노론과 소론으로 나누어 다퉈왔다. 민주주의도 그 상대성으로 인권의 평등 하에 부력富力의 독재장獨裁場을 구가하고, 공산주의도 물권의 평등 하에 권력의 독재장을 구가하다 때로 탐욕의 살육장을 펼치기도 했다.

사회적인 계층과 신분, 그리고 시대적인 보편과 상식은 어느 정도 정의와 진리를 수용할 수 있는가. 그것은 언제나 광심구廣深久의 초핵焦核에서 보다 절실히 고려되어야 한다.

인종人種의 역사를 한국의 백두산을 기준으로 하여 나누어보면 서쪽의 원주민과 동쪽의 기마민이 된다. 곧 5천 년 전의 서향西向오리엔트 문화와 동향東向오리엔트 문명으로 나뉜다. 최근의 심리 및 유전학의 성과를 고려해 보면, 전자의 본성에는 안주비결安住秘訣의 세포가 있고, 후자에는 이주비결移住秘訣의 세포가 있었다. 원주민과 기마민 그것이다.

그래서 전자의 상대성의 과잉은 후자의 초절성超絶性의 갈구에로, 서로가 보완될 소재가 되기도 한다. 이를테면 인향성人向性과 천향성天向性으로 가늠되기도 하고, 그렇게 보완되기도 한다. 천향성은 한국의 신라 첨성대의 예로 365개의 석수石數 혹은 마야 문명의 365개의 석단石段으로도 구분되고, 그들의 민요 또한 비연秘然의 반음半音으로도 연주되는 것, "양산도"와 "아리랑", "와이키키 해변" 등등으로 나타나기도 한다.

격절隔絕(초절超絶)과 상대相對(2)

보완될 상대성과 초절성(격절성)은 서로가 필요하고도 충분한 조건을 갖는다.

신信(경천敬天)에는 의義(애인愛人)와 업業(실지實地)이 필수이며, 업(실지)에는 의(애인)와 신(경천)이 필수이다. 이것은 실무實無와 실유재實有材이다.

그래서 논리적인 선택은 선후에 따른 필요·충분조건이 된다. 충분조건의 상대성에는 필수조건의 초절성이 앞선다는 것이다. 가령, 사물을 파악하는데도 현상학現像學적 환원에서 형상形像적 환원에만 머문다면 상대성만이 강조되고, 형상적 환원에서 잔여殘餘 Residuum에만 머문다면 초절성만이 강조되는 것이다.

이러한 뜻에서 태초에 말씀(Logos : 言-成)이 하늘과 같이 있었고, 이 Logos가 어둠을 밝히는 창조원리였고, 여기 하늘이 주관했다는 암시를 풀이 하는데 유의有義롭다.

서양의 고대에서 교체되어 온 헤브라이즘Hebraism적 초절성과 헬레니즘Hellenism적 상대성의 개념을 곁드릴 때는 경천(信신)의 아가페Agape, 애인(義의)의 필렌Phillen, 실지(業업)의 에로스Eros로 형이하Physics와 형이상Metaphysics, 직유Simile와 은유Metaphor가 인접, 해석될 수 있다.

중용中庸에서 言 → 成, 즉 성誠은 창조의 천지도天之道이고, 그를 닦아 따르는 성지자誠之者가 인지도人之道(誠者天之道 誠之者人之道)란 것도 석연釋然이 된다. 그리고 천명天命은 성性(誠성)이고, 솔성率性(誠從성종)이 인지도라는 것을 그의 암시로 받든다면, 우리나라의 건국이념－천부경建國理念－天符經은 곧 하늘에 부합符合된 원리가 된다.

실험하고, 체험하여 파악, 체득되는 것도 상대만의 것이다. 그래서 그 근원에는 시간·공간을 뚫어날 초절성이 자리하고 있는 것이 되어있다. 그럼으로써 관측하고 실측하여 예측케 되는 것도 샘(源원)이 깊은 차원이 되는 것, 곧 구조의 기능이 능률을 실현케 하는 것인데 그 근원, 즉 원점의 뿌리는 깊어야 한다는 것이다.

인간생명의 찌깹(命核: Gene－Quaime)과 물질의 Quark(Energy源), 그 사이는 ① 구심, 원심 vector, ② 회전 vector, ③ 규준 vector 그리고 ④ 초절 vector (Super point)로 가로 놓인다. 곧 독자獨自와 망라網羅사이 세차운동의 나자반과정羅自盤過程이 존재한다(In－duction/De－duction → Pro－duction → Gene－duction → Ciel－duction).

그러므로 초절성을 찾아 소박素朴하고 순박淳朴하고, 예지銳智로운 인간의 태도는 여기에 공액성共軛性을 지닌다. 봉치(중심추重心錘)가 무거운 항선은 중심의 자유도가 많아 결국 항속航速이 된다. 그 키(조정Cyber)는 적중률이 높다. 현대 산업의 바탕에는 대중의 예비, 거래 및 투기적 동기, 그 심리적 봉치(중심추)가 깊었고(미주美洲) 그 수정책(조정 Cyber)도 적중률이 높았다(Keynes, J.M. : 유동성선호). 그것은 초절지향성(Radicality)의 풍토에서 였었기 때문이다.

능률이라는 개념도 오늘날은 초절과 상대사이의 여러 사항事項 그것들의 인명因明이 전제되어지고 있다. 근원의 발상이 날로 창조의 바탕이 되어 가고 있다는 것이 된다. 즉 Synchro－Diachro, 시공의 에르고드(Ergod), 초점-핵심, 뿌리(근根)-샘끼(원源), 기법으로 비유하면 Digital-Analogue 기능에 비유된다. Risk와 Opportunity도 여러 사상事象의 안정과 성장에로 환원해 가게 되는 과정이다.

최근에 부흥하는 극동極東의 산업은 그의 고유 항아리 문화의 산물이라 보여진다. 모자母子, 그리고 천지인天地人이 맘을 나눠 밀담密談해 왔었다는 그 항아리 문화는 "사라봐(さらば)", "괜찮다", "싸게 오너라(さよなら)" 등으로 중국과 동남아에서도 고증考證되고 있다 (사라바 문화 : 백제 때의 중국 동남).

이것은 '그리스'로 대표되는 서양의 주지主知로운 "차원"의 문화와 대응되기도 한다. 애기왕이나 여자왕이 자주 등장하는 한반도사韓半島史(신라)는 7천 년 전에 중도中島(춘천)의 항아리 문화가 유래되고 있음을 보여준다. 이것은 서양의 개체와 전체의 상대관계에 대해 독자와 망라의 생명관련으로 대응된다. 이것은 방법에 대응한 본연本然의 문화관계가 강조된 것이 된다.

미국의 산업공학産業工學 Industrial Engineering의 개념에서 "산업공학은 과학이 아니라 ART(예도藝道)"라고 규정(ASME, 1912)짓고 있는데 이 비근卑近은 한국사에서 애기와 아내를 임금인 양 받들며 밭에서 일하는 男($\frac{田}{力}$)이 갖는 Logos-誠과 상통된다.

이것은 지구를 휘돌다 머무른 공룡이 농축된 서식지, 삼한사온의 풍토, 황토와 봉삼鳳蔘이 움트는 칼칼하고 말씬한 활개춤의 이 상록지常綠地에로 초절성(격절성)이 깔린 바탕이다.

좌표 상에서 비유하면 상대성은 질점이동성質點移動性이며, 격절성隔絶性은 lim0, lim∞가 아닌 "0", "∞"을 중심한 장, 원점성原點性이다.

그래서 전자는 질점, 후자는 원점으로 차원을 두고 대응된다. 이것은 곧 확률학確率學과 수리학數理學의 관계로 구별된다. 차원을 둔 질점과 원점의 관계가 고려된다는 것이다. 행동을 두고 구분하면 그 행복은 육적인 "쾌락"과 찌깁의 "희열喜悅"로 대응되기도 한다.

행복을 두고 희열의 추구가 역류逆流 타락으로 되어, 원점의 소생을 질점의 이동이 대신하지 못하면, 이른 바의 공산주의나 민주주의도 상대에 머물 수밖에 없게 된다. 다시 말해 양심과 진실을 외면한 생활이 되어서이다. 베르그송Bergson,H.의 '진리는 변한다'는 말의 내포內包도 이런 뜻이다. 노자老子의 '도가도비상도道可道非常道, 명가명비상명名可名非常名'도 오늘의 한국을 두고 되새길 수 있는 얘기가 된다. '상常'과 '가可'는 초절超絶과 상대相對의 관계이다. 대大시·공의 제유장齊收場 unified field에서는 「제」와 「나」를 지키는 생명체로서 인간의 의義가 필수이다.

이런 전제에서는 격절隔絶의

隔天격천 ⇌ (隔人격인) ⇌ 隔地격지는 곧

「信신 ⇌ (義의) ⇌ 業업」이며 이것은 곧

「Gene—ware ⇌ (Human—ware) ⇌ Hard—ware」의 연결이 된다.

고기가 강 흐름 속에서 제자리 삶을 유지하려면, 항상 제 방향과 제 활력을 지녀야 한다. 비유컨대, '봉건'과 '그 신분' 같은 '가도可道'나 '가명可名'은 새로워져야 한다. 그래서 제자리 생존의 '상도常道'나 상常의 명분名分은 언제나 찾기어져야 한다. 물의 흐름과 같이 여건與件과 여섭與攝이 변함으로써이다. 시·공과 근원은 정확해야 한다.

통속通俗의

소박素朴은 경천敬天의 **신**信으로, 또 그

순박淳朴은 애인愛人의 **의**義로, 그리고

예지叡智로운 실지實地는 **업**業으로 분류될 수 있다.

창조는 물질을 두고 사람의 **보이는 손(Visible Hand)**과 하늘의

안 보이는 손(Invisible Hand)이 **마주쳐 이루어지는 것**이다. 땅은

보이는 존재이고, 하늘은 안 보이는 존재이기 때문이다.

창조란

유형(보이는 것)의 **지수**地手(자연의 손)와

무형(안보이는 것)의 **천수**天手(하늘의 손)의

격절隔絶 - 결합結合이다. 이것은

사람의 **의**義를 중심으로 한

무형의 **신**信과

유형의 **업**業의 성과이다.

인생은 짧고, 예술은 길다. 기회는 순식이고, **실험**은 **부정확**하다.

고로 **판단**은 **어렵다**(Experiment uncertain, Judgement difficult(히

포크라테스 - 에이브버리Avebury,L. : The Use of Life).

이제 과잉된 상대적 대립 하에서 민주나 공산의 내용이 탐욕에서

희열囍涅로, 상대성에서 초절성에로 되찾아질 때도 되었다. 이는 곧

창조라는 나무의 **뿌리**와 그 **샘터**가 간추려 진다는 것이 된다.

근본적根本的 원천源泉

물질문명의 종국終局에는 근본적 원천장源泉場, 그 근원장에서의 질점

적 행태는 수리로 쳐 천환과정遷換過程을 만난다. 더우기 인성공학人性工學, 생명공학의 싹도 그 징후가 된다(근根(x)원源(y) ; $y = mx + u + r$)).

병의 치료나 문제의 해결을 위한 근원 규명이 사물의 진단이나 측정에 앞서는 것이다. 그리고 이상異狀쩍인 공해나 이상쩍인 "테러"나 이상쩍인 종교의 원인에도 그렇다. 그래서 여러 현상들의 의문들은 그런 의미의 이차원異次元을 맞이한다.

Ⅰ. 지구는 왜 365회를 자전하면서, 태양을 1회 공전하게 되어 있는가. 달(月)은 그런 동안 왜 12회 지구를 공전하는가. 그리고 왜 수소전자는 한 핵을 중심으로 일정하게 한 전자가 자전하면서 공전하는가.

이러한 극대極大(Ergod : 태양)와 극미極微(Ergod : 원자)의 일정운동 사이에서 인간의 선택 자유도自由度가 존재하는 것이다. 여기서 모든 문제가 발생되는 것이다.

마야(미주美洲)문명이나 한반도 문명에서 태양을 향한 계단석과 벽돌수(첨성대)가 365개인 기상奇狀의 근원은 무엇인가.

Ⅱ. 왜 지구의 온도는 춘하추동 균온均溫이며, 불변해 왔는가. 그리고 달과의 거리, 해(태양)와의 거리도 일정해 왔으며, 또한 일정하게 회전해 왔는가.

Ⅲ. 태양광의 속도는 $2.9979 \cdots \times 10^8\,\mathrm{m/s}$인데, 이것이 왜 하필 에너지의 상대속도相對速度의 기준이 되는가.

Ⅳ. 정보공학에서 왜 사이버네틱스$_{Cybernetics}$식이 직각삼각형 $((a+b)^2=(a-b)^2+(\sqrt{4ab})^2)$의 원리에 해당되며, '0.5'(본 연구 중 발견)가 기준이 되는가. 그리고 왜 모든 학문의 도달점이 직각$(180°×0.5 = \angle R)$을 중심으로 한 AC나 AB로 귀결되는가?

이를테면 $A^2+B^2 = C^2$에서 A와 B를 통해 C를 밝히는 것, 또는 A와 C를 통해 B를 밝히려는 것이다. 통계학적 ANOVA(Analysis of variance 분산분석)는 90°를 중심으로 하고, 이것은 천부경(天符經) 수리상 x_u(=0.5)에 해당된다. 특히 여기서 피타고라스의 직각삼각형과 라이프니츠의 미분($\varDelta$: delta)도 그렇게끔 된다.

정보사태情報沙汰속에서 선택, 판단하는 기준(=0.5)이 필요하다. 농축우라늄의 경우도 또한 그렇다. 과학의 양적 성장보다는 초핵焦核적 방향감각을 굳힐 때이다.

Ⅴ. 광굴절光屈折은 왜 3원색으로 독립되게 만인萬人의 감각에 공액共軛되어 왔는가. 그 신경구조원리는 어떠한 것인가.

Ⅵ. 그리고 태아는 왜 옛 부터 10개월 만에 태어나야 했던가. 타동물과의 진화론적 관계는 있는가.

Ⅶ. 왜 처음부터 천지인天人地의 질서에 인간은 감응感應되는 도道를 찾아왔으며, 그 찌낍(명핵命核)혼은 희열을 느끼는가.

Ⅷ. 현대과학은 사물을 측정, 결합하는 것이고, 환자의 예로서도

진단하여 상황을 확률학確率學으로 결합하여온 것이다. 그런데 원천源泉의 인자因子를 찾아 해결하는 수학적 능률은 아직도 의아疑訝하다. 그래서 농약사農藥史에도 불구, 천연농天然農이 되살려지고 있는 그 뜻은 더욱 짙다.

Ⅸ. 모든 현상은 승수비乘數比의 장場에서 발생한다. 그것은 가감加減(+, −)단위를 소재로 한다. 다시 말하면 등차급수等差級數는 자료적 형식측면이고, 등비급수等比級數는 본질적인 측면이다. 실實의 장場(Real field)은 이와 같은 승수비의 장이며 여기에는 시간적으로는 초가속도超加速度, 공간적으로는 초누증超累增 등이 승수적으로 깔려 작용한다.

Ⅹ. 언제까지 제(즉자卽自 : An soi)와 나(향자向自 : Pour soi)를 해(太陽)와 달(月)과 땅(地球)이 그리고 천인지天人地가 둘러싸고 있겠는가.

Ⅺ. 보이고 움직이는 것의 초점을 찾는 핵심, 그 뿌리(根)와 으뜸(源)은 무엇이며, 자신의 경우 초점(根)의 즉자(제)와 핵심(源)의 향자(나), 그 시간과 공간의, 정靜과 동動은 이제 어떤 인과因果일 것인가.

Ⅻ. 이해利害의 한극限極에서 시간과 그 금전을 낭비하며 종교에 치우쳐가는 비정상시非正常視 되어가는 현대인의 경향은 무엇인가. 여기다 초고超高 GNP에 반비反比로 만족도 하강, 자아포기 행태 등 그 원인은 무엇인가.

하늘의 뿌리 성誠(言-成 ; Logos),

사람의 뿌리 명핵命核(찌껍)을 살찌게 하는 샘끼

그 근원은

신信(경천敬天)·의義(애인愛人)·업業(실지實地) 결국의 근원이다.

사람과 하늘과 땅끼 사이,

이것의 구심광久深廣을

구슬방울로 가로질러 피어온

창생사創生史에 있어서

실지의 업이 있는 곳에는

경천의 신이 있고,

애인의 의가 있는 곳에는

실지의 업이 있다.

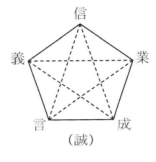

〈그림 1〉

신의업信義業은 성誠, Logos의 tripod(정족鼎足)이다.

페욜Fayol,H.과 같은 기술관리자技術管理者가 장수했다면

산**업**産業이 있는 철학자가 되었을 것이고

테일러Taylor,F.W.와 같은 기술관리자가 장수했다면

산**업**이 있는 종교인이 되었을 것이다.

시공時空의 외연外延 Denotation은 초핵焦核이며, 시공의 내포內包 connotation는 근원이다. 신信의 핵核은 천天이며, 의義의 핵은 인人이며, 업業의 핵은 지地이다. 이 신의업의 초점은 誠-Logos이다. 물상계에서 우주의 뭇별이 변해온 태양을 초점으로 한, 달의 핵심인 지구는 불변이다. 시간의 초점, 공간의 핵심은 또한 불변이다(각각이 거리와 속도·평온平溫).

그래서 오늘날은 한반도 나름의 요청要請 postulatum이 운집雲集되는 것을 간주, 적절해야 되게끔 해야 하는 시대이다. 격심해가는 이른바 지구촌의 갈등과 알력에서 절실해가는 것, 그리고 그를 위한 능률과 효과, 그 근원根源과 초핵焦核을 찾아 체험과 실험 속에서 체득體得을 골라야 할 때이다.

誠（言→成:創造）：信 · 義 · 業
（廣深久의 焦核） （敬天） （愛人） （實地）

제1장

창조적 고유탄력성에 관한 연구(Ⅰ)
－윤리경영수압과 개방체제실험(Ⅶ)－
－건국이념-천부경의 수치실험해석(Ⅲ)－

<건국대학교 학술지 제 40 집 (1996년)>

1. 서론

1) 본 보고는 한국이 맞이한 산업시대를 계기로 여하히 30만년의 영광을 되살릴 수 있겠는가 하는 "**물음과 해답**"을 추구하고자 한 것이다.

2) 그리고 인류는 옛 성현聖賢을 이 새로운 산업시대에 되살릴 수 없는가라는 의문도 갖는다.

3) 이런 의미에서 겨레의 **고유탄력성**固有彈力性을 되살리고자 한다.

4) 필요조건과 충분조건, 그리고 목적의 조건과 결과의 조건이 현격懸隔되어 온 근세사, 산업장産業場의 충별層別과 취락聚落사이, 중대업中大業, 영소업零小業 사이에서 그 고유의 PPK(*Peep -People KlinoKinesis* ; 심리학)를 발상시킬 수 있겠는가 하는 것이 이 시대와 인류에 절실하

기 때문이다.

5) '고무신(韓)'과 '게다(日)'로 상징되는 탄성건彈性巾, 30만년을 풍마風靡한 아동왕兒童王(헛거씨 ; 天種子천종자), 여왕, 남모南毛와 준정俊貞(女 ; 花郎徒화랑도), 7천년 이전으로 상징된 아녀용兒女用 항아리(匠道장도)의 창조사, 그리고 대표된 구성九姓(朴박, 昔석, 金김, 이 최 손 정 배 설)상징으로 펼쳐진 북동문물의 창조사, 그러나 김유신을 제치고 성현을 판 고려왕건과 조선 이태조의 군통후軍統後의 천년은 그 항아리로 일본만 세계에 컸다.

6) 혈통만이 아닌 어린아이나 여성을 받드는 밭(田)아래의 힘(力)인 "男남" 처럼 진역震域의 白馬백마, 白頭백두, 太白태백을 누벼 육·해·공을 헤엄치는 생명(유정溜晶), 그 내포한 다원多元, 다질, 다변성은 오늘날 좌뇌 보다 우뇌가 큰 것으로 나타나 알려진 한국민의 PPK의 고유치固有値를 되찾게 한다.

2. 근원성根源性의 창조성創造性

震域民진역민의 創造性창조성은
(Epi-domain People)

그 根源性근원성의 氾抽섬추-拔萃발췌이다(解發해발-昇華승화).
(Radicality)　　　(Ursprüngen-Epi-tome)　　(Auslösen-Sublimation)

망라網羅와 독자獨自의 교차, 그리고 그 시간적 장·중·단, 그 공간적 광·심·구의 교차는 생산성이다(정항파군定恒波群 stationary waves의 탄력성).

진앙원震央源(Epi−center ; 고유장의 중심점)이 펼친 태극의 기틀−무늬는 음질陰質인 우주핵군宇宙核群과 양질陽質인 자아핵군自我核群의 극으로 교차된 영채映彩이다.

이것은 우주핵군과 자아핵군 그리고 시간과 공간의 에르고드Ergod인 초핵焦核을 중심으로 한다.

우주핵군과 자아핵군의 이 간극의 장은 자연스러운 정항파定恒波가

PPK$\left(\begin{smallmatrix} Peep\text{-}People\ Klinokinesis \\ 黎\quad 民\quad 靜\quad 動 \end{smallmatrix}\right)$를 중심으로 통합상統合狀의 고유파를 구성하고 있으며, 그렇게 해서 가대可待할 진향파震響波 warbling wave를 지지, 발산-창조할 것인지는, 곧 진역민(한국민)과 인류의 미래가 되어 진다(이 지역에는 요청된 다원多元(핵核), 다혈多血(질質), 다변多變 (양量)의 고유기固有氣, 즉 침끼沈氣의 인성人性이 묻혀 있고, 이것은 예 컨대 산삼이나 은행잎의 성분 등으로나마 알려진 곳이다).

진역의 기문奇門에서 둔갑遁甲하는 태평양(pachy → pacific ocean)[28] 의 21세기, 전설의 천지天池와 선녀의 백두산은 진역대震域代에 화산지火山地이었다. 선사시대의 공룡dragon이 서식하던 곳은 한반도의 남안南岸 이었다.

원래 만세의 근원으로 울릴 창초創初(時), 열장涅場(空)의 생명, 이 천명天命의 시공중첩時空重疊은 왈 "에덴"의 동쪽에서 지구의 동녘을 향해 「천天」명에 「부符」응하려 한 것이다. 그래서 지구장地球場의 진향파warbling wave는 창력暢歷(時)과 진역震域(空)(Korea ; Epi-domain)과 의 중첩을 뚫고, 그간의 창조를 입체화하려 한다.

정통을 되풀이하는 창력장暢歷場에서의 섬추沙抽 발췌(Epi-tome)와 진역장의 섬추沙抽 발췌는 천의 여섭與攝 providence, 지의 여건與件 datuum 사이 그 진향震響 warbling의 진앙震央 Epi-center으로 생명들은 스스로를 자수刺繡해 왔었다.

이제 잠자던 곳의 충격파의 와동渦動 voltex은 전후前後를 통해 본격 되어 진다. 그러나 천년사를 끌어 온 도착倒錯적 중세와 그에 따른 해발解發적 갈등의 장애가 있다. 그래서 오늘날의 휼계譎計는 탄로 나 고, 또한 인류 앞에 투시透視해진다(clair voyance). 생계수단의 연고 然故인 최다의 영-소-중기업의 경우도 그 근원의 "올"을 얽어가며,

이를 떳떳하고, 그윽하고, 흐뭇하게 현대의 교통과 통신, 그리고 지식도 보람으로 부추겨진다.

총파銃把가 독주한 그동안의 산업이 사람의 양심과 더불어, 영세의 사업을 하중荷重하여 오는 사이, 야금野禽의 경쟁은 급기야 허영과 오만, 그리고 지배욕을 낳게 하고, 술수와 기만을 누리에 심어 온 경우였다. 지금도 열등의식과 그의 지위제합성地位齊合性(status congruency ; 심리학)[21]에 따른 이해득실증利害得失症이 작열해 가는 가운데에 있다.

그러나 움터 흐르는 지역민에서는 동방에 있는 나라라는 뜻의 진역(震域 ; 떨칠 고장 ; 한반도(한글사전)), 또한 진(辰 ; 새벽)나라로 일컬어진 곳에서는 시대의 침끼(忱氣 ; 핵의 기(氣))가 섬추(沙抽)되고 있다.

「태극(太極)의 태는 大 + ﹀, 곧 거시의 극(macro-pole)과 미시의 극(micro-pole)이며 극은 곧 음극과 양극이다. 초점의 시간(Focus Target Time)에는 미시(Micro)가 있고, 핵심의 공간(Kerm Center Space)에는 거시(Macro)가 누빈다.」 그래서 요철(凹凸)을 누비는 결이 된다.

우랄산맥에서 흑해, 고비사막을 거쳐 온 후의 30만년, 태극무늬의 땅, 그 정통의 경륜經綸 건국이념—천부경의 알타이어족語族, 그의 흔적은 아직도 깊게 간직되고 있다(유정溜晶).

진앙원震央源(Epi-center)를 중심으로 한 정항파定恒波는 복합複合하고, 진역은 진향파warbling wave를 포괄한 지역이라는 운蕓이 된다.{물리학적으로는 자전, 공전을 갖는 항성의 방위를 중심으로 한 천역遷域(trans-domain)이며, 진앙원(Epi-center)—세차운동, 구체적으로는 등발진시선等發震時線, 등초미동선等初微動線 중심의 투영投影 projection이다(참고 ;

세차운동 – 절대성 – 상대성 – 건국이념).}

소박(純순)하고, 자연(賤천)스럽고, 예지(能능)로운 것, 곧 진
역(한국) – 마변진馬弁辰의 생산적 뿌리끼(忐氣침기)의 승화는
오늘날 더욱 절실해간다(건국이념 – 천부경의 생산적 윤리
의 수압需壓).

이제는 컴퓨터 등의 과학과 그 응용에 따른 공식적이며 가시적인
기능formal or visible function만의 편향적 확장악擴張惡은 그 부의 물질적 편
향으로 허영과 권력, 그리고 그 지식편향은 오만, 그리고 그 종교나
명예편향은 지배욕 등이 되어 바탕에 묻혀오기 마련이었다. 이것은
악의 추태를 조장해 온 보이는 손visible hand의 작용이었다.

신세기, 신차원으로 이른바 둔갑遁甲 occult arts하는 기문奇門 앞에서
는 참신한 산업을 태동시킬 보이지 않는 손(invisible hand)의 비시
非視적 기능(informal function)이 동시에 맞닥뜨려진다. 그 과정의
변모로 지구촌이라 일컬어지기도 한다.

2차대전 경 세계인구 5%의 미국인은 세계인 수입의 45%를 생산
하였던 것이 지금은 그 반으로 줄어들었고, 극동의 일본은 '92년도
의 걸프전에서 미국을 승리로 이끌게 한 기술의 비결이 있었다. 이
제 근원성의 정항윤리定恒倫理 radical stationary ethics가 터나와 음(invisible)
과 양(visible)의 교차탄력도는 발상해 가며, 인간과 사회의 안정·
성장, 그 창조적 과정의 ABC도 되살아난다. 그러나 GNP가 상승하
는 그늘에서 ISEW(지속적 경제복지지수(Index of Sustainable Economic
Welfare), Paul Ormerod, 'The Death of Economics')의 만족도가 하강하
는 현상은 일어나 그치지 않는다.

길 잃은 초정밀 로봇robot은 오히려 사람의 혼을 비생산적인 것으로 뒤바꾸고 있다. 현대인은 자기도 모르게 계급과 쾌감만을 느끼려는 기계로, 또한 아파트의 하숙생인 양 되고 있다. 그러나 독립유전의 법칙에서는 언제나 자연의 인간이다. 곧 개체발생은 계통발생을 되풀이한다. 혼 잃은 정밀한 탐욕은 이 땅에서 지하가스나 건물, 문화재 등도 무너뜨린다. 그러므로 오히려 지식이나 컴퓨터에 치우친 발달은 양심과 협력의 치우친 파괴로 미래를 매몰시킨다. 그것은 목전의 과학만을 신앙으로 삼아 의존하기 때문이다.

본래적 경영이란 생산적 윤리이다. 동태현상의 종국상황에 선 말기 산업은 정태와의 균형에로 그 방향을 선회해 가야 한다. 사실 근세는 인간 자신의 robot화에 따른 자동식민지(自動植民地) 과정으로 귀결되어져 왔었다.

「**"뿌리와 샘"**의 깊은 뜻(意義)과 느낌(感覺)은 작은 어맥(語脈)의 역혈(閾穴)에 담겨(定置)야 흐트러(散亂)지지 않으므로 농축(濃縮)된 글이 된다(해득(解得) 시스템의 유지(維持)).」

이와 반대로 이제는 조직기능에 있어서도 그 남·여성을 고려한 여성(음)과 남성(양)을 둘러싼 완충작용buffer action, 그래서 번져가는 흑백황색민黑白黃色民의 안정된 음양의 탄력성은 그 조화에서 두드러져 간다.

PPK 30만년, 신라말기로부터 오늘날까지 비생산적인 윤리 천년은 광심구(廣深久 : 넓고, 깊고, 오랜)의 생산탄력성도, 민족 원래의 자존성도 결코 소생시키지 못했었다. 21세기에서라도 민족의 고유탄력성은 생존의 극한을 두고 지탱되어져야 하는 것이다.

"그레샴"의 악화가 구축驅逐한 궁극窮極의 그늘에서 양화良貨는 변곡
－상승(shift－up)할 부담을 안게 된다. 이것은 곧 생존의의에 근거,[2]
'진실을 만끽'하는 바탕에 선 순리경영順理經營의 부담이기도 하다.

효용가치의 한계곡선이 영(0)에로 접근해 가야만이 광란의 낭비
나 그 추태의 극한에서 벗어나 안정된 삶의 초석이 굳혀진다.

도道(신의信義)와 업業은 음과 양과 같고, 손바닥과 손등과 같다(중
첩重疊의 공액共軛). 진정한 업은 유전정보를 발현하는 유정溜晶[1]이다.
서양의 것으로는 사이버네틱스Cybernetics에 해당되며, 이것을 통해 밝
혀지는 건국이념－천부경이 곧 참된 도이며, 참된 업이다.

섬추(渗抽), 발췌된 세포는 더럽
혀진 세포를 맑혀 간다. 순수한 근
원성은 고유의 탄력성을 회복시킨
다. 역사적 인류는 본래의 창조성에
굶주리고 있는 것이다.

「"喜悅희열"은 여건(與件) 하에, "囍
희의 涅열"은 여섭(與攝) 하에 존재
한다. 여건과 여섭의 공명, 공액장
(共軛場)에서 생명은 진실을 만끽하
는 근거가 있다.」

독립변수를 종속변수로 보는 것, 또한 종속변수를 독립변수로 보
는 것이 현대문명을 착란케 했다. 원인과 결과가 전도되어 왔고, 목
적과 결과는 괴리되어 왔었다. 종속변수를 강화시키면, 그 기슭에
서 독립변수가 죽어간다. 독립변수를 움직이는 것은 역사의 의지다.
컴퓨터니 과학이니 운운해도 결국은 종속변수에 의지해서 종속변수
를 해결하려는 것일 뿐이다. 실제문제는 독립변수가 해결한다.

앞으로 극동極東의 시대가 온다 하더라도 독립변수에 관련된 것을
강화시키지 않으면 혼란의 유예가 있을 뿐이다. 마馬・변弁・진한辰韓

의 기가 모아진, 즉 독립변수가 강화된 하에서의 창조성과 그렇지 못할 때, 즉 독립변수가 약화된 하에서의 창조성엔 차이가 있다.

물질의 경직성은 생명의 탄력성에 부딪친다.
지구촌 21세기의 창벽畅闢은 마련되어 가고 있다.
창조적 예측anticipation이란
언제, 무엇을, 얼마나, 만들 것이며
그리고 어디서, 어떻게, 만들 것인가이다.

우주의 독립식에 따른 태양계의 종속식, 그에 따른 지구촌의 현상을 미래가 찾는다.

어떤 근거로 혜성이 줄지어 목성에 충돌했으며('95), 이에 따라 어떠한 본연의 수식이 전개되어 갈 것인가. 여기에는 최근 퍼지Fuzzy나 카오스Chaos, 그리고 뱅Bang 등이 새로운 방위方位 orientation를 찾기 시작했고, 초념현상超念現象(ESP－PK ; Extra Sensory Perception ;ψ 현상)(심리학)의 수괘數卦도 싹터가고 있다.

역사적 인류, 그 근원의 체계가 종속시키는 것이 곧 유심唯心과 유물唯物, 그리고 절대성과 상대성이다. 이것은 근원의 실實의 장場 real field에서 현상된다. 그 씨종자를 찾는 것은 내일의 현실을 맞이하는 과거의 기대였다.

실험과 체험 속에 자란 실지의 체계란 방황하던 과거와 절실한 미래의 틈에서 유예하고 있을 뿐이다. 양심이 죽어가는 반면의 과학, 예컨대 구축물의 붕괴('95 삼풍백화점), 오존층의 우괴偶壞와 청산분青酸粉, 중금속 등의 공해는 그나마 보이는 것이다. 그러나 빈발

되는 AIDS 외 괴이균怪異菌등과 전자파, 플루토늄 등의 방사분放射粉은 법망法網도 헛되는 「죽음」의 공포다. 더욱이 서쪽 양자강역−중원에서 일어나는 공업화의 시동으로 차츰 덮여 올 먹구름은 미래의 한반도가 맞이해야 할 재앙일 수 있다. 제품의 원가 및 차별화 경쟁이 격화되기 때문이다.

"실험은 불확실하고, 판단은 어렵다. −인생은 짧고, 진실은 오래다(The Use of Life ; 에이브버리L. Avebury)". 수많은 실험과 판단을 거듭한 과거의 농약이나 비료과학도 이제는 천연농업 앞에 여지없는 허망사虛妄史로 남고, 소수를 위한 다수의 죽음이 겪는 방증일 수도 있게 된 것이다.

서서히 연구개발(R&D)에 있어서도 <u>예측의 필수, 시간의 단축, 비용의 절감</u>에 있어 인성과 기氣 pneuma로 해 초감각이 수반선책隋伴先策되어질 정도로 절박하다.

넓고, 깊고, 오랜(廣深久광심구) 것에 작용하는 좁고, 얇고, 짧은(俠淺瞬협천순) 것의 생명은 깊은 뿌리−샘의 근원성을 정항파定恒波 stationary wave 군群으로 한다.

시대의 근본양식根本良識 radical bon sense을 필수조건으로 한 충분조건은 원천적 지식이다. 그리고 고유진동(음 혹은 양)을 필수조건으로 한 충분조건으로써의 고유 창조성(양 혹은 음)은 고유 정항파가 매개한다. 질은 양과 음을, 혹은 음과 양을, 또한 그 질은 핵과 양을, 혹은 양과 핵을 매개한다.(冥氣명기, 雷氣인기, 雰氣분기)

지식의 편법이나 교힐巧詰, 이권의 패법覇法 그 술수 등도 사실상 근원의 희열−중심의 도를 탈궤脫軌한 요괴妖怪이다. 시대를 운항하는 중첩파重疊波의 방위와 과녁에서 역사적 지역민의 고유 창조성은 소생한다. 중심$_{重心}$(무게심)과 균형이 파괴되어 이른 바의 '일시무시일$_{-始無始-}$…일종무종일$_{-終無終-}$'($\frac{建國理念}{-天符經}$)이 이탈되면 통시태, 공시태(구조주의)의 구조가 교란된다. 그래서 체계적으로 보아 부조리한 실존은 그 현존재$_{現存在}$(비$_非$실존)에 머물고 자아는 날로 분열되어 인간은 소외된다. 그래서 「보이지 않는 손」의 정항파$_{定恒波}$ stationary wave군$_群$은 그 진향파$_{震響波}$(완충파)로 죽어가는 「보이는 것」의 체제system도 되살릴 수 있다.

사람의 경우 이른바 기의 구조와 그 기능을 고려할 때, 심$_{spirit}$과 영$_{soul}$의 중첩적인 것을 혼$_魂$(陰$_음$)이라 하고, 심과 체$_{substance}$와의 중첩적인 것을 신$_身$(陽$_양$)이라 할 때, 혼과 신 이른바 '올'이 중심으로 매개된 영·심·체의 구조적 3감각을 고려하면, 이것을 삼원색에 비유시킬 수 있다.

영(黃 ; 단파구－V)·심(靑 ; 중파구－M)·체(赤 ; 장파구－C 혹은 T)에서,[1] 적색과 황색이 주황으로, 청색과 적색이 자색으로, 황색과 청색이 녹색으로 보이며, 이것은 백색과 흑색사이의 장의 현상인 원광$_{源光}$(명(冥) 또는 한(桓))의 분산이지만, 그 집중은 흑색이다. 극양$_{極陽}$은 적색과 같은 장파이고, 극음$_{極陰}$은 황색과 같은 단파이다. 또한 음향일 경우 사람은 음계－도레미파솔라시(pure tone)도 또한 화음－도미솔·도파라·시레솔(pink noise ; pinktone)[2]로 구별하여 들을 수 있다.

그리고 시계$_{視界}$에서 차의 바퀴가 돌아 갈 경우, 그 바퀴가 역으로 돌아가는 듯 보이는 것, 또한 더 빠르면 역$_逆$에서 순$_巡$으로 돌아가며 그것이 점차 속도가 느려져 가고 교차회전케 보이는 것(★ 이

차미방(二次微方)의 근식(根式), 감쇄진동－여기에서는 차의 속도가 바퀴의 회전과 그 간격, 그리고 그 폭과 진동수에 따라 결정된다. 이것은 현재의식(顯在意識)과 기재의식(基在意識)을 교차하는 잠재의식의 각 스칼라(scalar)에 비유된다.), 그러한 정밀과학을 수용할 초감각(ESP, PK 등)이 사람의 근저에 있는 것을 발견한다.

다만 동물의 경우는 사람과의 심도(深度)나 그 양상의 구조가 가볍게 다를 뿐이다. 돼지(亥해)의 경우 2단계까지도 촬영된다. 이것은 동태적인 것이나, 정태적인 것으로서는 야방창(夜房窓)의 전등광(電燈光)의 경우에는 중심에 소곡선(小曲線)이, 그리고 창구변(窓矩邊)에 4개의 역곡선(逆曲線)이 그려져 있고, 또 그 기슭에는 '태극기' 같은 무늬가, 즉 청·홍으로 뚜렷하게 나타나는 등 기타 여러 가지 수학적으로 정밀한 기이현상이 많다.

이것은 생물의 근저감각(根底感覺)[11]이 과학사에 무시되어 온 「어쩌면 엄청난」 모순을 나타낸다. 원시언어를 볼 때, 기호와 수열의 감각에 따르면 등차수열은 양성인 감각, 등비수열은 음성인 감각을 준다.[4] 대체로 사람들은 현실 앞에서 음성적인 감각을 등한시하는 경우가 많다. 등차와 등비의 관계는 탄력도적(彈力度的)이며, 기이(奇異)한 수식으로 연역된다.

이 경우 음성적 감각을 놓치면, 편협된 지식과 목전의 것에 치우쳐 진다. 이러한 여러 가지의 감각이 참여된 지식은 곧 정항적(定恒的)으로 음의 운동과 양의 운동이 균형된 탄력성을 갖게 된다.

현상학(Phenomenology)적 에포케(epoké)의 입장에서나, 좌표상의 변곡점의 입장에서도 보면, 한국이 위치한 극동은 과거의 서양과 미래의 동양을 매개천환(媒介遷換)(乙을)하는 것이 되고, 그래서 당면적으로 위험과 기회를 투관透貫 penetrating, tunnel effect하여 안정과 성장(調呂조려(조화)-확장)될 역사는 새로운 유정溜晶의 영채映彩(Residuum ; 현상학의 잔여, 유전정보의 핵-유전인자성)가 된다. 이것은 진역震域(Korea-Epi-domain)에서 진향震響(warbling, 완충) 전파되는 중첩성을 띤다.

위험과 기회의 우묘尤妙로 안정과 성장을 되돌릴 창조성은 사람의 인성과 자질에 바탕을 두고 터난다.

지구는 '팽이'(top)와도 같이 돌고, 돌고, 돌고, 도는데, 넘어지지 않는 것이 이적異蹟같은 현실이다. 이것은 우주운동을 상징하는 단편이다. 산울림이나 빛도 그렇다. 산울림은 울리고, 울리고, 울리고, 울리고, 빛도 또한 프리즘prism-스펙트럼으로 나타나 빨강, 파랑, 노랑이 섞글려(효루爻累) 무지개가 된다.

현실은 팽이나 산울림이나 빛같이 생명의 감각에도 투영되는 결과로 나타난다. 그래서 세월일 경우도 같은 류類의 시간이지만, 작년의 봄과 올봄은 이를테면 대나무 마디로 다르다. 그래서 목적과 결과는 생각과 실제만큼 멀다.

팔다리가 뇌신경과 어울려 움직이고, 그 핵들이 눈에 보이지 않는 것 같이, 이제는 신기하게 보이던 기의 세계와 사람의 삼단전彡丹田(동결절洞結節-혈루瘱瘻, 뇌량腦梁, 궁단전宮丹田-배소胚巢)도 또한 한국에 있어서의 현실로 나타났다. 가령, 암담한 매몰장(삼풍백화점)으로부터 먼 곳에서 기氣로 지적(임교수)한 3인의 생명(박양, 유양, 최군)이 100%로 실증 구출되기도 했다. 이것은 첨단 초광음파기기(최근 美 제공)로써도 탐지 불가능했다는 점으로도 동시 증명된 셈이 된다.

이것은 곧 현대과학 앞에 ψ(Psi) 현상류(Extra Sensory Perception-Klinokinesis Psychology)가 섬출(浛出 ; 솟아오름)된 징후이다.

인체에 있어서 중금속 공해가 위생상 악영향을 끼친다는 것은 곧 양인 무기물과 음인 유기물, 예컨대 효소등과의 명기冥氣·인기齒氣·분기雰氣적인 촉체觸體로서의 균형이 파괴되기 때문이다. 체體의 '미네랄'이라는 것은 내분비와 외분비 균형을 촉차觸叉하기 때문이다.

뇌腦, 심心, 장腸으로 전해진 '삼단전參丹田'의 기를 보면, 기의 V(음)와 M, C, T(양)의 4요소, 즉 $\left(\begin{array}{cccc} 髓海丹田 - 盆瘻丹田 - 胚巢丹田 - 腦梁丹田 \\ V \qquad\quad M \qquad\quad TC \qquad\quad CT \end{array}\right)$이다. V-M과 CT 혹은 TC의 경우를 중용中庸의 뜻으로 보면, $\left(\begin{array}{ccc} 喜怒 - 哀樂 \leftrightarrow 未發 \\ CT \qquad TC \ 之\ VM \end{array}\right)$이 도움 된다.

VMCT 중에서 VM은 대음太陰이고, CT는 대양太陽이다. 대음 속에는 생명과 씨가 있고 대양 속에는 뿌리(根)와 열매(實)가 있다. 다시 그 CT는 중음中陰이고, TC는 중양中陽이다. 양과 음은 서로 천환遷換(乙을)과 촉변觸變(丙병)을 다중교차 촉천觸遷한다.

중성자와 양성자에 드나드는 중간자中間子 mesotron에 추상하면, 음과 양의 2종의 촉체觸體인 명끼冥氣, 인끼齒氣, 그리고 분끼雰氣가 드나든다. 이것은 원자핵으로 치면, Quarks(top−bottom, charm−strange, up−down)를 각각 MCT, TCM으로 공유−이온ion 결합한다고 보면 된다.

사람은 겉보기에 양의 체體(육)인 동시에 음의 심心(정)으로 된 양의 신身, 그리고 음의 영靈인 동시에 그 양의 심으로 된 음의 혼魂이 되는 것이다. 그러므로 명命을 V라면, 영상기靈狀氣·심상기心狀氣·체상기體狀氣, 즉 혼과 신을 교차하는 것은 기분氣雰이다. 그리고 이를 드나드는 것이 곧 분기雰氣이다.

물질의 고체·액체·기체는 −273℃에서 BEC(보스−아인슈타인 응축)라는 완전 정태적 형태에 도달한다. 생명의 식물·동물·인간도 또한 그렇다. 냉동인간도 있다. 다만 무생물의 기의 준위準位와 유생물의 기의 준위가 정태적으로 구분될 뿐이다. 이것은 색깔에서 적·청·황이 벽闢을 두고 구별되는 것처럼, 원자의 전자궤도에서 K-L-M 준위가 벽闢을 두고 불연속적으로 구별된 것에 비유된다.

이것은 "한끼桓氣" 또는 명기冥氣의 여섭與攝[1]에서 시발始發되는 것이다.

과학은 이제 이러한 기氣 앞에서 마치 '화살로 총포를 이긴다'는 식의 착각성을 띠게 된다. 달리 말해 '가을에라도 모심기만 잘하면 나락은 같다'와 '같지 않다'라는 시비가 된다. 미래를 앞둔 현실에서 과학과 진리는 멀어가고 미지의 삶은 확대되어 가고 있다. 그러므로 과학적 이성은 방향을 새로이 깨달아야 한다.

사람의 생활을 두고 대중 속의 취락민聚落民(cluster ; 분산분석)과 층별자層別者(strata ; 분산분석)를 구별하면, 이 둘은 생계는 유사해 가나 지혜는 괴리되어 가는 것이 종국에 다다른 물질문명의 특징이 된다. 이러한 마찰이 심화됨으로써 이제는 여러 정항파定恒波 stationary wave들이 통일장統一場 unified field에로 기울어지고 있다.

시간을 포함한 식물·동물·인간, 시간을 포함한 액체·고체·기체, 즉 각 기氣의 4차원과 에너지의 4차원을 포괄할 경우, 천-지-인(우주핵군宇宙核群, 핵본질核本質, 자아핵군自我核群)의 시간 4×2=8차원, 즉 본유장本攸場(본항장本恒場)이라야 한다. 그러므로 정항파들은 본유(본항)의 삼중첩장三重疊場의 범주에 속한다. 단위시공의 통일장統一場, 즉 단위의 에르고드Ergod 장을 포괄한 복합적인 체계를 가진 본유本攸의 장에 관련된다. 이것은 동서남북으로 상징되는 좌표와 춘하추동

根源끼의 創造性

(創造的 Compton 效果; 彡(彡恕) 徵(徵彡) 遷(遷彡)을 感: 彡抽이다 ; 生産性 倫理)

"섬"　"징"　"천"

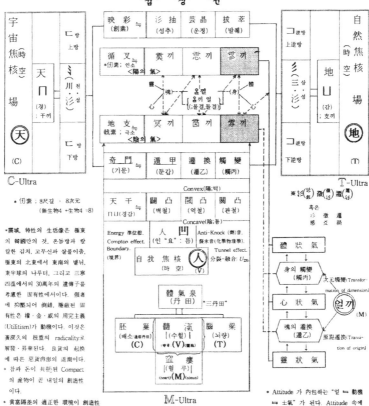

〈그림 2〉

※ 奇門遁甲

Quarks(○)의 Occult
Topsy-Turtle 例
(topsy-turvy) ┌ Epi-warble
              ├ Epi-turtle
              └ Epi-Quarks(龜)

定恒狀態(Stationary state)

「陰」 (外簞位差) 「陽」

V: 壹主軌道(公轉;重水素) 參從軌道(公轉)
M: 左旋(自轉;酒石酸) 右旋
C: 酸性 ———— 苛性
T: (-)電荷(電子) ———— (+)電荷(量子)

γ (M)

α (T) ← → β (C)

+(V)-

퀴리의 플로토늄에 比喩
(同位元素 Pu)

※ 對他凹凸

有形 혹은 無形을 包括한 卦算

※ 受着感情移入(Lipps)

 : 關凸

※ 生存條件 受容實地

 Morale 要請의 强制需壓

※끼의 '인'이 약했던 韓國史

※ |必要條件 및 共時態|〈|充分條件 및 通時態|
    (質)   (陽)

※ 凹人體反應例

 動物의 刺戟反應, 즉 神經末端附近의 受容器官
에 온 刺戟이 求心性 神經 中 神經中樞에 到達,
그 遠心性 神經에 따른 筋肉 등 效果器官에 傳
達된 反應.

* 지금은 惡貨가 - 成長率을, 良貨가 + 成長率이
된다. 곧 限界惡貨率은 0에 接近하고 限界良貨率은
上昇한다.

※ PET, X-Laser 그리고
Cyber-Freud, 기타 最近의
Lotus 腦波機 ((始初;獨逸) / 시언아담스, 네덜란드, '95)

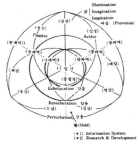

IS[*1]와 RD[*2] 역圓

(*1) Information System
(*2) Research & Development

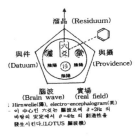

[象徵六爻圖]
(陰陽五行)

溜晶 (Residuum)
與件 (Datuum)
與攝 (Providence)
腦波 (Brain wave)
; Hirnwelle(獨), electro-encephalogram(英)
實場 (real field)

- 이 中心인 六爻는 腦波로써 δ~2㎐의
바탕의 安定에서 θ~4㎐ 의 創造性을
發生시킨다.(LOTUS 腦波機)

* 無生物의 本인 물(H_2O)도 6角形, 有機物의 本인 벤젠도 6角形, 原子核속의 Quarks도 6角形,
Klinokinesis의 꿀벌집도 6角形, 꿀도 6角形 結晶體이고, 짚신벌레 細胞集團도 6角形, 임금圖
章도 6角形이고, 가장 오래사는 거북이(龜)도 6角形, 甲骨文字도 6角形이다.

* 四分位數도 VMCT에서 引喩된 統計學의 출발이다. 四分位數의 '징'點을 中心으로 微分 +, -
로 考慮하면 八分位數가 된다.

〈그림 3〉

으로 상징되는 4개의 벡터 등이 복합된 텐서tensor 등을 포괄한 통일
장이다.

지구촌의 생산성은
인간의 생존의의(生存意義)가 창조한다.
인류적 대중은 생명의 탄력성을 되살린다.
천심(天心)이 민심(民心)이기 때문이다.
뿌리 깊은 이론식은 시간의 초점을,
샘이 깊은 실험식은 공간의 핵심을 지향(志向)한다.
시간, 공간의
무한에는 벽(闢 ; 열림)이,
유한의 간극(間隙)에는 역(閾 ; 움틱)이 있다.
만유인력이 태양계, 은하계를 치닿아 새별을 낳듯,
교통, 통신은 오대양 육대주를 다아가
신차원(新次元)을 창조하려 한다.
태극(太極)무늬는 최초의 방정식을 상징한다.
청(靑)과 적(赤)은 침(忱)끼의 궤적을 그리고,
이것은 네 개의 올을 빠져난다.
한민족이 지구의 서단(西端)에서 견진(牽辰)되어
극동에 닿아 나름을 새기며, 느끼며, 뛰놀던 30만 년,
그 기재성(基在性)에는
산삼과도 같은 침기(忱氣)가 해묵혀져 왔다.
자아핵군(自我核群)(陽의 闢)과
우주핵군(宇宙核群)(陰의 闢) 사이의
질점(質点)들은 8개의 차원을 누비며
각기(各己)는 나름의 고유한 특징을 지닌다.

시대의 수압需壓은 우주핵과 자아핵의 접근이다. 이것은 지구촌
인류의 요청이다. 이 시공時空의 초핵焦核이 태두할 마지막 권력과 금

력, 권위의 영화零和게임zero sum game의 원천적 안점鞍點 saddle point이 빨리 확연確然되어야 한다. 각 나라마다 이러한 초핵을 위한 옵션option이 전제된, 예컨대 상품의 창조도 부침浮沈된다.

전술한 8차원(여섭의 내포connotation를 제외한 입장에서)은 언어교류의 8개품사에 유비된다. 실생활의 언어상으로도 모든 언어는 8품사이다{조선초 사육신 '박팽연'의 사위가 거북이 꿈을 통해 1대(代)에 8남을 얻은 예도 있다. 팔별가(八鼈歌) - 오·구·원·성·별·벽·경·곤의 8형제}. 8괘卦나 8정도八正道의 경우도 있다.

태초의 언어는 기호의 수괘數卦였다. 이것은 언틂과 어語 parole and langue가 8차원의 끼炁(氣素기소)의 시공에서 발침發忘하고, 결침結忘함이다. 생체가 炁氣(素氣소기)를 내고, 그 침기를 받는 생체의 신진대사, 진화과정에서 곧 발생과 결실조락結實凋落은 거듭된다. 현존재現存在의 방정식은 본유本攸의 수치구조를 찾아 확률에서 수학으로, 상수常數에서 변수變數에로의 과정이 필요하다(Cybernetics ; Wiener,N.).

생체의 초단파(超短波)는
역사적 현실의 끼(氣)와 교신(實存 ; 하늘의 암호해독)하면서 진동한다.
언제나 그 고비에 드리워지는 처세, 술수 등
그 악(惡)의 착란파(錯亂波)도 뚫어난다.
옹클어진 경색권(硬塞圈), 흐트러진 산란권(散亂圈)도
역사적 인류의 침기(炁氣)와 더불어 정항(定恒 stationary)의 흐름을 탄다.
시간은 공간의 누적이고, 또한 공간은 시간의 미분이다.
동물 중에는 공간의 누적도(累積度) - 시각을 정확히 감지하는
특이한 시공기능(時空機能)의 세포가 있다는 것도 알려진다.[26]
8차원 시공의
역(閾 threshold ; 차원의 transformation)과
벽(闢 barrier ; 원점의 transformation) 사이의

질점파(質点波)는 언제나 수렴(convergence)－발산(divergence)한다.
언(言 parole)을 업(業)으로 이루는 성자(誠者)는
하늘의 도(道 Logos)를 따른다(誠者天之道).
그리고 그를 터득, 일하는 사람은
인지도(人之道)를 따른다(誠之者人之道).
하늘에 맞는 과학은
여러 방정식의 근원이 되는
수치구조(數値構造)를 갖는다[5](건국이념－천부경).
공간을 내포한 시간,
시간을 내실(內實)한 공간의 정항파(定恒波 stationary wave)는
그의 중첩도(重疊道)이며,
상도(常道)이며 상명(常名)의
방정식이다(道可道非常道 名可名非常名 : 도덕경).
이것은 곧 생산성(物性)으로 나타난
인간성(心性) 및 신앙성(靈性)으로
현시(순차)되어지는
Logos의 Algorithm이 된다.

진역민震域民(한민족)이 지구촌이라는 충격과 착란에서 도착倒錯과 갈등이 노정露呈되어 있어도, 이것은 동서민東西民의 유전인자가 공액된 세련된 우뇌로 잉태된 정통극동민正統極東民이 스스로의 바탕을 찾아 그동안 손상된 단전丹田과 뇌량腦梁[7] [26], 좌뇌와 우뇌의 균형능均衡能을 부활시켜서 스스로를 해발－승화케 하려는 몸부림이다.

신세기 태동의 필연지역에서 시대의 동기가 운집芸集되어 가는 기운 하에서는 그 본연의 기질이 그 본유本攸의 탄력성으로 해서 인류의 갈망을 해발解發시킬 수도 있게 된다.

3. 여섭(與攝 ; Providence)「결」(파동)의 칼칼한 탄성彈性

無限무한한 宇宙우주와 無限한 天命천명,

有限유한한 地球지구와 有限한 人命인명은

暢闢창벽에 닿는다.
(천지개벽격의 tunnel effect 류 ; $U_{238} \rightarrow U_{235}$ 우라늄 농축 ; potential barrier, penetrating)

산의 보물들도 이제는

바다에서 캐낸다(山遷碧海格遷換(乙); $\left(\begin{array}{l} \text{transition} \\ \text{transformation} \end{array} \right)$
　　　　　　　　산천벽해격천환(을)

陽性양성의 육지(地)끼는

陰性음성의 바다(海)끼를 만나

살을 푼다. $\left(\begin{array}{l} \text{解發(auslösen)} \\ \text{昇華(sublimation)} \end{array} \right)$

육지 양陽의 백두산 호랑이 백호(寅인)가 오경五更을 지나, 희고 말씬한 토끼(卯묘)의 땅(兎地묘지)을 디디면, 천촉遷觸(천환遷換(乙) − 촉변觸變(丙)) − 둔갑occult arts하여 바다(海) 음陰의 공룡(辰진) − 청룡으로 변한다(한반도의 새벽).

이것은 동방에서 지중해를 건너고, 마지막으로 태평양을 건너오는 산성酸性·지방질·white color의 걸음의 입장에서는 '좌청룡 우백호'로 보인다는 것이다. 즉, 토끼 땅에서 우백호는 좌청룡으로 둔갑하는 것이다. 지지地支 인묘진寅卯辰과 천간天干 갑을병甲乙丙의 차점又點은 0.5 $=\mu$ [5](cybernetics와 관련)에서 0.51 0.52 0.53 으로 되는 창벽暢闢이다.

Klinokinesis의 짚신벌레나 6각집을 짓는 꿀벌이 토끼땅을 지나면, 둔갑하여 갑골甲骨의 자라(鼈별)로 변하는 격이다. 즉, 벌집의 6각형을 날아 자라의 6각형을 찾아가는 것이다{참고로 진역震域에서 사용한 30만년의 다스림 도장圖章도 6각형이며, 하늘의 암호를 받는 기분氣雰도 6각형이다. 신라 때 강수強首(?~692 ; 신라 시대 유학자)가 받아온 한문도 갑골문자(6각형이기 때문에 붙은 명칭)이다.}.

지중해와 대서양을 통해 변해가는 것과는 다른 측면에서, 서양에서 동양으로 변해가는 둔갑을 앞세우고 있는데, 이것은 6각형의 Quarks를 가진 꿀벌이 6각형의 반도半島를 날아 6각형의 거북이로 둔갑하는 시공을 말하는 것이다.

여기에서는 top−bottom, charm−strange, up−down의 point를 천촉遷觸(이중−이온결합)으로 하는 것이 공통적이다. 이것은 음의 MCT와 양의 MCT로 비유할 수 있다. 서양에서 동양으로 둔갑하는 현상은 촉변觸變(丙)이나 천환遷換(乙)으로 간주되어 왔던 오리엔트 문명에서 시작한 여러 문명과는 다른 현상으로 서양이 동양으로 이동하는 현상이다. 또한 동양의 진역震域에 있어서도 마찬가지이다.

생득적生得的 행동行動(innate behaivor)

틴베르헌Tinbergen,N.에 따르면 생득적 행동[21]이란 학습과정에 의해 변화하지 않는 행동을 말한다. 러셀Russel,E.S.은 이와 같은 행동의 발현에 관한 본질적인 자극을 신호자극sign stimulus이라 부르고, 후에는 이것을 지각신호perceptual sign라 했다. 틴베르헌은 행동의 발현이 유일, 혹은 소수의 신호자극에 의존하고 있다는 사실이 생득적 반응의 특징이라고 말했다. 동물이 지각할 수 있는 가능성을 가진 자극, 즉 잠재적 자극과 실제 반응하는 자극, 다시 말해 현실적 자극은 구별할 필요가 있다고 말했다.

일반적으로 생득적 성격을 분류하기를 동양의 천간－지지 상의 분류에서는 쥐(子), 소(丑), 범(寅), 토끼(卯), 용(辰), 뱀(巳), 말(午), 양(未), 원숭이(申), 닭(酉), 개(戌), 돼지(亥)로 분류하였는데, 추측컨대 중국어로 진국(辰國)이라 기록된 고증 상의 60만년의 한반도는 아마 호랑이와 양의 기질에 닮은 것으로 집약된 것 같다. 역학易學 상으로는 생년－생월－생일－생시에 따른 분포를 조사해 볼만하기도 하다.

천(天)과 지(地)는 급기야
'에덴의 동(東)쪽'에서
지각(地殼)의 동쪽으로 평형한다(地殼平衡類).
새벽빛을 에워싼 반달의 땅에는
이차원(異次元)의 희노(喜怒)와 애락(哀樂)이 파동친다.
태풍에 지친 현대말의 기형아들,
그들에겐 「제 나름」을 찾는 기운(氣運)이 된다.
고지방질의 white color의 농축된 권재(權財)는
고단백질의 blue color가 농축된 것, 그리고

밑 빠진 독이 된 지식의 야맹증격(夜盲症格)은
Vita A군이 절실해진 격이다.
새햇발의 자외선은
신기한 식물, 기이한 동물의 다양한 종류를 농축, 진화시켜 왔다.
전(全)인류가 양분(兩分)되어
인류사의 최종전(最終戰)을 겪은 '6.25',
또한 인류사의 최종화(最終和)를 겪은 '88 올림픽'의 땅은
종국(終局)에 달한 문명의 인류에게
극단의 회한(悔恨)과 요행(僥倖)의 흔적을 조각하며,
이제는 날로 서그러진 연민(憐憫)을 쏟고 있다.
고루(固陋), 비약이 습성된 지식의 틈에서는
지금도 여섭(與攝)은 사람의 슬기를 진동시킨다.
인류의 현재는
광심구(廣深久 ; 넓고, 깊고, 오랜 것)의
무게심(重心)에 머문다.
성현(聖賢)도 생활을 먹고살기 때문이다.

　　진의眞意의 '프롤레타리아'라는 서양의 언어도 아주亞洲의 산아産兒
와 산업, 그리고 생존의 기초로써 자급(생산), 자족(소비), 교환(자
본)을 향유亨有할 생활자生活者들을 일컫던 것이었다(스파르타 아테네
전戰 전사戰士때문). 그 사회의 최대다수인 이른바 '중민衆民의 예지'
(衆叡)에는 떳떳하고, 그윽하고, 흐뭇한 희열이 담겨져 왔다. 이것
은 희열喜悅의 '囍희의 涅열'(햇빛(日)아래 물(水)과 땅(土) ; 천지신명)
에 이끌려온 인간사, 그 무게심重心이 선험先驗 a priori케 한 천지의 당
위이다.
　　양(상象)은 질(매媒)을 통한 핵(진陣), 즉 양상量象의 perturbation은
질매質媒의 reverberation을 통해 핵진核陣의 echolocation으로 되풀이

되어 창조에로 거듭난다. 촉매제로서의 질은 촉차순서觸又順序에 따라 핵지향核志向 질質과 양지향量志向 질質의 중첩인重疊店 혹은 분粦의 자극으로 나타난다.

핵의 진陣에 공명한 넓은 뜻의 정보도 당해지역의 고유성으로 하여 그때의 무게심(重心 ; 中庸)을 택하게 된다. 그것은 그 역정歷程 항로상의 나침반 바늘이 진동하는 방위方位 orientation이자 효시이기 때문이다.

창벽暢闢의 위험risk에서 기회opportunity를 찾을 운항은 안정과 성장 (조려調呂(조화)와 확장)이라는 정항파定恒波 stationary wave이며, 여기에 복귀하는 과정에서는 충돌, 파괴가 있게 된다.

만물의 탄력성은 수렴-발산을 거듭, 태양의 fusion-fission(융합-분열)과정의 변동을 한다.

다만 여기서 정상正常 standard은 정항定恒 stationary일 뿐이다.

태양의 융합-분열은 스스로 일정하다.

지구와 일, 월의 거리도 스스로 일정하다.

춘하추동의 초-말의 평온도 스스로 일정하다.

무수한 시간, 무수한 성운星雲의 인력,

그리고 무수한 이른 바의 공해도 빙하가 해결한다.

무수한 정보를 갖는 태양계의 탄력성은 그러므로 일정하다.

그래서 당대의 지엽이 문란 되어도 역사적 인류의 바탕은 보완된다. 고유민固有民의 탄력성은 역할 한다. 착각과 착란속의 인간은 위험과 기회에서 안정과 성장에로 되돌려진다. 그 과정에서 선진·후진국의 부빈귀천의 강약 지속이 있다.

재도財盜와 권도權盜의 구조적 성벽性癖 trait도 결과는 자해自害가 된다.

당해 역사가 그 지역의 고유성을 필수로 할 때 창벽輻闢앞에는 마치 호사다마인양 때로 지상의 진재震災가 가승加乘하기도 한다.

인류역사의 회한과 기대가 번갈며 어느 지역에로 환원될 때, 또한 그만큼 한 배신감과 통쾌감도 날로 확산된다. 그리고 고도의 지성을 겸한 구조적 간접도벽間接盜癖도 다수의 촉감觸感으로 변한다.

허영과 오만, 그리고 지배욕의 만연, 잘난 척, 비틀며 노리는 것 등도 그렇다.

경제란 경국제민經國濟民(동양), 그리고 Economics란 Öiecosnomos (서양 ; 부父가 경영, 경영자(아빠치 ; 미국)의 경영)로서 곧 경륜經綸이나 Moral(사기士氣)의 집합이다.

유동성선호(Keynes,J.M)란 Libido(충동적 갈등)류의 욕동慾動과 Superego(이성理性, 인내지혜忍耐知慧)류의 품위성향品位性向이며, 그 여건과 여섭에 따른 「길들여짐」은 정항탄력성定恒彈力性 stationary elasticity에로의 복귀로 나타난다. 이를테면 대중화大衆化에는 「그림」이나 「노래」등 그리고 「언어」들이 시대의 예감의 평생교육 등으로 필요케 된다.[17]

그럼으로써 근원성根源性의 무게는 품위品位를 능가凌駕한다.

칼칼한 맛의 말씬한 걸음이 있다. 태극무늬, 삼한사온을 누비던 슬기 오랜 유목 기마민의 터전, 새 햇발의 볕뉘에 반달의 땅은 인재세변(人災世變)도 해묵은 「산삼」인 양 진역민(震域民) 「제 다움」의 자존(自存)을 싹트게 한다.

사람을 포함한 다양한 생물을 중시한 함수와 그 좌표를 구상具像

해 가는 것은 유익하다. 고대사회에서 특수계층의 지식인이 좌표를 설정하면서 주장한 유클리드에서 교착交錯된 구형矩形(사각형)세계와 사각평면의 극한에는 함정이 있다는 편법만으로는 이제 미래를 견지해 나갈 수 없다. 그 동안의 역사는 여기에 수많은 생명, 초생명超生命, '명(冥) 또는 '한(桓)'기氣의 여섭與攝이 실제상 교차되어 왔던 어려움이 있었다.

피타고라스의 거시적 삼태극三太極(삼원색과 그 변환, Monas, tripod 등), 이것을 천환遷換(乙)(transition)시켜 미시적 삼태극화 한 라이프니츠의 미분학(미시단자론微視單子論 ; micro Monas)에서는 독립상수가 0(영)으로 미분처리 되는 한계가 있다. 이것은 산업에 있어서 드럭커Drucker,P.F.의 고정비 상승압 등으로 나타나 오늘날의 산업에 새로운 차원의 문제를 제시하고, 이를 위해 노버트 위너Wiener,N.의 사이버네틱스Cybernetics와 더불어 정보공학 등이 강요되고 있을 정도이다. 이 수식은 심리나 뇌파에서 본격화되어 간다.

피타고라스의 삼각형과 라이프니츠의 $\varDelta$(delta)는 사실상의 프랙탈Fractal 관계이다. Monas의 개념이 유클리드의 직각좌표계cartesian상에서 처리되기 힘든 때부터 평면직각삼각형은 충분히 유익할 수 없음에도 경직적인 의제擬制 illusion로 차단되어 왔었다. 오늘날 생명현상뿐만 아니라 우주 속에서 자전, 공전하는 현실적 지구상에서는 실제상 고려되어야 할 점이 날로 많아지고 있다.

최근 서울 통의동 백송白松의 경우, 초광선으로 촬영한 결과('94) 외침外侵이 있었던 근세 36년간은 식물이 갖는 불쾌한 감각으로 생육이 정지되었던 것이 발견되었다.[16] 동물의 경우, 일본의 고오베神戶지진('95) 및 중국의 예를 보더라도 쥐나 기타 동물은 지진에 관한 불쾌감을 예지하여 피신해 살았지만[15], 무수한 사람만 희생되었다. 동물은 손의 맥박과 목 양편의 맥박이 M, C, T로 氣雰기삼이 균형되어 인지한다.

그 외 장미의 경우, 꽃을 꺾은 사람을 기억하여 후에 대하면 흥분하는 데이터도 있을 뿐만 아니라, 나무에 벌레가 침투했을 때, 그것을 방어하는 테레핀유油가 수 십리 밖의 나무에서 그들의 언어로 전달되어 나오고, 한국의 경우, 한국풍토 고유의 음악을 들려주었을 때와 그렇지 않을 때 나무나 동물의 생육건강도에 차이가 많았다는 것 등, 이러한 데이터는 많다.[11]

이것은 지상의 현상이지만 화성의 경우도 NASA에서 촬영한 사진에 의하면 지상에서 보는 바와 같은 사람 얼굴의 큰 형상이 있고, 그리고 5각형으로 된 별 모양의 사선-pentagon이 크게 그려져 있다는 것이 촬영되었다. 그 뿐만 아니라 달 뒷면에도 지상의 것보다 훨씬 큰 십자형 조각이 꽂혀 있는 것을 발견했다. 또한 UFO라고 일컬어지는 우주인이 실제상 지상에 내린 흔적은 수 없이 발견된다.

또한 1995년도의 경우, 혜성이 일렬로 뜻을 갖고 목성에 충돌한 시대의 기이한 현상은 우주방정식상 사람에게 지상의 격변을 예고하는 듯하다(동남아-유럽-남미 홍수 폭염 산사태('95)). 근세경제상 지상경제가 태양흑점의 변동에 따라 좌우된 것이 실제였으므로,[13] 이러한 현상은 경제학자에 이르기까지 지상의 경제변동을 예감케 한다.

이러한 것을 횡선(x)과 종선(y), 그리고 수선垂線(z)의 좌표공간을 견지하기 위해 부정한다면, 그만큼 한 사실상의 비과학성 때문에 받는 인간의 착각은 날로 늘어갈 것이다. 색깔의 삼원색처럼 사람에게도 원색감각이 있다. "자기가 탄생한 것은 자기중심의 우주가 탄생한 것이고, 자기가 사멸한다는 것은 곧 우주의 사멸이다"라고 생사生死만을 고려하면 이러한 논리는 타당성이 있다.

그리고 인류사상人類史上 유럽의 중세기를 예로 들면, 2천 년 간의 크리슨돔christendom사회를 평화롭게 유지하는데 중요한 역할을 한 지식은 토마스 아퀴나스Aquinas,T.의 사상이다. 그러나 그는 예루살렘을 중심으로 전우주全宇宙가 선회旋回한다고도 했다. 이점이 그의 단점으로 과확대過擴大되어 전체적 원리인 양 반항되어 왔다. 그 후에 근세사의 변혁들은 간접살인에 골몰한 흔적이라 할 수 있을 정도이다. 자기와 생명집단의 가치를 귀중시한다는 대전제를 현실적으로 고려하지 않는 과학적 기술방식記述方式은 중세의 과학을 보완하지 못했다는 것이 된다.

아인슈타인Einstein,A.의 광입자론이 광의 중첩론重疊論에 의해 부정되었지만, 그의 상대성이론은 절대론자들이 가정한 에테르를 부정할 수 있었다. 그러나 고질적인 역사의 편집偏執 autism ―편견偏見 prejudice ― 선입견先入見 predilection 등이 쉽게 소집단의 강제와 결부되기 마련이라는 것은 이성화理性化했어야 할 엄밀 논리학(수리일반)이 이러한 좌표를 조장한 잘못이다.

어떤 사실이 효과적인 과학좌표나 이성을 찾지 못할 때, 야생적 생존경쟁struggles for existence만이 있다. 그 결과로는 경쟁에서 잃은 이득보다 경쟁에서 얻은 이득이 적다. 그 경쟁의 그늘에는 무수한 생명이 간접적으로 죽어 간다는 것이 된다. 이를테면 GNP의 세계적 순위와 평균연령의 세계적 순위가 거의 동일하지 못할 때, 그리고

GDP의 순위와 내일을 맞을 40대 장년의 평균인구수가 동일하지 못할 때, 그 차이만큼 수많은 사람이 죽임을 당한 것이 되고, 내일을 창조할 40대의 역군役軍이 또한 그 차이만큼 줄어든 것이 된다.

미국의 경우, 근원성根源性 기독교라는 청교도들의 후예後裔가 한 일은 크다. 테일러Taylor,F.W.의 경우, 무학벌층이면서도 육체노동에 있어서 노동자와 자본주의 깊은 조화로 상승익相乘益의 표준을 설정, 그래서 광심구의 인간적 바탕을 고려한 직능조직의 성과로써 성공시켰다. 포드Ford,H.는 같은 청교도의 후예로써 같은 바탕에서 경쟁을 거역하고, 기계노동을 통해 생산자와 고객 대중간의 깊은 조화로 상승익을 가져다주었다. 평소 그는 경쟁competition을 싫어했다.

이러한 자세는 곧 미국을 키운 신앙이며, 인간이며, 표준이었다. 그러나 '본래의 미국인 청교도 정신으로 돌아가라'는 토인비의 외침('서양문명의 실험'에서)이 나올 정도로 오늘날 미국은 노벨상 왕국이면서도, 오히려 달러화는 미국에 비해 극히 작은 섬에 지나지 않는 일본의 엔화에 그 기축통화를 빼앗기고 있을 정도이다.

이러한 측면에서 한국인삼, 한국김치와 같은 특화산물을 재료로 하고, 한국의 특화인성特化人性을 재료로 한 특화산업이 절실해지는 시대로 오늘날의 경제는 기울어지고 있다. 이것은 근원성 체계를 매개로 해서 발현되는 것이다. 특화산물과 재료를 근거로 하여 근원성 창조를 요청하는 시대이다.

4개의 기둥집의 튼튼함은 그 초석이 말해준다. 즉, 초석을 깔고, 틀을 빗고, 벽을 쌓는다. 지금까지의 네 개의 기둥은 자기상상自己想像을 위한 종선과 횡선과 수선垂線이었다. 그곳에는 식물·동물·인간과 그 누적의 시간 및 고체와 액체, 그리고 기체의 누적시간의 상황이라는 전후 8개의 차원이 고려에서 배제되었고, 또한 시점과 종점으로서 '0'과 '∞'를 고려한 8차원과 (+, −)2차원이 배제된 것이다. 집은 0차원이라는 기초와 ∞차원에 이르는 틀이 축으로써 튼튼해야 되는 것이다. 사람의 입장에서 돋보기와 현미경의 세계가 판이하고, TNT와 U(우라늄)이 판이한 것처럼, 튼튼한 바탕은 기둥을 옮길 수도, 집을 옮길 수도 있다.

그래서 현재좌표에 대한 사상寫像 mapping으로

① 차원을 촉변觸變(丙)(transformation)시키고,

② 원점을 천환遷換(乙)(transition)시키고, 또

③ 신차원을 설립하여 총체적인 전환을 시도해야 한다.

그러므로 힐버트Hilbert 공간과 대응적으로 그 공간 안에 텐서tensor를 담고 있고, 방향성 있는 n차원 리만Riemann 공간으로 주객을 전도할 필요성이 있다.

주지주의主知主義는 필요 및 충분조건이 아니라, 그 근거에 입각하여 필요 혹은 충분조건이 되어야 하며, 근세 이래 합리주의나 실증주의 혹은 유물주의에 이르기까지 지구촌의 벽關에 충격된 마당에서는 우선적으로 필요 혹은 충분조건을 간추려가야 한다. 그리고 필요충분조건이 일치되는 근원을 날로 더 탐구해가야 한다.

의제擬制 illusion가 실實의 장場 real field을 덮는cover 한계를 떠나 이제는 오히려 대응해야 한다. 천인지天人地의 근원성을 등한함으로써 약자를 살육해 온 것에 대한 깨달음과 반성이 필요한 때이다. 대부분이 희열喜悅과 희囍의 열涅을 잊은 충동적 명예, 지위, 권력, 금력 때문이며, 결과와 원인이 뒤바뀌게 된 비능률의 실과實果이다. 1995년

도에도 대對 동포증오와 고소무고가 공격하는 일본의 2배가 아니라 80배에서 400배에 이른다. 여기는 언어적 정보도 판단대립判斷對立이 있다.

희囍의 열涅을 향한 희열喜悅의 과정이 받는 수많은 희노애락 속에서는 진정한 창조성이 샘터 나온다.

> 가족이나 기타의 주변을 돌아보니 너무나 고독하고, 허무하고, 격절(隔絶)해서, 밤중에 산에 올라가 '나는 고독하다'고 외치니 산울림만이 '고독하다'고 되풀이하며 답하는 것을 듣고 내려온 실존성(實存性)에 창조성이 움튼다고 할 수 있다.

여러 현상을 좌표로 구상具像하면, 지구벽地球闢 조건의 미래장未來場의 현상은 대삼극大三極의 소8차원小八次元으로 구상構想할 수 있다. 태극차원太極次元은, 태양과 태음, 그리고 태太라는 매체(태심太芯)를 극으로 하여 3차원으로 사영mapping시킬 수 있다. 기침氣心과 시간 및 공간, 그리고 여기에 태음극太陰極과 태양극太陽極을 더하여 5차원이 된다. 또한 소극차원小極次元은, 식물, 동물, 인간과 그 시간 그리고 고체, 액체, 기체와 그 시간을 합한 8차원과 여기에 소음극小陰極과 소양극小陽極을 더하여 10차원이 된다. 그리고 알려진 현재의 극을 평극平極이라고 하면, 평극은 직선, 평면, 입체와 시간의 4차원에 음양의 극을 더하여 6차원이 된다.

무생물도 거의 불연속적이고(엄밀히 무생물도 기氣의 별준위別準位일 뿐이다), 생물과 여섭與攝 또한 거의 불연속적이다. 각각의 누적과정을 매개하는 시간은 그 차원에서 연속된다. 그 변동이란 극소極小

들의 집합의 천환遷換(乙)과정이며, 그 소재는 그럼으로써 극소의 단위진동과 통합탄력성의 역閾 및 벽闢으로 인간에게 반응한다.

　수소핵과 전자, 그리고 지구와 달과 같은 류의 자전과 공전, 사람의 오장육부와 지각의 5대양 6대주, 또한 신경과 관계된 사람과 동물의 근육(불수의근과 수의근으로 구분)은 각각 프랙탈Fractal ; Mandelbrot,B.에 비유되며, 거시, 미시로 상호진동－정보교호－교차탄력성의 기준을 유지한다.

　여기서 역사로 나타나는 근원의 여섭與攝은 사이버네틱스로 운지芸知되는 스미스Smith,A.의 "보이지 않는 손Invisible Hand"일 수 있다. 이것은 직감intuition과 지각perception의 근원에 수용input되는 정보이다. 그간의 편분片分 patch이나 지엽branch류의 현상을 집합한 좌표, 그리고 그를 추적追跡(화학 ; trace)한 4차원이 갖는 한계는 돌출된 주체적 인간의 옵저버블observable에로 환원되어 재구성되어 진다. 이것은 무한한 자아핵군自我核群의 직감, 지각 그리고 또한 무한한 우주핵군宇宙核群의 구상具像이다.

　제임스James,W.의 근원적 경험주의radical empiricism의 동기를 구조주의를 매체로 한 미시로써의 실존주의와 거시로써의 아퀴나스Aquinas,T.의 세상世像으로 보면 '결結침－침검다리－발發침'의 탄력성이 역할되어 있다. 단전丹田(궁단전宮丹田)과 뇌량腦梁(뇌단전腦丹田) 그리고 뇌량 평형에 따른 좌뇌와 우뇌를 진동－파동케 하는 것[12], 혹은$\left(\begin{smallmatrix}\text{DNA(V)} - \\ \text{(髓森)} -\end{smallmatrix}\right)$

$\left(\begin{smallmatrix}\text{HLA(M)} & - & \text{丹田(C)} & - & \text{腦梁(T)} \\ \text{(sinus node)} & - & \text{(胚巢丹田)} & - & \text{(腦梁丹田)}\end{smallmatrix}\right)$의 순으로, 정맥과 동맥, 음장陰腸과 양장陽腸을 교류하며, 동시에 단전(궁단전宮丹田)과 뇌량을 교류시키는 sinus node(심장핵心臟核 ; 동결절洞結節)[7]가 최대의 대중－서민의 예지를 섬추 滲抽케 하는 것이다.

새햇발의 볕뉘가 새 시대의 발상지가 될 진역震域은, 그 정통민正統民의 기재성基在性에 나름의 수炙・침끼沈氣가 심어져 있는 것이다. 그것은 광심구廣深久에 뿌리를 둔 종교와 문화를 조건으로 한 경제로 나타나게 된다. 전압이나 전류로 치면 발전하고 축전한 전광電光에 비유되는 수炙・침끼沈氣의 발로인 삼끼彡氣이다.

세기의 한계에서 새로이 시작되는 시대에 샘솟는 기예氣銳는 그 지역의 효유曉諭(깨닫도록 일러줌)와 효습曉習(깨달아 환하게 알게됨)을 팽배시킨다. 천여 년 간(고려이후)의 한국이성사韓國理性史를 뉘우치면, 경제인을 '백정', '쟁이' 등으로 비하시켰고,[8] 그 결과 발생한 불균형은 문화와 종교의 붕괴를 가져 왔고, 해방 후에도 동태경제우위의 일변도로 치달아 소위 극좌나 극우, 그리고 왈 과소비, 패륜 등으로 그 본유本攸의 기재성, 잠재성, 현재성의 공액을 스스로 매몰시켜 온 것이 고려된다.

그러나 지구촌의 충격 앞에 환원되는 세계와 진역震域의 한반도가 접근하게 되는 것은 그 고유의 탄력성의 소생이 요청되고 있는 것이 된다. 인류 대 인류의 최후전쟁最後戰爭(6.25), 그리고 인류 대 인류의 최후의 평화(88 올림픽)에서 세계인의 한恨도 희喜도 섞글려 더 깊이 번져가고 있는 이 땅에는 이제는 서양문명이 동양문명으로 둔갑遁甲, 장신藏身하는 땅이 되어지고 있다.

시대의 해체기와 여명기가 부딪치는 과정에서 표출되는 과학적 궤변Sophism ; sophisticate, 즉 아리스토텔레스Aristoteles가 말한 바 언어적 허위의 실질적 허위, 즉 그 개념, 판단, 추리, 방법 등의 연역적 허위나 귀납적 허위의 갈등이 만연되어 가는 시대에 있어서는, 현재의 인간상태를 둘러싼 환경뿐만 아니라 과거의 사실의 기억, 미래의 희망도 인간의 행동에 영향을 주는 현상으로서 생활공간 속에 혼란되어 표현된다.

이것은 개척하고, 경작하며, 또 파종하고, 육성하는 희생이 체험되지 않은 것, 희생을 기피한 현상으로 곧 「누림」의 탐욕, 그의 결과이다. 한국의 경우 소위 4대강국의 지배 하에서 치우쳐진 표상군表象群 Vorstellung mass [23])의 구성에 따른 카인Cain이나 예수Jesus컴플렉스complex 류의 발로이다.

현재의 인간상태를 둘러싼 환경뿐 아니라 과거사실의 기억, 그리고 미래의 희망도 행동에 영향을 주는 사실로써 생활공간 속에 표현해야 한다. 또한 현재도 이목耳目이 접하는 동시적 사고, 원망, 공상, 환영 등 실제도實際度가 여러 가지 세계도 생기生起되고, 그래서 이것이 실제적인 사실인 양 행동에 영향을 준다. 이 경우, 전자는 시간적 전망展望 time perspective문제로서, 후자는 생활공간의 차원의 문제로서 취급, 확대된다.

한편 생활공간의 변화원인에 대응하는 것으로는 방향성을 지닌 존재directed entities를 도입하는 것이고, 그 배치布置를 표현하는 것은 상념과 그 변화를 유도하는 데 중요하다.[25])

여기서는 레빈Lewin,K.의 위상기하학적 개념에 이르는 언어의 usage −norm−schema가 거리와 방향을 포괄하는 신공간개념新空間槪念 Hodological Space) [19) 21)]으로 활생活生의 발전에 절실할 때이다.

또한 분트Wundt,W.가 채용한 통각apperzeption이라는 개념을 되살려 생각할 필요도 있다. 즉, 표상간表象間의 길항拮抗 countervailing이 잘 제어된 상태에서 과거의 전통적 연상학파連想學派가 중시한 유사−접근−빈

도 등을 또한 중시, 실제적 현상의 바탕에서 허버트Herbart,J.F.적인 4
단계, 즉 ① 상징, ② 제시, ③ 개괄, ④ 응용 등을 엄밀화 할 수 있
는 수학적 체계도 본격 전개 발전시켜야 한다. 그럼으로써 문화특
질의 personality에서 기본적 인격구조가 얽어지면서 종교와 예술,
설화 등으로 섬세히 체계화되어 가야 한다.

이러한 것을 파동이나 그 가락의 견지에서 검토하면, 「제나름의
결」, 즉 정항파定恒波 stationary wave는 음악물리학적으로 puretone(단
음)에 비유되고, 이것은 '맑은 가락'으로서, 이를테면 $T(t)$=Asin
$(2\pi ft + Q)$로 표현된다. 또한 「제다움의 결」은 pinktone(화음)에
비유되고, 이것은 '고운 가락'으로 울리는 것으로서, 이를테면 식
$P(t) = \sum_{n=1}^{n} A_n \sin(2\pi nft + Q)$로 표현되는데, 이것은 puretone의 합성, 예
컨대 음악에서 '도미솔' 등의 puretone이 중첩되어 화음을 만드는
것과 같다. 즉, 이것은 역대帶域 bandwidth중심의 주파수에 비례한 역대
폭내帶域幅內의 강도음이다(여기서 $P(t)$; 순시음압瞬時音壓, A_n; 제 n배
진폭, f; 진동수, Q; 위상각).[21]

뇌파과학이 발달된 오늘날은 이와 같은 것에 비유되며 시대는 그
민족에게 필수必需하는 고유성을 체계화할 수 있게 섭추涉抽－발췌하
도록 요청하는 것이고, 현대인류 앞에 진역震域, 한국인의 경우, 뿌
리 깊은 그 고유의 PPK(Peep－People Klinokinesis)의 양심을 해발
·승화함으로써 창조를 꽃피울 수 있는 것이다.

양심의 희소가치에 따른 성과의 가격은 급상승하고 있다. 선박,
교통, 건축, 식품, 위생 등에서 양심의 결여로 붕괴되어 가는 가치
들을 찾아 대책을 갈구하고 있다.

선진국은 예컨대 오늘날의 르완다 등지에서, 심지어 불구가 된

고아까지도 수만 명을 자식으로 데려간다. 적대국이었던 일본도 동포 고소량이 한국의 1/400이다. 그러고 보면 흐린 판단력 아래 신진 공업국의 종교도 사실상은 생존수단 아래 출발된 경향이 많았다. 부품에 의한 대일對日 적자수출은 곧 실제상의 조공朝貢이고, 로열티도 실제상의 사은금謝恩金이다.

미국도 이제는 스스로의 정통 속에서 우러나는 공통 가치관을 행동 속에 부활시키려 애쓰며, 그들의 탄력적 산업 민주주의를 재생시키고 있다. 인류 선진국이라는 덴마크, 스위스, 룩셈부르크, 그리고 핀란드 등은 자동차나 반도체 생산을 거의 하고 있지 않다. 한국은 어느 정도 생산·수출하고 있으며, 그 적자는 어느 정도 늘어갈 것인가. 그리고 그 보장은 무엇일까. 새로운 식민지의 위협아래 고유의 양식良識과 판단력을 갖춰야만 임진왜란에서 36년으로 이어지는 식민의 위협에서 해방될 수 있는 것이다.

양식(良識)의 탄력성

창조는 불완전한 자연과 불완전한 인간의 만남이 탄생시킨다.
생명의 불완전한 시공(時空)의 장은 탄력적이기 때문이다.
새로운 창벽(暢闢)은 그 근원의 자유가 발생시킨다.
완전한 인공속의 생존은 위태하다.
경직한 인간은 생명을 동결한다.
양심이나 양화(良貨)의 불완전에서 완전에로 지향(志向)하는 것이
살아있는 인류의 방위사(方位史)이다.
과학기기, 컴퓨터, 자동차, 아파트 속에서는,
그 자연을 향한 반발의 잠재성이
편법과 괴오(乖悟), 쾌락과 패권으로 나타나기 마련이다.
양심이나 양화(良貨)를 마르게 하는 지식은

곧 탐욕을 살찌는 요식(妖識)이 된다.
참다운 양식(良識 bon sense)은 곧 참다운 탄력성이다.

백(白)포도에 비유되는 서아시아 문명이 홍(紅)포도로 비유되는 지중해 문명인 서구로 전달되는 과정을 촉철觸凸(촉변觸變(丙병)을 통해서)이라 할 수 있다. 그리고 이러한 지중해 문명이 청(靑)포도에 비유할 수 있는 영국과 미국으로 이어지는 대서양 문명으로의 전달 과정은 천철遷凸(천환遷換(乙을)을 통해서)이라 할 수 있다. 그리고 이러한 대서양 문명이 쌀(米미) 문명권인 동북아시아로 태평양을 경유하여 전달되는 과정을 벽철闢凸(둔갑遁甲을 통하여)이라 할 수 있다. 즉, 내용물은 알콜이지만, 그 원료가 포도에서 쌀로 달라진 것이다.

이것은 이른바 둔갑遁甲인 것이다. 이것은 시간적 기문과 공간적 기문 앞에서 동시(Ergod)에 둔갑된 것이다. 기문둔갑奇門遁甲에서 갑甲은 '거북turtle'을 의미한다. 거북은 천여 년을 살면서 그만큼의 기억을 지니지만, 사람은 백년의 기억 속에서 가지착각可知錯覺만 조장시킬 따름이다. 이러한 시간적 차이를 뛰어넘을 때, 뛰어넘는 이것이 기문奇門인 것이다.

서아시아에서 시작된 수많은 시공의 흐름과 변동은 생산적 창조를 위한 white color의 산성 지방질酸性 脂肪質(≒虛傲支허오지 ; 허영 오만 지배욕)이 blue color의 가성 단백질苛性 蛋白質(≒素謙叡소겸예 ; 소박 겸허 예지)을 찾는 과정이었다. 이것을 전기현상에 비유하면 암페어(A)가 와트(W)로 바뀐 것이고, 전선연결로 비유하면 series 연결이 parallel 연결로 바뀐 것과 같다. 인간생활 속에서 시작을 의미할 때, 서양은 3→2→1 이지만, 동양은 1→2→3 인 것처럼 동일한 생산성을 위해서 섬추纖抽되는 바탕이 다른 것으로 이해할 수 있다.

그러므로 발생상황에서 편법적으로 사용하던 탄력성도 근원성을 찾아서 재정립해야 한다. 이 과정을 촉철觸凸－천철遷凸－벽철闢凸로 본다면, 탄력성은 다음의 관계를 고려할 때, 비례자연수열比例自然數列임을 알 수 있다.[4]

$$\frac{n}{n-1} = \psi\frac{n+1}{n} \quad \Rightarrow \quad \frac{n-1}{n}\psi = \frac{n}{n+1} \qquad : 벽철闢凸$$

여기서 각 분모와 분자의 편분격片分格을 취하면,

$$\frac{\Delta x}{x} \quad or \quad \frac{dx}{x}\psi = \frac{dy}{y} \qquad : 천철遷凸$$

$$\psi = \frac{\dfrac{\Delta y}{y}}{\dfrac{\Delta x}{x}} \quad \Rightarrow \quad b = \psi + a \qquad : 촉철觸凸$$

그러므로 $b-a$에 따라 탄력성은 결정된다.[6] 그리고 신경호르몬의 전달속도인 $4ab$[22]는 탄력 1을 결정하는 절대적 기준이다. 특히 이러한 과정은 Ergod 장場이라는 절대적 공간eigen field을 상정하는 경우에만 성립한다. 즉, 기문噤門 ⇒ 벽철闢凸 ⇒ 천철遷凸 ⇒ 촉철觸凸 이라는 과정의 발생장發生場 field은 Ergod장인 것이다. 원자핵으로 고려하면, 기문噤門과 둔갑遁甲 앞에서는 분열밖에 없었다. 그러나 이것을 넘으면 핵융합이 가능해 진다. 그래서 정상적인 통일장統一場에서의 창조가 싹트게 된다.

양상논리학樣相論理學 modal logic 상의 진眞과 위僞에 관해서;[23)

Modality effect(양상효과)로써는 대상, 의의, 사유를 접합구성한 그 요소나 의미의 형상形像을 확대하여 구상具像한다. 양상논리학에서는 예컨대 「p가 가능하다」를 ◇p 로, 「p가 필연이다」는 □p로 표현하고 p < q (p는 q 를 엄밀히 함유한다. 즉, p라면 q)는 「p가 진眞이며 p가 위僞가 되는 것은 불가능하다」를 의미한다.

장단기의 기억, 가령 청각기억일 때 다빈의 Heuristic으로 표출되어 음성선률音聲旋律을 지어 schema를 이루고, 이것의 Modality effect를 일으켜 재생률을 높이는 과정에는 친근성 효과로 ① 전조작적前操作的, ② 구체적 조작, ③ 형식적 조작 등의 과정을 겪으며, 이때 활동과 대상이 자유로이 떠오른다. 그래서 은폐기억screen memory 등이 그 억압된 체험, 예컨대 억압된 성적 경험Freud,S., 그 환상의 효과도 떠오른다.

한국의 경우, 민족의 탄력성은 천여 년의 억압된 관념에서 해방될 때 그의 해발解發 auslösen－승화昇華 sublimation가 가능해 진다. 외부적 통제로 인한 조건반사의 입장에서 보아 대표적인 것－사실, 한민족의 조려調侶·확장擴張을 두려워해서 동족간의 대립, 분열, 직접·간접의 강제된 천여 년을 고려하면서 기존 민족 국민성의 학설을 검토해 볼 때, 중국의 경우 문화의 특질로써 가족단위의 인간질서를 주로 장유유서長幼有序가 경색시켜 왔지만, 그나마도 가벼운 것이었다.

그 반면 미국은 주로 남·녀, 부부간의 자유 등을 역사적 시공의 대상으로 상징하여 온 것이 오히려 생산성과 깊은 관련이 있었다. 즉, 여성의 섬세성도 활용했었다. 이러한 것들은 한민족이 겪은 그

동안의 역사를 뒤돌아보게 한다. 공간적 현실 앞에 지배국을 배경으로 하여 도덕이나 예의로 위장된 계급과 혈족투쟁, 30만년상 처음 있는 이단의 역사 속에 살아온 천년간－신라의 박·석·김 기타 3여왕들은 혈족사가 아닌 자존사自尊史였다[8].－시간적으로 노·소간의 계급과 교통을 차단·갈등케 하고 동시 공간적으로 남·녀간을 차단·도착倒錯케 해왔고, 이 연장선상에는 지역 대립도 심화되었었다. 이것은 오늘날의 교통·통신이 발달한 정보과학의 시대에 그 지역 산업발전의 바탕을 동결하여 정통의 유정溜晶을 매몰시켜 암담한 미래를 만들어 왔다.

현실적 이해관계도 포괄하는 한국 뇌파의 습관적 시공의 구축을 서둘러야 할 때도 됐다. 양심의 현실이 창조이기 때문이다. 더욱이 오늘날의 진역震域－한국韓國의 경위境位(실존주의)에 있어서랴.

그리스 칠현七賢이 델파이Delphi 신전에 나아가 장도匠道라는 뜻의 'sophia'를 받으며 "너 자신을 알라, 도道를 넘지 말라"했다. 헤라클레이데스Herakleidēs는 이오니아어로 이 'sophia'를 "진실眞實을 말하며 사물事物의 본성本性을 따라 만들라"라 했다. 이것이 곧 오늘날의 창조적 과학이 되어 왔다.

「p, q, r 의 요소를 지닌 민족과 M C T」

융Jung.C의 인간의 원형元型 archetypus에 의하면, 남과 여, 그리고 부와 모의 컴플렉스complex의 이면에는 인류공통의 보편적 이미지image의 원형이 존재하고, 컴플렉스는 이러한 원형을 초월하는 것이라 했다.

융의 이 원형에 따른 것이 프로이드Freud.S.의 '오이디푸스 컴플렉스oedipus complex' 혹은 아들러Adler.A.의 '열등감 컴플렉스inferiority complex'

등이다. 스턴Stern,W.의 경우는 이른바 실존적 인격과 다른 융의 이러한 보편적인 인격을 수동적이며, 기계적이며, 시장가격적인 것이 갖는 여러 사상들의 대립개념을 일양화—樣化한 통일과 자발적인 목표추구적인 것, 그 자기목적적인 보편적 품위品位(위엄: Würde)를 뜻한다.

카르디너Kardiner,A.와 로하임Roheim,C.[23]은 그의 정신분석 "문화culture와 personality"에서 인간의 기본적 인격구조를 모색하면서, 가족제도란 일차적 제도이며, 이차적 제도는 종교, 설화, 예술 등의 Modal Personality(형태적 인성)를 말하며, 그 사회구성원간의 공통적인 personality를 강조했다. 기본적 인격구조(Linton,K.)의 일차제도라는 가족의 바탕에는 종교나 생활의 예술이나 생활의 설화 등도 묻혀있다. 기본인격基本人格 basic personality, 종교나 예술의 그 바탕에서 원래적으로 태동된 것이 해발·승화됨으로써 창조가 결실된다.

사피어Sapir,E., 워프Whorf,B.L.는 문화의 인지체계cognitive system와 문화에서 특정민족의 외계는 그 고유 나름대로의 분류에 그 언어—한국인은 우랄 알타이계로 분류된다—의 역할이 크지만, 생존의 경험이 그 언어의 범주에서만이 행해질 때는 고유의 정신병을 갖는다 했다.

민족학Ethnologie을 독립된 연구영역으로 하는 오스트레일리아와 독일은 생물학, 물리학 및 심리학과 그 실험을 통해, 그리고 또한 가족 친족조직 및 사회조직, 정치조직, 경제조직 등의 총합 과학적 성격을 파악했다.

그리고 기어츠Geertz,C.는 문화의 해석학적 분석, 그리고 머독Murdock,P.(1949)은 친족조직의 교차문화交叉文化 cross cultural study, 그리고 레비스트로스Strauss,L.(1949)는 친족의 구조주의적 연구결과(친족의 기본구조 간행)

를, 그리고 포르테스_{Fortes,M.(1949)}은 다랜시족의 친족조직 조사결과를
간행하고, 이 머독, 레비스트로스, 포르테스는 <u>같은 해 우연한 이 3</u>
<u>종의 동종 연구발표</u> 아래서, 리치_{Leach,E.R.}는 민족 간에서 논리의 문
제로써, 예컨대 모계출자_{母系出自}와 특정의 민족명칭의 관계는 그 사
회에서 가령 ""p", "q", "r""이라는 요소가 공존하는 경우 이것들을
결합시키는 "구조 = 기능"적인 논리가 무엇인가를 탐구하는 것이
중요시 된다고 한다.

   신라말기부터 날로 짙어진 통념, 예컨대 '화살은 총포_{銃砲}보다 강
하다'고 고집한 결과 임진왜란 당시 불과 15일 만에 점령당했다는
사실에서 'return of knowledge'라는 개념으로 깨어날 때도 된 것
이다. 자가당착이나 autism, ego-centrism, prejudice, predilection
등에서 해방되어야 하는 것이 선결과제이다. 그것은 곧 현대과학이
나 컴퓨터 등의 지식에 경주_{競走}된 자기는 그에 반비례하여 스스로
정통의 양식_{良識}이 포기되어졌기 때문이다.

4. 에너지(勢세)와 끼

"끼"는 올(씨)을 전제로 한 "기氣"이다.

기의 양적인 측면은 에너지로 나타나고, 핵적인 측면은 "끼"로 나타난다.

곧 "에너지"와 "끼"는 양 과 음의 관계로 질質의 장場에서 교차한다. 이것은 전자장電子場에 비유된다. 초기물리학에서 힘force은 "끼"를 갖는다. 그리고 이 "끼"는 에너지의 벡터를 변환시킨다. 변환된 상황은 라플라스Laplace변환에 의해서도 설명된다.

매체媒體－매핵媒核은 '끼의 씨'－'끼의 올'이다. 가령 물체는 "끼"에로 충돌·반발한다. 절대역학상 방향변환의 촉체觸體인 사람의 경우 사기士氣를 발생시키는 동기가 된다. 그것이 곧 '끼씨'이다. 그러므로 '沙섬·徵징·遷천'을 발생시킬 수 있는 그 동기와 사기는 '끼씨'에서이다.

기에는 에너지 준위에 비유되는 준위準位 eigenfield가 있어 무생물의

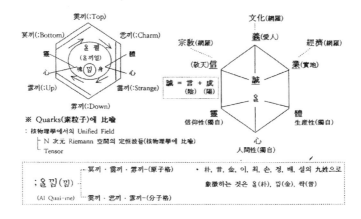

〈 그림 4 〉

기, 식물의 기, 동물의 기, 인간의 기가 있다. 그러므로 무생물과 생물의 기로 구분하면 8차원이 된다.

산업에서 risk와 opportunity는 안정과 성장의 유정溜晶의 "끼"가 동기가 되어 사기±氣를 발생시킨다. 이것은 '汱(射胚)·徵(衛實)·遷(反更)'으로 나타난다<그림 2 참조>.

사람의 뇌와 생활하는 현실사이에는 전자가 내생이 되고, 후자가 외생이 되어 현재와 미래를 잇는 시간·공간의 상태의 창조가 전제된다. 어떤 행위를 하더라도 그것은 일초전의 것과도 다르며, 또한 파괴나 창조로써 다르다.

확대해서 말하면 개인에 있어서는 신체내부의 수혈단전髓漁丹田의 끼(V)를 중심으로 혈루단전盆瘻丹田(M), 배소단전胚巢丹田(C), 뇌량단전腦梁丹田(T)의 부분으로써 뇌파의 여러 핵을 고려해야 하고, 외생으로써는 하늘과 땅과 인류를 고려해야 한다. 실현성 있는 창조는 광廣·심深·구久에 따른 시간성을 고려해야 한다.

그런데 뇌핵파腦核波와 현실에서 발생하는 창조는 목전의 것이며, 잠정적인 것이다. 개인이나 사회의 미래도 뇌파와 현실과 같은 미시적인 측면뿐만 아니라 거시적인 측면도 고려할 때에 미래의 예측에도 접근할 수 있다. 새로운 세계라 하더라도 과거의 시·공에 근거한 미래예측에 접근하며 전개된다.

사람의 경우 장구한 창조를 거듭해왔다. 유전으로 DNA를 갖는데, 가령 이 화합물이 원래의 기능을 최대한 발휘케 하려 하는 데는 그 DNA를 둘러싼 지식이나 지혜뿐만 아니라 지방질이나 단백질과 같은 것이나, 혹은 기초적인 내분비나 외분비의 조화 등등이 조건이 되어 있으므로 그것을 필요조건으로 충족시켜 낼 수 있는 여건與件 datuum이나 여섭與攝 Providence이 주어질 때만이 기대되는 충분조건을 만족시키는 것이다.

오늘날 노벨상 왕국인 미국은 과거 에게문명이나 사라센 문명이 상징하는 바, 최다의 DNA를 확보하지 못할 때 그 창조적인 기능을 상실할 수 있다. 창조적 역사는 필요조건을 갖춘 DNA로 흐르기 마련이다. 그들의 DNA를 둘러싼 지식을 전제로 한 여건이나 여섭, 그리고 영양소나 태도attitude에 맞지 않을 때, 당시의 최고지성이라 하더라도 새 시대 앞에 몰락되는 것이다. 어떠한 위험과 기회를 처리할 수 있는 잠정적인 힘이 있다 하더라도, 역사적인 안정과 성장으로 정착할 수가 없는 것이다.

DNA의 성분중 아데닌, 구아닌, 사이토신, 티민은 보이는 것이나, 기의 원소元素들로
　① 하늘과 자기와의 관계－(수人)끼－신信,

② 자기와 사람과의 관계－(침忱)끼－의義,

③ 자기와 현상과의 관계－(삼겫)끼－업業

을 가정할 때, 이는 눈에 보이지 않는 것이고(invisible hand), 자기 내부에서는 이러한 수矢끼·침忱끼·삼겫끼를 매개·조정하는 명冥끼, 인咽끼, 분焚끼가 있는 것이다.

그래서 DNA는 RNA를 시켜 창조적인 유전자를 활성화시켜 나가는 것이다. 천·지·인 혹은 영·심·체가 나타내는 가령 지·정·의 등의 환경이 공액 되지 못할 때는 새로운 창조를 위해 역사도 이동해 가는 것이다.

자기와 하늘과의 관계－신信을 두면, 그 대상인 천은 이른바 우주 창조 이전의 기존자既存者이며, 우주창조를 조건으로 인지되는 것은 아니다. 즉, 고아라 하더라도 이전에 부모가 있었다는 것과 같고, 바다의 연어로 치면, 이미 안태고향安胎故鄕을 간직하고 오대양으로 나섰다는 것으로서, 이것은 원천적인 기氣이다.

어떠한 과학자도 자신의 생모生母를 확인하려는 정신을 표현하지 않는다는 것과 같이 천심天心이 민심民心과 교통하는 것이 곧 창조적 創造的 근원성根源性의 발상發詳이다.

뇌로 치면 뇌량끼가 기타 삼기三氣에 관련되어 움직이므로 가령, 체내에 산성지방질이 충만하면, 안정된 pH(산·알칼리도)가 이동하므로 뇌세포막에서 K, Na 성분, 혹은 Ca, Mg 성분 등의 배출이 정상을 이탈, 그 사회도 안정이나 성장보다 파괴적 충동이나 침체가 나타나, 비유컨데 통일장統一場 unified field의 정항파定恒波 stationary state, wave 의 불균형을 가져온다.

그러므로 원천적인 창의력을 발생시킴으로써 사회의 저력을 유

지하려면 자연히 원래적 뇌세포막의 pH를 유지하는 방향으로 종속
됨으로서, 근본적인 생명의 생존을 유지해야 할 본능을 발휘할 수
있기 때문이다.

5. 고유 근원성과 언어·구조

5-1. 근원성의 언어

  셰스토프Shestov,L.는 도스토예프스키Dostoevskij,F.M.와 니체Nietzsche,F.W.의 영향 하에서 진정한 생生은 이성理性 이전의 근원의 심연深淵에 있고, 진리는 생生 속에서 자기를 관철한다 했다. 인위적인 이성이나 이성적인 것은 이후의 것이라 보아야 한다. 그리고 그러한 과학과 도덕에 의해 거부당한 인간들 … 그 비극의 철학은 가능한가 …라 하며, 인간의 일상생활을 지배하고 있는 이성과 양식良識 bon sense과 과학적 낙천주의들에 대해 "배리背理와 절망이 사는 집이 또 하나의 더 깊은 현실-비극의 영역-에서 허무의 불안과 배리를 겪으며 닦이고, 재생되며 새로운 운명이 되는 인간을 향해 그 이성을 뚫어나는 것은, 곧 그 근원에 회귀하라는 것이다" 한다.

  소쉬르Saussure,F.는 언어란 그 의미와 그 부호인 음音(韻운, 芸운)과의 표리-체體 pensée-son을 이루는 구조조직이며, 그 내부의 각 부분은 상호간의 대조, 상위相違에 의해서만 가치지워지는 가치체계이며, 이 것을 연구하는 것이 언어학이라 했다.

그리고 그는 언어의 사적史的연구(시간), 체계연구(공간) 사이의 벽을 틀 것을 강조했다(참고 ; 에르고드(Ergod)). 여기에 보탬이 되는 것은 오늘날 언어지리학(예 ; 진역震域)의 언어사 연구에의 응용(예 ; 이두吏讀), 어휘론의 사적史的연구면으로 나아가고 있다.

언어가 pensée-son에 따른 가치체계라는 사고로서 음성학과는 별개로 각개의 언어가 가진 음운조직, 더욱이 문법조직의 발전에도 기여하고 있다. 그래서 종래 개별적으로는 정확했으나 전체적으로는 사실의 나열에 빠지기 쉬운 것에서 벗어나 가고 있다.

여기에서 언어지리학으로 치면, 광역, 즉 넓은 지역에 있어 음운, 형태, 어휘 외 개별적인 특징의 분포상태를 찾아-이것은 지도상에 기입-각기의 등어선等語線isoglosse을 이루고 이것은 방언의 확연한 구분을 나타낸다.

뷔라Bühler는 그의 언어이론에서 언어의 3대 기능-표정, 호언呼言, 표현-을 분석했다. 그리고 분트Wundt.W.는 그의 "민족심리학" 중 「언어」에서 사적史的현상으로서의 언어 중에 존재하는 어떤 류의 보편타당한 발전법칙을 인지하는 것은 그의 과제라 할 정도이다.

5-2. 구조와 고유 근원성

소쉬르Saussure.F.는 언어활동言語活動 language을 랑끄(langue ; 언어言語 ; 말)와 파롤(parole ; 언言 ; 말씀)이라는 구조 혹은 시스템으로 보았다. 랑끄란 그 지역민의 관습적 부호의 일람표로써 한국어·중국어·영어 등은 곧 랑끄이다. 이에 비해 파롤은 랑끄의 실행적 면인 개인적 언어행위를 말한다.

레비스트로스Lévi-Strauss는 하나의 언어체계 중에서 적출摘出되는 추상단위, 그 단위의 성격분석과 타단위와의 관계개념의 파악 등을 강조했다(그는 소쉬르계 중 프라그학파의 야콥슨Jakobson,R. 및 촘스키Chomsky,A.의 언어학 이론, 그리고 네오 소쉬르파 및 코펜하겐파로 일컬어지는 옐름스레우Hielmslev,L.의 언어학Glossématique –Glossematics 계통의 이론에서 힌트를 얻었다.).

현대언어학에서 레비스트로스의 「기본구조의 발견」은 곧 위의 「최소의 추상단위의 적출」에서 나타난 것이다. 레비스트로스나 야콥슨은 정보이론에 깊은 관심을 기울였다. 옐름스레우는 언어를 그 외에 주지周知된 3종으로 나눴는데 그것은

(1) usage(위사지 ; 관용慣用, 옹아리) – 이것은 「관습으로서의 언어」
이며,

(2) norme(노름 ; 규준, 질서, 헤아림) – 이것은 자료적 형식으로서의
언어이며,

(3) schéma(셰마 ; 도식圖式) – 이것은 순수형식으로서의 언어이다.

여기서 한국이 새햇발의 볕뉘를 30만년 거닐던 진역민震域民임을 자각하면,[8] 설총薛總이 풀이한 이두문吏讀文이 품은 「옹아리」로의 간추림은 usage로 분별되고, 고운孤雲 최치원崔致遠이 풀이한 천부경天符經이 품은 「헤아림(질서, 수)」으로 간추려진 것은 norme로 분별되며, 강수强首가 풀이한 육효六爻의 「갑골문」으로 간추려진 것은 schéma로 분별되어, 알타이계 언어에서 적출된 추상단위의 고유성 분석에 유익함을 느끼게 한다.

레비스트로스의 문화인류학에서도 그의 기본구조, 표층구조가 아

닌 심층구조 곧 근원의 언리言理에서 더욱 그렇다. 그의 말대로 현상을 현상이게 해주는 것, 근저에 담긴 구조, 곧 근원적인 것은 표의체表意體 signifiant라 하고, 그것에 의해서 현상된 현상·현실을 피표의체被表意體 signifié라 한다.

표의체란 기호의 표현형태, 청각영상(심리적 측면의)이 언제나 현실에다 형태를 부여하는 구조적 실재이다. 따라서 피표의체란 곧 기호의 의미·가치·개념이라는 현실 면을 말하게 되는 것이다.

구조에는 기본적으로 다음 3종의 요건이 요구된다.

① 전체성

이것은 모든 요소가 연대결합된 상태로 현대수학에서의 군론群論 mass theory · 집합론group theory · 위상수학topology등에서 볼 수 있다.

② 변환의 시스템

구조란 심층에 자리 잡고 현실을 현상現象시키는 동태 및 개방체開放體인 것이며, 구성된 다양한 요소변환 하에도 그 기본적인 본질은 불변하고 있어 변환transformation의 시스템이라는 것이다.

③ 자동조정기구

이것은 위의 불변성을 위협하고 침해하는 요소에 미지의 요소까지도 포함, 결합한 것만을 골라 구조화작용을 거듭하는 것인데, 즉 궤환饋還 feedback작용을 갖는 사이버네틱스Cybernetics기능을 말한다.

구조주의 혹은 구조과학의 방법은 연역적이다.

추상적 모델model의 구축에서 인과율을 초월, 숨겨져 있는 모델을 작성한다. 이것이 실험적인 여러 현실과 사상事象과의 관련을 검증한다.

레비스트로스는 소쉬르의 통시태通時態 diachronie와 공시태共時態 synchronie

의 분류 속에서 공시태를 중시한다. 그는 역사란 고유의 영역에서 형성된 질적 단절의 총체라고 본다. 다시 말해 역사에 연속적·단절적·비선형적 사고를 도입하면서 각각의 영역은 그 고유의 코드code를 갖고 있다고 한다.

6. 진역震域의 을과 을결

6-1. 진역震域의 통일장統一場 unified field의 을

시간이 있고, 공간이 있고, 정태와 동태가 있고, 비가시와 가시적인 것들이 있어 이들의 여러 파동을 누비는 항생航生의 키(舵타)[24]로써의 사이버네틱스Cybernetics는 보이는 서보-메카니즘servo-mechanism의 유형을 포괄한다. 이것은 변화 변동하는 여러 종류의 통시태, 공시태속의 불변 키(舵타)가 조종한다. 사람들의 뇌파를 움직이는 성분을 상수常數로 간직한 사이버네틱스 양태는 원래 이른바 건국이념-천부경建國理念-天符經에 바탕을 둔 이적異蹟이다.

이와 같이 알타이계 언어(언어는 수학적 기호로서 한글과 도리아족-미국-의 알파벳으로 발전해 갔다.), 퉁구스족의 통시태, 그 근원은 진역민震域民의 공시태로 더 깊게 짙어져 왔다. 한글형形은 우랄산맥 근처나 지금의 스리랑카에도 많이 남아있다.

이 시점에 있어서 통시태는 오히려 공시태의 종속이다. 21세기의 열매가 될 시간차원의 공시태의 초점에서, 또한 진역震域의 경우 공간적으로는 우물 깊은 핵심이 같이한다는 것이다. 망라網羅의 벼리속, 독자적 초핵은 사무쳐 통시태적 공시태로 머금었다. 즉, 초통시태超通時態와 초공시태超共時態가 접근하는 것은 상징적으로 경영학의 기술상 관리상한UCL : upper control limit과 관리하한LCL : low control limit을 누비는 평균($\vec{x}$)의 심도 있는 지향성志向性을 지녀 external return, internal return, 그 곡률반경曲率半徑, 주기週期를 더해 겉과 속의 수습을 기다려 왔다.

　역사를 볼 때, 때때로 혈족과 전혀 무관한 헛거씨(혁거세 ; 하늘의 씨 ; 올 ; 하늘 정보의 전달자인 말(馬)[18]의 올은 기마 유목민의 전설, 아서亞西의 예수 마굿간에 비유), 그리고 석씨, 김씨 왕, 그리고 여러 여성까지도 상징적인 양 임금(王)으로 하여 외침도 막아내는 기틀을 구축해 온 것은 그러한 수십만 년을 생각케 한다.[8] 고승 원효元曉의 어운語芸도 왜로 가서 그들의 언어가 되고(‥ 무상無常이란 산(生)자가 면할 수 없는 것 ‥ 등의 일본 알파벳 ; 금강경 풀이 - 일본어 글자의 카나를 중복하지 않고 전부 사용하는 7・5조의 글자 연습노래인 이로와우타(いろは歌) 뜻풀이의 일부[無常(むじょう)は 生有者(せいあるもの)の 免(まぬか)れない]-편저자 주) 그의 이름도 스스로 지은 것-해와 새벽의 빛-이었다.

　수학적으로 이를테면 리만Riemann기하학-n차 공간속의 무수한 종류의 텐서tensor를 포괄한 통일장unified field이라는 것-도 시간적인 초점과 공간적인 핵심의 생명을 집합한 군群 mass을 뜻한다.

　오늘날 각 이해, 손익관계 등에 의한 갈등도 오히려 그 근원을 찾는 수단의 정확성이면 좋다. 그래서 태초의 초・핵을 되풀이 해

가는 과정이 곧 역사이다. 서아西亞에서 시작, 베니스(이태리), 그리고 영국을 매개로 하여 지구의 동에서 서와 또한 그 서에로, 지중해, 대서양을 경유하면서 날로 단순에서 복합으로 움직이는 것은 pacific ocean(pachy ; 후피厚皮 ; 둔갑遁甲 −topsy turtle[28])을 마지막으로 하여 이제는 동양으로 이를테면 전술했듯이 3 → 2 → 1(three → two → one) 에서 1 → 2 → 3(one → two → three) 문화로 소용돌이치며 뒤바뀌어, 새로이 광・심・구(넓고 깊고 오랜)의 구조와 방법으로 역사는 되살아나려 한다.

오대양 중 그 연안의 재변災變이 가장 큰 태평양, 그 중에서도 선사 이래 최대의 지진 지역인 일본도 그렇거니와, 아이신길로(愛新覺羅애신각라), 즉 '신라를 사랑하고 신라인임을 각성하라'는 성을 가진 누루하치의 청국淸國을 포함한, 극동의 한반도를 중심으로 한 서・북・남을 포괄한 혈족은 사실상 한국이 중심된 알타이 언어의 통구스족이다.

극동 일광日光의 진원震源을 찾아든 민족은 그 인성의 중심에 PPK(*Peep −People KlinoKinesis*)의 근원이 짙어져 왔다. 그것의 창조적 탄력성이 진광辰光의 진앙震央 Epi−center이었던 것은 7천 년 전 '중도'의 석기石器나 자기瓷器들로 보아 알 수 있다. 이 '중도'는 지금의 속초, 강릉, 춘천을 두른 삼각지이며, 더 넓게는 마한의 白마강, 변한의 白두산, 진한의 태白산의 삼백(三白)지대를 두른다. 그 번영사는 곧 그 주체자−한국민이 품은 뿌리의 인성을 찾는 그림자(결실)로써 그것은 곧 창조적 실천사이다.

오늘도 그 원源자리에 "울"을 차림은 곧 인류의 내일이 되어 가고 있다. 뉘우쳐 볼 때, 통일신라 말기로부터 치우쳐 온 수족手足의 문명은 쇠퇴하는 인성의 문화를 가져왔다. 지금부터 최근의 천여 년은 원・명・청・왜의 침략을 막을 수 없었다. 뿐만 아니라 오늘 도 임진난 때의 왜・한의 국력차를 운운할 때, 동청국東淸國과 더부 는 동족同族 일본이 오늘날 인류 1위의 GNP('89)를 기록하여 사실 상 스스로의 혈족력血族力에 한국은 동청국과 더불어 차라리 스스로 에 놀라고 있다.

반면 오늘날 한・일간에 날로 커지는 국력의 격차는 새로운 여건 이 주어질 때, 일본이 나름의 진역쪽을 통일하려는 구실이 될 수도 있게 되어 불안하기도 하다. 천년 열등병의 신드롬으로써 과시와 멸시, 약점 잡기 등의 경쟁과 갈등이 날로 커가는 가운데, 예컨대 대일 무역역조나 로열티라는 구실도 사실상은 계량상 변명된 조공 朝貢과 사은금謝恩金이다.

지금('95)도 동족간의 고소・무고告訴 誣告가 왜인의 2배가 아닌 80 배에서 400배라는 것도 그렇거니와 GNP가 20위 내이나 만족도나 수명은 40위 이하인 한국에 비해 일본은 GNP 1위인 동시 장수 1 위이다. 그리고 일본은 원폭으로 억울할 만큼 더욱더 영어를 공부 하고, 미국 문명을 제 것으로 했었다. … 그런데 한국은 억울하여 일본어를 공부하려 안 했고, 그의 문명을 제 것으로 하지 않는 데 에서 어려움이 왔었다. … 그들의 근원표준－혼魂과 신身－인 한국인 다움이 아쉽다.

신라말기에서 임진란까지의 수족手足적 문명이 혼・신의 문화를 앞지르며 배타와 시기, 열등적 패권, 그 경쟁악競爭惡은 사실 날로 격 앙되어 왔다. 역사란 자연적인 우연을 인위적인 필연으로 습득해 가는 창조과정이다. 인위적인 필연을 자연적 우연으로 강제하게 되면 창조는 위험과 기회에 부딪히게 되어 왜곡된다.

근원의 체계가 이를테면 토폴로지topology적인 벡터vector와 텐서tensor로 인간고유의 유의성誘意性 valence을 집결시켜 시너지synergy로 발생되어 가는 과정過程(nascence)의 탄력성이나 신축성이 구애를 받는 것, 즉 영역간의 경계에서 경색적 장벽을 헐지 못하든지 양자량量子量eigenvalue적 기氣의 양을 보유하지 못하면 최대의 기운을 소생케 하지 못한다.

정正의 근원성은 극소와 극대의 최단 직선을 중심으로 한 여러 구조의 체계화를 구성하는 것인데, 가령 기업내부에서 형이상과 형이하의 공액된 중첩성重疊性을 최대한 유지하고 있을 때, 그 생산성이 최상이 되는 것이다. 곧 근원의 중첩성이 기업의 고유치固有値eigenvalue이다. 인간에게 있어서 심心-체體=신身(형이하적 작업자), 심心-영靈=혼魂(형이상적) 곧 올(침끼)이 충실할 때가 경영의 고유치가 발휘되는 것이다.

인간의 내면(invisible)과 외면(visible)의 중첩이 필요할 때이다. 가장 작은 것은 가장 큰 것에 통하는 그 필요조건이 없는 기법(극極과 극의 half ; 주용主庸)만의 충분조건으로써, 혹은 경제학적으로 말해 극한적인 정태와 극한적인 동태가 균형을 이루지 못할 때(즉, 정태는 동태가, 동태는 정태가 필요한 것이다. 충분조건은 필요조건을 이해하지 못한다.), "극심極深과 극광極廣", "극소極小와 극대極大", "수렴收斂과 발산發散", "극순極瞬과 극구極久"의 연결, 이것이 미래사회의 필요조건이며, 비유컨대 이를 풍요롭게 하는 '잎·꽃·가지'는 충분조건일 뿐이다.

한국은 부흥을 맞이한 아주제국亞洲諸國 중 유일하게 군벌이 독주

했던 엉뚱한 경쟁장에 있다. 영소기업의 자생을 필수조건으로 하는 것보다는 오히려 중대기업을 필수조건으로 한 인과가 전도顚倒된 것, 즉 독립변수와 종속변수가 뒤바뀐 가운데 중대中大기업의 하중에 국가차원의 자생력 의존이 날로 두터워 지고 있다. 이것이 곧 민족양심의 부작용과 더불어 자생력을 억압시켜 온 것이 현실이다. 창조적 지식도 이러한 의미에서 능률을 잃고 있다. 그래서 가시적 기능에 더욱 치우쳐 사이가 멀어진 이 산업을 광정匡正(바로 잡아 고침)하는 것은 고유인성의 풍토가 농축된 곳에서의 가능성은 분명 있는 것이다. 이것은 거시적 Invisible Hand(Smith,A.)를 미시적으로 활성 시키는 Cybernetics(Wiener,N.) 정신을 되살려 감으로서이다.

올결의 우러남 ;

군사문화 천 여 년의 흐름 속에서 세종의 한글은 태백동太白東-양산도(새햇발의 산맥 ; 태백의 태太는 태양, 태백의 백白은 볕뉘색 ; 마·변·진의 백마·백두·태백도 그런 뜻, 생활에 흰(白)고무신이 상징한다.)의 백성에서 우러나 설총으로 이어지던 이두문吏讀文과는 감각이 다르다.

영어도 α(alpha), β(beta) 에서 출발한 아가페(Agape(그리스어) ; 경천), 퓌렌(Philene(그리스어) ; 애인), 에로스(Eros(그리스어) ; 실지實地)의 질서를 통해 창조와 말세의 과정을 느끼게 하고, 일본어도 원효글을 느끼게 하는 것이나, 지배자 세종이 만든 한글은 한문에 닮은 것으로 'ㄱ'에다 'ㅏ'하면 '가'가 되는 느낌이 '총'에다가 '칼'이란 느낌을 준다. 근원뿌리의 고유성을 함축하지 못하는 섭섭함이 있다. 그리고 인간의 감각에는 필기문자가 우선되어야 한다. 가령

Logos의 수학적 감각에도 지장이 많다. 기타의 장점에도 불구하고 그러한 단점이 있다.

정$_正$·부$_負$의 사이버네틱스$_{Cybernetics}$, 곧 E_p 방정식[5](S_p, S_m)을 발견, 이를 경유하여 활용하지 못했기 때문에 최후 기존 경영이나 경제학의 문제점은

① 고정비 상승압$_{上昇壓}$의 진수$_{眞髓}$를 포기한 채 창조성을 별개의 것으로 생각 한다는 것(마이크로$_{micro}$ 경제적).

② 정태경제의 진수를 포기한 입장의 동태경제를 고려한다는 것 (매크로$_{macro}$ 경제적).

마이크로 경제학이 이상$_{異狀}$으로 흐르고, 매크로 경제학도 이상으로 흐른 지금, 그 해결점은 문제의 진수를 파헤치는 데 있는 것이다. 중세기의 사람들은 대부분 E_p의 본능을 지니고 있었는데, 그 당시는 과학이나 수학이 일반화되지 못했다. 그 반대로 근세는 과학이나 수학은 일반화 되었지만, 중세기의 인간본질$_{人間本質}$에 대해서는 포기했다. 따라서 미래는 이대로 가다가는 전$_前$도 후$_後$도 아니다.

사람의 신경회로망$_{神經回路網}$의 우수성$_{優秀性}$;[22]

신경섬유에는 칼집(鞘$_초$)이 있고, 그 주위로부터 화학발진을 일으키는 촉매(모든 신경호르몬)가 분비, 공급된다. 섬유의 굵기를 R이라 하면, 공급량은 섬유의 주위에 비례한 $\alpha R + \beta$의 형이 된다. 여기서 α 는 정상적인 호르몬의 분비정수이고, β는 입력자극에 의한 부분이다. 화학발진은 섬유내의 공간에서 일어나기 때문에 촉매효과는 단면적에 비례한 $(\alpha R + \beta)^2$ 형이 된다. 생물의 생리작용은 반

드시 정부正負의 상반하는 작용의 길항拮抗으로 수행된다. 신경전달도 예외는 아니다. $(\alpha R+\beta)^2$의 흥분과 $(\alpha R-\beta)^2$의 억제의 차이, 즉 $(\alpha R+\beta)^2 - (\alpha R-\beta)^2 = 4\alpha\beta R$이 전달속도를 결정한다. 이러한 속도는 섬유의 직경 R에 비례하고, 학습에 의한 호르몬의 분비정수 α가 커지게 되면, 전달성이 증대한다. 접속점接續点이라도 훈련된 α가 커지게 된 경로로 선택적으로 이행한다.

망라網羅의 군mass 내의 독자집합獨自集合 group이 분열된 시공을 접합시켜 함축된 초핵, 그 양식良識을 되살리는 것은 산업에 있어서 영소기업의 필요조건을 중대기업의 충분조건으로 상승시키는 것이 된다.

생산자적 차원의 창조는 전개식 (테일러 급수Taylor's series, 매클로린 급수Maclaurin's series 등) 기초상 발산divergence되는 체계이고, 소비자적 차원에서는 수렴convergence되는 체계이다. 결국 여기에서 적중的中되는 예측은 양자兩者의 수렴·발산이다.

지구촌 시대라는 오늘날은 강한 학벌과 학지學知, 강한 전공과 기법도 약한 학벌과 전공에 의존하여, 원래적 그 인성과 예지를 부활시키려 한다. 사실 자수성업자自手成業者로 치면, 미국에 있어서 에디슨, 테일러, 포드, 라이트 형제 등이 품은 청교도 정신이 있고, 한국뿐 만 아니라 기타도 동일한 능률이다. 원래 미국은 왜곡되고 폐쇄된 기독교의 영국과 구라파를 생명적으로 이탈하여 그 광활한 땅에 본래의 맑은 종교(청교도)적 근원주의根源主義(제임스James.W.의 Radicality)를 품어서 커왔다.

아시아에서 일본은 최후진국이었던 역사이면서 천재지변이라는 역설의 득으로 생존조건의 화목체계가 진역민震域民다운 근성으로 인해 세계 1위를 차지하였는데 이는 한국·중국에 도움이 된다. 한국은 주변 열강과 신흥제국 가운데에서 구슬을 보물로 혹은 유리조각으로 보면서 과대·과소의 방임 하에서 인재민변人災民變을 겪어 왔다. 천혜의 자연에 지나치게 낙천하고, 제약의 탄압에 지나치게 염세厭世하여 여러 균형감각을 비틀려왔다. 즉, 판단력이 죽어 가는 것이다. 역사적 시대는 이에 주용主庸(중용中庸)을 날로 강요하면서 서양이 이 반도에 둔갑遁甲·상륙하려 하고 있다는 것이 현재이다.

언어철학이란

그 민족의 혼魂·신身을

중첩重疊한 정항파定恒波이다.

이제 모든 파동의 통일장unified field에서는

21세기가 요청하는 창조,

그것은 그 나라 고유의 창조적 분열 또한 그 융합이

가져다준다는 것을 투시해야 할 때이다.

고유의 것,

옹아리의 usage로 풍기고,

갑골도식甲骨圖式의 한문으로 풍기고,

둔갑되는 norme 위에 이치理致로 풍기는

올의 섬추纖抽나 징실徵實 등은

소박 속에 내포된 창의성이

역사적으로 뿌리가 깊고, 지역적으로 우물이 깊은

초핵에서 움트는 것이므로,

으레히 그 뿌리의 가지와 잎과 꽃이

간추려지게 마련이며,

또한 그것은 열매를 맺기 마련이다.

이러한 가지와 잎과 꽃의 열매를 맺는 기를 지닌

무수한 정항파들의 통일장인

뿌리의 초핵은

수혈髓瀜의 기를 무게심으로 한

혈루盍瘻의 기, 그리고 대칭되는

배소胚巢의 기와

뇌량腦梁의 기는

영원히 이어질 것이다.

곧 광·심·구,

즉 넓고 깊고 장구성 있게 이어지며 번져 갈 것이다.

그러나 뿌리의 기를 이탈한 것은 위험risk과 기회opportunity라는 찰나에 헤맬 뿐, 괴벽怪癖할 것을 되풀이하는 불안을 갖는다. 최근에는 수혈단전기髓瀜丹田氣와 혈루단전기盍瘻丹田氣 그리고 배소단전기胚巢丹田氣와 교류하는 그 뇌량단전 및 그 뇌파핵군腦波核群의 작용이 경이한 발전을 기하고 있어, 효과적인 기의 벡터와 텐서들의 시너지synergy근원이 쉽게 밝혀져 가고 있는 것이다. 그래서 이른바 인성의 뿌리 깊은 예지도, 거기에 연결된 기법도 제자리로 되돌릴 수밖에 없는 역사적인 압력이 있다.

그러므로 원인과 결과가 뒤바뀌어 독립변수와 종속변수가 전도된 과도기의 생산성은 이제 제자리를 찾아갈 뿐이다. 평면적인 남북 내지 동서의 냉전도 끝나고, 이제 입체적인 물권의 지배, 피지배도 끝나가는 무렵이 되고, 우뚝 다가선 교통과 통신으로 구체화되어 가는 지구촌 시대가 이것을 더욱 현시하는 것이다.[27]

지금은 기업계도 교육계도 성과의 지고$_{至高}$를 위해서 당면한 인성을 운운하고 있는 정도이다. 이것은 곧 개인의 만족과 국가의 안정을 가져온다. 또 이것은 곧 역사적 사례이고, 또한 역사적 실험이었었다(토인비). PET, X−laser, Cyber−Freud, 그리고 Lotus 뇌파기 등등 지난 1년간에 개발된 것, 그리고 대학의 전공으로서 기(pneuma)도 미국에서부터 늘어갈 정도로서 10년 후면 '올기$_{氣}$나 슬기기$_{氣}$' 테스터나 Juster가 휴대용화 될 것이 분명하며, 인성과 예지는 날로 기업의 성과를 위해서도 우선되어 가고 있다. 그러나 식물, 동물, 인간의 경우, 예컨대 '모심기 다음날 나락을 수확한다'는 불가능이 있다. 곧 시간의 장단과 공간의 협광$_{狹廣}$만이 남을 뿐이다.

이러한 맥락에서, 베버−페이너$_{Weber−Fechner}$의 자극반응 실험, 아인슈타인$_{Einstein}$의 광속도($E=mc^2$)$^{5) \ 14)}$ 및 플랑크$_{Planck}$ 상수의 실험치($h=6.63\times10^{-34}J\cdot s$), 그리고 위너$_{Wiener,N.}$의 사이버네틱스의 실험모델 ($(a+b)^2-(a-b)^2=4ab$)$^{24)}$ 등 그간의 많은 실측치를 정통을 뚫은 정통의 수리인 건국이념−천부경(Logos−Algorithm)의 근원과정으로 탐구, 피루$_{披鏤 \ : \ 펼쳐 \ 새겨지게}$하면 유익할 것이다.

플랑크$_{Planck}$ 상수와 $\frac{1}{8}$ 건

원자궤도상 K−shell에서 L−shell로 천위될 때에는 직선적으로 되는 것이 아니라 곡선으로 된다. 이 경우 분자의 회전운동에서 나타나는 회전에너지 준위$_{level}$는 다음처럼 정리할 수 있으며, 여기서 플랑크 상수와 $\frac{1}{8\pi}$이 요용된다.

$$\frac{h^2}{8\pi^2 A}J(J+1) \;+\; \frac{h^2}{8\pi^2}\left(\frac{1}{C}-\frac{1}{A}\right)K^2,$$

$$J \;=\; 0,1,2,\cdots, \quad K \;=\; J, J-1,\cdots,-J$$

여기서 h는 플랑크 상수이고, A, C는 회전에 따른 관성 모멘트이다.

이때, $h = (6.62377 \pm 0.00018) \times 10^{-27}$과, π 대신 $\pi_p = 3.141477417$ 를 이용하면,

$$6.62377 \;\fallingdotseq\; 10X_1^{\left(\frac{1}{10}(1+x_u K)\right)^{-1}} \qquad\qquad \pi_p^2 \;=\; 9.868880362$$
$$\fallingdotseq\; K^{(10X_1)^4} \qquad\qquad\qquad\qquad =\; e^{2.289386408}$$

$$\frac{h_+}{\pi_p^2} \;=\; 0.671195693 \qquad (\text{역} ; \underline{1.489878452 \;=\; \rho_m})$$

$$\rho_m^{-1}\cdot\pi_p \;=\; 2.108546115 \;=\; \log_e 8.236258004$$
$$=\; -\log_e \underline{0.1214143607}$$
$$\llcorner \;=\; \log_e \underline{1.129092667}$$
$$\underline{\qquad\qquad} \;\boxed{=\; 0.9 + b_1}$$

물상物象의 수체계數體系[20]

1) 6에 대하여(참 ; 벤젠기나 쿼크(Quarks), 꿀벌집, 자라, 갑골문자 등)

※ 회전대칭

일정축의 주변을 회전할 때 각도가 $2\pi/n$ 마다 "최초의 위치에서의 도형과 동일하게 되는 성격"이다. 즉 자기동일성을 의미한다. "유한치를 갖는 차수次數는 실제의 결정結晶에서 $n = 1,2,3,4,5,6$에

한정되어 있다. 여기서 결정의 본질적 성질을 미시적으로 보면 원자, 원자단이 주기적으로 배열되어 공간 격자를 이룩하고 있다. (참 ; 결정－거시적으로 보면 결정은 물리적 성질이, 이른바 결정군의 대칭성에 따른 것 같은 이방성異方性을 나타내는 고체이다.)

2) 2와 3에 대하여

※ 깁스Gibbs의 상률相律 phase rule

불균일계의 평행에서 상相의 화합 potential이 호등互等해야 하는데, 이 경우 상의 수를 α , 독립성 분수를 β라 하고, F를 독립변수적으로 가假변수, 즉 그 계의 자유도라 할 때, $F+\alpha = \beta+2(2=1/x_u)$ 이다. 이때 액체와 증기가 평행이면, $\beta = 1$, $\alpha = 2$ 로 자유도가 1로 되고, 물의 경우 물, 수증기, 얼음(氷)이 평행이 되려면 $\beta = 1$, $\alpha = 3$ 이 되어 자유도가 남지 않는다. 이 상태에서는 온도와 압력이 확정된다.

3) 5에 대하여

※ 만곡慢曲의 5 적분積分

상像의 현상을 광으로 예로 들면,

① 광이 처음(시점始點) 일점－點에서 발산되어 끝(종終) 일점에로 결속되어 시점과 종점은 공액이며, 또한 이것은 역진reverse한다.

② 상像은 상하전후 또는 그 역으로 기수基數 odd number계로 천환하며 회전대 상축을 갖는 광학계는, 구면수차球面受差가 5종분석계5種分析系된다.

②' DNA를 구성하는 주성분소主成分素 중(핵산O)분자가 고려된다.

③ 사상寫像 representation, mapping

공간에서 주어진 점 p에 대해 항상 p', 역으로는 p'에 대해 항상 p가 대응한다는 1 대 1의 사상이 된다. 이것은 광학계에서는 물체와 상을 대응시켜서 쓰며, 수학에서 변환을 기하학으로 풀 때, Ergodic theory 상 Ω(위상공간)내의 점의 측도와 사상이 불변하는 궤도상의 시간평균치가 위상공간과 동일한 역학계이다.

6-2. 실實의 장場과 Ergodicity 창조성

절대성 광선이나 에테르 광선이 아니라, 상대성 광선이 실체인 것처럼 우주를 창조하지 않았다 하더라도 '하늘 신'은 사색 속에 존재하는 것이 아니다. 즉, DNA 구조 속에 존재하는 것이다. 생명의 유전자 속에 천天의 실체가 거울로 살아 있다. 그것이 교회나 사찰에만 존재한다는 것은 삼차원 공간의 에테르나 절대성의 광선과 같다.

허상虛想과 실체의 차이는 꿈과 현실만큼 크다. 현실의 90%는 살육적이다. 살육의 수단은 공간적인 다수의 힘이다. 그러나 시간적 차원의 실체를 상실했을 때, 당시의 석가나 예수, 혹은 한국에서의 이순신이 다수에게 부정되어 처벌되는 것과 같다. 시간차원의 실체는 그들을 성인聖人이라 하고 영웅이라 한다. 90%에 해당되는 살육자의 공간적 승리는 시간적 패배를 뜻한다. 곧 90%는 Ergodicity의 실의 장이나, 혹은 Ergod의 창조성을 살육한 것이다.

비유컨대 동족同族인 일본은 천재지변의 조건 하에 단결하는 조건부 생존이다. 한국은 강대국에 의한 탄력적인 조건부 생존이다. 소수민족의 탄력성은 천여 년 동안 인재인변人災人變만 겪어 왔던 살육전의 패배현실이었다. 이것은 사람이 로봇robot인가 아닌가 하는 것으로, 곧 그 판단은 시간과 공간이 하나(1차원)인가, 둘(2차원)인가 하는 것에 따른 것이다. 현대는 보다 노골적이다. 그래서 친구가 되고자 하는 많은 사람도 시간에 따라 징검다리가 되는 경우가 적지 않다. Ergod는 파괴되지 않기 때문이다.

이념과 지식 등을 목적으로 하는 인간의 이상은 실의 장을 분석하며 누빔으로서, 즉 지상의 현상과 생명의 현상이 공액됨으로써 그 이상이 달성될 수도 있다. 그것은 인간의 세포 속에 원천성源泉性 유전자가 현상 속의 원천적인 기능과 하나가 되면서 증식되고, 그리고 또 하나가 되는 수렴, 발산과정에서 접근해 가는 것이다. 다만 거기에 로봇robot적인 세포를 사용하든지, 초점을 상실할 때는 이념화된 지식에 뒤지는 것이 된다. 그래서 스스로가 분열되고, 스스로 부합되는 것이다. 그러나 세포 속에 활동하는 "한桓끼 혹은 명冥끼"는 창조를 거듭한다. 그것이 역사적인 현실이고 미래이다.

신세계는 미래예측에 근거한 사회가 전개된다. 예측의 정확도나 그에 따른 시간의 단축, 그리고 희생과 비용의 절감이 개인이나 사회나 인류의 운명을 결정한다는 것이다. 이념과 지식도 이 예측과 시간과 비용에 따른 창조만이 생존을 결정한다. 이것은 그동안의 역사 속에 인간의 현실은 예측을 불허하게 했고, 시간과 비용에 방종했었기 때문이다. 그러므로 날로 위태로워져 가는 살육전은 풍부 속에 위험과 불안, 허망한 기회의 도피를 작열시키고 있다. 고유 DNA의 "끼"를 상실해서 로봇이 되어가기 때문이다. 발달되어 가는 전자뇌파電子腦波아래서도 현실과의 거리는 폭발적으로 멀어져 간다. 노벨상 왕국인 미국도, 예컨대 기업의 생명이 단축되고, 과학의 효능은 노벨상과 IQ에 극단적으로 역행되고 있다.

그러나 예측과 시간과 비용이 파악되어 역사적 안정·성장을 향한 위험과 기회를 몰고 간다하더라도, 그것을 수용할 수 있는 민주산업화에서의 대중의 신뢰와 교양, 그리고 의지가 상황문제로 벽이 되어 간다.

특히 근세문명은 실험의 역사라고 할 수 있다. 실험의 결과가 역사나 지구가 회전하는 속도를 앞서 갈 수 있다는 보장이 없다는 사실에서 그 과학에 근원적인 회의가 든다. 가령, 전쟁 시 분쟁에 동원되는 문물文物이 실험적인 정확성에 도취된다고 해서 해결된 역사가 없다. 실험은 필요한 것이나 충분한 것은 되지 못한다. 오히려 필요충분조건은 그 근원을 찾아 미숙한 작업이나마 행하는 것이 타당하지 않을까. 특히 기업의 성패는 무수한 요소들의 발상의 결과이고 보면 더욱 그렇다. 태양과 지구, 달과 지구와의 거리가 영원히 일정하다는 것, 그리고 사계절의 온도도 영원히 일정하다는 것, 그 Ergod의 근거를 등한시해서는 안 된다.

생명적 pneuma(Zōtikon)[23]는 공기가 폐와 심장으로 가는 pneuma이고(제 1의 pneuma), 동맥을 통해 두뇌로 가서 영혼적 pneuma(psychikon)가 되고(제 2의 pneuma), 자연적 pneuma(physikon)는 소화기관을 통해 얻어진 힘으로 간장이 일하는 pneuma(제 3의 pneuma)가 된다. 스토아 학파에서는 일체의 존재원리로서 하나가 전개되어 다양한 세계로 되고, 또한 이것이 하나로 되돌아오는 것이 반복된다고 했다. 즉 모든 것에 내재되어 모든 것에 침투하여 모든 것을 자기에게서 형성한다. 그리고 이것은 생명과 이성을 갖추고 있고, 그래서 자기운동을 하는 물질을 pneuma라고 불렀다. 즉 일자一者, 신, Logos 혹은 불(火)과도 동일시된다. 이 운동을 통해 세계를 존립시키고, 통일시키고 있는 것이 pneuma의 tonos적 운동, 곧 tonos pneumatikos라 한다.

囍의 涅

떳떳하고 그윽하고 흐뭇한 喜悅이
이르러 가는 곳은 어딘가
素朴하고 淳朴한 叡智는
本來의 自然(Ergod)으로 이끌려 간다.
"누가 그 옛날을 가져다 줄 것인가
우리는 상처만을 기르고 있었다."(Goethe)
화려한 惡花(Les Fleurs du mal)들의 벌판에는,
움트는 良貨들의 싹이 펼쳐가 넉넉할 것이다.
喜怒哀樂을 누비며 超感覺을 사귀는 人間,
보들레르(Baudelaire)는
"상징의 숲을 거쳐 이곳을 지나도다..
향내와 빛깔 물체의 소리가 서로 화답한다"라
노래한다.

共時態(Synchronization)의 징검다리를 건너는
通時態(Diachronization)들은
드디어는 그 自我核(Ich Kerm)에
太初의 Message(通報)를 싣고 있었다.
"내 가슴팍은 햇빛보다 맑다":(Lévi-strauss)란
餘韻은 이것을 構成해간다.
넓고 깊고 오랜(廣深久)것을 꿰뚫며 숨쉬는 하늘,
桓因이 준 天符印에는
Wiener의 Cybernetics : 4ab
Einstein의 相對原理 : MC^2, 이들의 現像,
그 根據와 그 卦實도 실려 있어 전한다.

곧 $K^{(\ln K)^n}$, $K^{(\ln K)^{11111111}}$: $K = 1.6180339$ 이다.

믿고 달리던 무한한 東西南北
사각모를 쓴 道의 科學이
맞닿은 곳은
地球村의 울이다.
오히려 죽음을 宣言받은

폼페이(Pompey)에서 억울하듯 당황도 한다.
하늘에는 오존층이 땅에는 重金屬이
사람 속엔 惡魔를 쌓아 왔었다.

날로 깊어가는
電磁波는 Hysteresis 및 Mutation 등으로
人間 心身의 제자리에 抵抗을 주고 있다.

새들도 나무들도 本來의 自然의 소리와
노래로 더 살찌고 더 자라는 것을 보며
우리는 놀란다.

歷史가 머물던 36年(日帝)에
죽음인양 못자란(?)
白松(서울 통의동)을 보고
또 놀란다.

움직이는 太陽의 黑點이 예사로우면 이 땅도
그렇게 풍요로웠던 옛날을
뉘우쳤던 우리

太陽은 融合(fusion)하고
分裂(fission)한다.
숨쉬듯 영원한 그 빛
彈性波로하여 人類史에 낌이 된다.
今世紀의 우라늄, 실리콘의 原子의 利用,
그 收益性에 놀랐던 우리는
이제 우주의 核 땅의 核 사람의 核에로 키를 돌리는
歷史의 시험대 앞에 다가서서
天敵農業이 되살려지듯
自我 人性이 되살려지고 있다.

(多元複合狀을 Symbolism을 빌려 整頓)

참고로 갈레노스Klaudios Galènos(?~201)의 'figure of syllogism'을 말하면, 이것은 삼단논법의 매개념媒概念 middle conception인데, 매개媒介 mediation 란 사실의 본질을 명확히 하는데 있어서 그 사상의 원인과 근거, 관계와 조건으로 구성된 것으로, 현상에서 본질로 나아가는 사유의 이행이 곧 매개이다. 그래서 여기에 'figure of syllogism'(정언적定言的 삼단논법三段論法의 격格[23])은 4종류로, 그것은

① 매개념(M)이 대전제 혹은 대개념(P)의 주체 및 소전제 혹은 소개념(S)의 빈사賓辭(종從)가 되는 경우(제 1 격)
② 매개념이 대, 소 전제의 빈사가 될 경우(제 2 격)
③ 매개념이 대, 소 전제의 주사主辭가 될 경우(제 3 격)
④ 매개념이 대, 소 전제의 주 및 빈사가 될 경우(제 4 격)

$$
\begin{array}{cccc}
M - P & P - M & M - P & P - M \\
S - M & S - M & M - S & M - S \\
\hline
S - P & S - P & S - P & S - P \\
(\text{제}1\,\text{격}) & (\text{제}2\,\text{격}) & (\text{제}3\,\text{격}) & (\text{제}4\,\text{격})
\end{array}
$$

헤밀턴Hamilton의 빈사賓辭의 양화量化 quantification of predication를 보면, 빈사의 외연denotation을 양적으로 구별하여 전체 혹은 부분이 주사의 외연과 일치, 혹은 불일치를 조사하여 새로이 정언적 판단을 나눈다. S－P의 형식에서 전체－전체, 전체－부분, 부분－전체, 부분－부분의 네 개가 구별된다. 이와 같이 AEIO에 대해 빈사를 양화하면 8개의 판단을 얻는다. 그는 외계와 이성의 존재에 대해서, 칸트I.Kant의 의식에서 심리적 의식을 구분하여 절대성을 부정하고 상대주의

에 입각했다.

엠페도클레스Empedokles(?~BC 433)는 Rigometa(만물의 뿌리)인 지地, 수水, 화火, 풍風 네 개를 결합, 분리시키며 만물의 unique는 영구히 반복된다고 했다(unique 설). 여기에 엷은 조각(片)이 튀어나와 사람의 기관의 극간隙間 : 틈에 투입되면 감각이 성립한다는 것이다.

6-3. 시대, 진역민震域民의 초핵焦核

4대강국의 분지分枝에서는 독창력이 곧 독립력이다.
올끼-얼(命氣波명기파)을 터(氵섭)나게 하는 것은
성현聖賢이 누린 근원성根源性 희열囍涅류의
이기利己-실존적實存的 자아실현自我實現이다.

새벽 햇빛이 처음 닿는 지구촌의 '東쪽'에는 원래 지진이 발생하는 진원지였다('95.3.3 한겨레신문). 지금의 블라디보스토크에서 살던 한국인은 이미 수십만 년 이전부터 해 돋는 쪽으로 이끌려올 수밖에 없는 Klinokinesis 성분을 짙게 가졌었다. 백두의 화산이 가라앉아 선녀가 내릴 전설이 만들어 질 때, 그 지진은 태평양 중심지로 향해 옮겨갔다. 화산과 지진의 잔여殘餘 Residuum는 백색-투명으로 남는다. 그 후광은 청룡이 한반도 남쪽에 삶의 자리를 잡고, 그리고 보다 따스한 곳을 찾아 그 알타이 민족은 내려오기 시작했다.

그 진역민은 수십만 년간 새벽햇빛을 받으며 다양한 화합물로 일컬어지는 된장, 김치 등을 즐겨 먹었다. 그 근성은 아직도 오늘날에 남아 대표적으로 한국민韓國民만 신는 고무신rubber shoes에서 나타난다. 고무신은 항장력Tensile strength, 인장율Elongation, 척력脊力 Modulous, 내마찰력

Friction resistance, 내이력성耐履歷性 비틀림 ; Anti-Hysteresis, 내구성Age in resistance, 충격력Impact strength 기타 여러 가지 성질과 모양을 지닌 것이면서도, 말씬한 균형으로 긴든 것이다. 또한 삶의 춤으로 활개춤을 다양하게 추고, 그 나라의 대표적인 받듦으로 박혁거세 같은 어린아이도 있었고, 여러 여왕도 있었고, 두 여성(남모南毛, 준정俊貞)을 앞세우며 용감한 도를 닦던 사나이들-화랑도花郞徒도 있었다.

이미 그 이전부터 Klinokinesis 기질로 극서極西에서 극동極東으로 이끌려 올 수 밖에 없었던 그 민족은 그러나 지난 천여 년 복합적인 화합물, 다양한 성분, 다양한 생활양상, 다양한 생활환경이 충족될 수가 없었다. 비근한 실험 예로 콩나물이 '클래식Classic 음악' 소리 쪽으로 기울며 훨씬 잘 자라고, 젖소 또한 클래식 음악으로 기울어 꼬리치며 풍부한 우유를 생산하는데('95.9.16 '음악과 삶' MBC TV), 이와 대조적으로 '락Rock 음악'에는 고개도 반대로 돌리며 자라지 못했다. 클래식 음악과 락 음악에 따른 식물 '콩' 성장에 비교한 한민족의 계통발생의 개체단위발생을 위한 여건與件 Datuum의 조성, 이것은 세계인의 과제이기도 하다.

주변국의 평범한 사회구조라도 한국민에게는 구속된 메카니즘 mechanism같기도 했고, 오늘날도 암癌방지 식품이라고 일컬어지는 독특한 compact 음식을 먹으면서 술과 담배도 금하는 한국여성의 암발생률이 남성보다 더 많은 통계는 그 근원성이 받는 스트레스가 간직되어 있다는 것이 된다.

오늘날의 지구촌은 인간의 근원에 따른 창조성을 기대하고 있다. 그것은 양量적으로 다양하고 핵核적으로 다질多質한 것이 조건이다. 극동에는 한국인뿐만 아니라, 가령 한국의 은행잎만이 갖는 성분도 있고, 한국 산에만 자생하는 산삼성분도 있고, 구라파뿐만 아니라 세계적으로도 다양다발적인 식물, 동물이 집결·농축되어 이 땅에 모여진 것을 보면, 청룡이 이 땅의 남쪽에서 서식했던 이유도 다원적인 Klinokinesis 기질, 근성이 강한 듯하다. 국가주의나 봉건주의든지, 제국주의나 민주주의든지 이것이 한국인의 근성에는 스트레스를 강요하는 오히려 기계장치에 불과한 것이라 할 수 있을 만하다.

제봉새(鳥)는 태어나면서부터 제 집을 지으며 일을 하는 공통된 순서를 갖고 있다. 사람도 그가 태어난 지역에서 스스로 제 삶을 지어가며 키워 가는 것이다. 진역震域의 전삼국前三國만 보더라도 그래 왔었다. 레너드 쉴레인Leonard Shlain은 고대와 현대, 그 만상萬象의 사례를 들어 "창조성의 근원"을 운운하며 대표적 실례로써 '레오나르도 다빈치' 그리고 화가 '마네'와 '아인슈타인' 의 공통점을 들어 뿌리의 같음을 얘기하고 있다.[17]

성현聖賢들의 근원성根源性 희열囍涅류에 이기利己의 발로가 깔려 있는 것이 곧 인류사人類史이다.

그러므로 그동안의 비정상적 자기갈등들이 마지막에는 후삼국後三國 이래 동족상잔의 기태畸態로 나타날 수도 있었던 것이다. 그러면 그럴수록 또 한편 시간적으로 뿌리 깊은 나무의 백색, 샘물의 투명, 새벽 햇빛을 상징하는 백색들은 쉽게 마한의 백마강, 변한의 백두산, 진한의 태백산을 상징하기도 한다. 최근에도 설날이나 한가위 때는 색 있는 것 보다 몇 배나 비싼 백색 고무신을 신으며, 극한적으로 죽음 앞에서도 흰옷을 입는 백의민족白衣民族이라고 일컬어지기도 한다.

희다는 것은 시간적으로 뿌리 깊은 나무일 수도 있고, 공간적으로 샘이 깊은 물일 수도 있고, 햇빛일 수도 있고, 백마를 탄 기마민족일 수도, 흰 옷자락의 유목민일 수도 있다.

그 만큼 뿌리 깊은 기재성基在性의 다성분多成分, 잠재성潛在性의 다핵질多核質, 현재성顯在性의 다량질多量質에는 오늘날 신세기 인류에게 고무신으로 신고 걷는 것 같은 '균형성 탄력'을 창조성으로 나타낼 것이 사무쳐 있다고 보는 것이다. 이것은 원자핵으로 치면 중성자의 연쇄충돌로 폭발을 유발케 되는 동기와 같은 것으로 간주되며, 새 독창성은 그 근저에 철학적으로 말해 실존적實存的 자아실현自我實現이 깃들고 있는 것이다.

고유터Eigenfield에서 그 고유값Eigenvalue의 고유기능Eigenfunction을 해발解發 Auslösen·승화昇華 Sublimation하는 것이 미래 국가독립을 유지하기 위한 독창력이기도 하다.

올끼의 얼, 다시 말해 '올 껼'에서 창조가 발생한다.

예컨대 구름의 끼가 물분자단分子團의 촉새부리seeding에 자극되면, 구름의 올 껼에서 일시에 폭우가 쏟아진다.

인간에 있어서는 서양문화의 쇠퇴기에 분출된 청교도의 얼끼는 미국에 얽혀져 주지하듯이 '에디슨', '라이트 형제'에 의해 전기나 비행기를 발생시켰고, 또한 '테일러F.W.Taylor'나 '포드H.Ford'에 의해 자본가와 노동자의 상승익相乘益(테일러 시스템) 그리고 생산자와 소비자의 상승익相乘益(포드 시스템)을 발생시켰다. 태평양을 건너오는 동양의 얼끼와 마주치는 극동에서는 인류가 요구하는 새로운 '에디슨'이나 '라이트 형제', 그리고 '테일러'나 '포드'들이 발생될 수밖에 없다.

오리엔트 문화에서 출발한 5천년의 서양사가 비로소 5천년의 역사를 가진 한국 땅에서 동서가 마주치고, 구름으로 치면 인류 대 인류(UN)가 싸운 마지막 세계전世界戰, 그리고 인류 대 인류가 화합한 마지막 평화라는 음·양의 seeding이 일어난 곳이다. 이 땅에서 창조성의 발생은 인위적으로 막을 수 있는 것은 아니다.

얼의 터와 올의 껼을 그 동안의 수학으로 표현하면 Eigenfield(고유장)의 Eigenvalue(고유치)에서 작용하는 Eigenfunction(고유기능)이며, 핵물리학적으로는 Unified field(통일장)에서의 텐서Tensor, 리만기하학에서 5차원이상 n차원으로 기술되기도 한 Fusion−Fission(융합−분열)이 되는 셈이다. 태양이 수 억 년을 발광할 수 있는 것도 그 속에서 융합−분열이 번갈기 때문이다.

태양계가 갖는 무생물의 얼끼의 터, 얼끼의 껼이 활동하는 것으로 그 그늘에 달과 지구는 그 자전·공전, 그리고 적어도 150억 년 간 춘하추동의 창조에 전혀 변화가 없어 왔다는 것, 바로 이것이 인류사人類史이라는 것을 표현한다.

서태지와 아이들의 4집「come back home」, 삼풍백화점이 무너져 내린 날 그는 「시대유감」의 노랫말을 생각해냈다. "무책임한 사람들 때문에 정직한 사람들의 시대는 가고 있어요. 힘없고 가난한 사람들이 이런 사태를 보면서 정말 세상이 뒤집어 졌으면 좋겠다고 말하는 것을 들었어요." 노래는 이렇게 만들어졌다. 그러나 공연윤리회는 서태지의 실험을 거부했다. 결국 공륜의 서슬퍼런 칼날과 맞부딪쳤다. 서태지는 담담하게 맞섰다. 빠른 속도의 720°의 활개춤은 그 세대들에게 공명을 주었다. 항의의 표시로 노랫말을 뺀 연주곡만을 앨범에 실었다. ('95.10.21 경향신문)

시대유감(서태지)

짜식들 거되게 시끄럽게 구네
그렇게 거만하기만 한 주제에
거짓된 너의 가식 때문에
너의 얼굴 가죽은 꿈틀거리고

나이든 유식한 어른들은
예쁜 인형을 들고
거리를 헤매 다니네
모두가 은근히 바라고 있는
그런 날이
오늘 바로 올 것만 같아

검게 물든 입술
정직한 사람들의 시대는 갔어
숱한 가식 속에
오늘은 아우성을 들을 수 있어
부러져 버린 너의 그런 날개로

너는 얼마나 날아갈 수 있다 생각하나
모두들 뒤집어
새로운 세상이 오기를 바라네
너의 양심은 태워버리고
너의 그 날카로운 발톱들은 감추고

돌이킬 수 없는 과거와
이 세상이 잘못되어 가고 있는데

왜 기다려 왔잖아
모든 삶을 포기하는 소리를
이세상이 모두 미쳐버릴
일이 벌어질 것 같네
바로 오늘이
두 개의 달이 떠오르는 밤이야
내 가슴에 맺힌 한을 풀 수 있기를 …
오늘이야

대부분의 경우 옹크러진 90°내의 자세의 공격적인 그동안의 젊은이의 춤에 새로운 참된 폼을 보였다. 이상쩍게도 어른들과 청소년의 호응도 가장 많았다. 그렇지만 아쉬움에 따른 혼란이 있었을 정도였다. 그것은 곡에 맞춰진 720°의 활개춤이 처음이었기 때문인 것 같다. 이것은 감춰진 우리나라 720° 각도의 그 활개춤이 최초로 발산되는 것이기도 했다.

6-4. 칼칼한 씨-구심, 말신한 뿌리-원심

한국의 올끼의 작용, 올끼의 얼, 즉 올껼의 반응이라는 것은 다원, 다질, 다변의 다양성을 지닌다. 최근 세계사에도 지속되고 있는 이러한 성격은 초탄력超彈力 '고무신'이 사실상의 동족인 초경직超硬直 '게다'(일본)로 오가는 탄력성도 천여 년 동안 4대강국에서 받은 간접 독재로 갈등하고 왜곡되어 심지어는 동족간 내·외의 살육으로 치닿아 왔다. 이제는 이것이 해결되어야 한다.

일본은 남양南洋, 태평양에 가깝고 한국보다 개방이 200년 앞서 있었으면서도, 예컨대 신발은 '게다'를 신는다. 반면 한국은 오늘날까지 '고무신'을 신는데, 그 이유는 다원, 다질, 다변의 다양성을 바탕에 깔고 있기 때문이다. 고무신과 한국성韓國性의 관계, 게다(한국의 나막신류)와 일본혼魂의 공시태성은 노래로 치면 한국의 "양산도", "달도 하나 해도 하나 …", 일본의 "신처경新妻鏡 にいづまかがみ"에서 엿볼 수 있다. 오늘날의 애국가는 기독교의 찬송가처럼 들리고, 아리랑은 불교의 찬불가 같이 느껴진다. 그래서 양산도의 느낌을 보면 '**카마합**'(칼칼하고, 말씬하고, 활개춤을 추는) 감을 느끼게 한다.

지구촌의 창조성 시대에 한국의 고무신은 항장력Tensile strength, 인장율Elongation, 척력脊力 Modulus, 내마찰력Friction resistance, 내이력성비틀림 : Anti-hysteresis, 내구성Ageing, 내충격Impact strength, 내노화성Long Ageing, 내산화성Anti-oxidant과 기타 표면효과Surface tension, 내유황유리성耐硫黃遊離性 Anti-free thionic, 탄력성Elasticity, 경도Hardness : Duro meter 등의 특성을 갖는다.

이 중 9가지를 발췌하면 무의식적으로 조절되는 이 $1/9=g^{4)}$, 이것은 일시무시일一始無始一 … 일종무종일一終無終一(건국이념-천부경) 사이를 교차한다. 사람의 뇌로 치면 좌뇌와 우뇌 사이의 μ파의 eigenvalue(고유치)가 많은 것이라 보여진다(g에서 유도되는 x_u). 한국인은 특히 우뇌가 크다는 것, 거기에 Klinokinesis의 작용이 크다는 것도 상징된다. 이를테면 $1/9=g$, 이것을 본성적으로 조절하는 능력을 가진 Klinokinesis 기질이 다원적, 다질적, 다변적인 유전자에 담겨있는 얼을 지니면서 과거 천여 년 간 그와 정반대의 부자연스러운 행태를 지녀 왔었다.

그 역반응逆反應이 그만큼(자유롭지 못한 만큼) 컸었다는 것이다 (원래는 인간의 그림자가 사회였던 것을 주-종이 전도되면 민주주의마저도 역작용이 일 수 있는 것이다). 정반응正反應이 큰 만큼 역반응도 컸던 것이다. 내생적·외생적 다양성이 억압받았을 때는 hysteresis(이력현상) 혹은 그 반발로 나타난다. 그래서 그것은 자연히 그 경색(직)성과 탄력성에 이상異常이 된다. 한국인은 내부의 무한한 탄력성과 경직성의 complex 상태에 있다. **탄력성이 억압받으면 과過경직성이나 과過탄력성으로 폐쇄나 파열이 되는 반발이 발생한다.**

역반응이 된 동기는 무엇인가. 이것이 한국의 문제이자 세계의 문제가 되고 있다. 미국을 중심으로 한 서양과 중국을 중심으로 한 동양이 태평양을 사이에 두고 극단적인 마찰에로 접근되는 듯한 시점에서 뉘우쳐 봐야 되는 것은, 무슨 동기가 이 창조적 탄력성을 crumble한 stiffness로 바꿔 온 것인가 하는 것이다.

그러한 유전자의 유정溜晶에 가해진 사회적 압력이 무엇이었을까는 역사적으로 뉘우쳐볼만 하다. 기마민족의 백마가 흘린 '헛거씨'(; 혁거세, 오늘날로 치면 하늘의 씨), 목마를 때 우물에서 일어난 '바가지'의 이야기가 신라 강수强首에 의해 '박'씨로 변한 이야기가 되었지만, 이는 선사시대부터 내려오는 천연적인 질서였고, 다만 혁거세의 전설만이 기록되었을 따름이다(개인의 혈통은 고려하지 않음).

지구 최대의 지진의 근원지를 내려오면서 Klinokinesis의 본연의 탄력성으로 최대한 살아온 종족이 그럼으로써 신비스러운 사람을 앞세워 아마 30만 년 전부터 어린아이를 임금으로 삼아 받들고, 여자를 임금으로 받들고, 오히려 강한 남성은 그러한 하늘을 받들었던 자세를 가진 것으로 해석된다.

박혁거세, 석탈해, 김알지도 혈족이 임금이 아니었고, 심지어 3명의 여왕까지도 받들었던 천연성天然性을 갖는 민족의 창조적 탄력성은 어느 정도였을까. 지금부터 5천 년 전 단군의 나라가 되었는데, 이 경세스러운 환경을 처리치 못해 후삼국 말기에는 반도에도 국가 개념이 강화되었다.

4천 년 전 인도 북쪽에서 흘러온 '벼'로 중국 동부와 왜국을 식민지로 거느리는 강대국의 백제가 되고, 중국의 북쪽과 만주를 지배하던 강대국의 고구려가 되고, 그 무렵 태백산의 동쪽－양산길에 으뜸을 둔 신라는 국세國勢가 거기에 비해 한 마을에 비유될 정도로 영역이 협소했다. 그런데도 여왕인 성덕聖德이 삼국통일을 구상·구체화하고, 역사적 장군인 김유신이 또한 여성인 남모와 준정을 앞세워 진흥왕 때 '꽃피는 사나이의 길'이라는 뜻의 화랑도花郎道를 태두 시켰는데, 그것이 어떻게 양 강대국을 통일할 수 있었던가.

이것은 오늘날 등장시키지 않으면 안될 만큼 세계사의 과제로, 연약한 여자와 어린아이를 받들며 한문으로 田(밭)아래서 力(힘)으로 가꾸는 男(田→力), 즉 남자가 있었기 때문이다. 오늘날도 처자를 위해 남자는 일한다. 밭을 경작하는 남장력男壯力이 받드는 본능, 아동왕 혁거세나 성덕여왕류는 천연사天然史 30만년 그 아녀용兒女用 항아리를 봐도 세계의 선사先史를 봐도 알 수 있다. 김유신은 역사적인 장군이면서도 집권하지 않았다. 오히려 무질서하게 흘러가는 임금에 충성을 바칠 따름이었다.

新羅(신라) 甕棺(옹관) 앞에서

이황진

한사내의 오랜 잠이 신라를 굴리며 온다.
눈 감았다 뜨는 사이 천년이 흘러갔다.
둥글게, 둥글게 굴러오는 古墳群(고분군)의
수레바퀴

흙은 구워져서 붉은 몸을 드러내고
시간이 그 몸속에 無紋(무문)으로 새겨 놓은
鷄林(계림)의 배부른 달이 툭, 툭 털고 돌아
온다.

누가 나의 이름을 따뜻하게 불러주겠는가
또다시 천 년 세월이 푸르게 흘러간 뒤
한 몸의 시작과 끝이 옹관 사이 놓였을 때

내게 뜨는 붉은 달을 흰 맨발로 굴리면서
輪廻(윤회)의 먼 바다를 아득히 건너간다.
마침내 삶과 죽음이 한 몸으로 눕는다.

('96.1.4 동아일보)

지난 천여 년은 Klinokinesis의 해뜨는 동쪽이 아닌 소나무를 국표國標로 삼아 송도를 중심으로 김윤金潤이 중국의 성 '왕'씨를 앞세우고 또한 권력을 앞세웠다. 이러한 경향은 지금도 애국가에 "남산 위에 저'소나무' 철갑을 두른 듯…"이 되어 있고, 중국의 술꾼이자 시인으로 알려진 "이태백이 놀던 달아…" 라는 노래로, 태어난 어린애부터 주입시킬 정도로 지난 천 여 년은 군사관료자의 혈통숭배가 강요되어 왔었다. 그 후 또한 장군이었던 이성계도 군사혈통을 신격화 했었다. 이러한 역사 속에서는 석가도 공자도 교묘하게 자기 혈통의 지속적인 의의만을 강조하는데 이용당했다.

지역이 대립되고, 노소가 대립되고, 남녀가 대립되기에 이르기까지 되었지만, 진역민의 바탕의 한국인은 국세가 약하면서도 김치를 먹고, 활개춤을 추고, 고무신을 신을 정도이다. 산업사회적인 의미의 상층과 하층은 과경직過硬直과 과탄력過彈力으로 대립되어 왔었다.

동민족同民族이면서 천재지변의 일본에서는 최근만 해도 제 1의 부호국이나 초경직적인 '게다'를 신고 있고, 피지배국이었던 한국은 극도로 궁핍하면서도 비싼 '흰고무신'을 신어 왔다. 그것은 세계적으로 경색과 탄력을 극한으로 삼을 정도로 탄력성 생리를 갖고 있는 민족은 오직 한민족韓民族 하나 밖에 없음을 나타낸다. 한국인의 탄력성과 경직성의 중심에는 칼칼한 구심력을 두고 말씬한 원심력이 둘러싸고 있다.

추석이나 설 같은 명절이면 가난해도 비싼 백색신만을 신는 이유, 거기에는 후대에 중국어로 마한, 변한, 진한이라 불렸지만 실제로는 백마가 전했다는 '올'의 박혁거세와 같이 백마강(馬韓마한), 백두산(弁韓변한), 태백산(辰韓진한)이 지역의 중심이었다. 진원震源은 영어로 Epi-center라 한다. 발생하는(nascent) 중심지라는 뜻이다.

백색은 하늘아래 발생하는 뜻을 지니고 있다. 백두산 호수의 선녀도 백색이다. 초탄력성인 기재성基在性이 군사적 억압 하에 있을 때, 극도로 경색화 된 부작용을 낳는다. 그것은 대립적인 개성으로 나타난다. 가장 작은 부족이었던 신라의 장군 김유신이 강대국을 쉽게 통일할 수 있었던 것은 사실상 강대국의 누질림 속에서도 그 바탕에 깔려 있었던 물려받은 대삼국大三國에 깔려온 서민庶民의 탄력성彈力性 때문이었다.

한국의 고유 기재성은 초超탄력성을 지니고, 이것은 천연성으로써 초超창조성을 낳는다. 당시(7000년 전)의 중도中島(지금의 춘천)에서 지금('95) 발굴되는 수많은 아동과 여자용 항아리에서의 그 시작이 보여진다(아마 훨씬 이전부터였을 것이다).

오늘날의 공업 및 산업도 사실은 금속과 비금속의 결합에서 시작된 것이다. 그리고 당시의 항아리 문화(匠道장도)는 소백산을 따라

4000년 전부터 벼농사가 풍요로웠고, 따스한 호남지역으로 이동했을 따름이다. 그 흔적은 문화적으로 세계가 주목하는 고려청자나 활자문자로까지 번졌다. 특히 오늘날 공업을 금속과 비금속의 결합이라 할 때, 당시의 활자문화와 도자기는 시사하는 바가 크다.

그 동안의 문물이 결합된 오늘날 아시아의 산업은 천재지변이 많은 동혈통同血統으로서의 일본에서 '게다'(한국 나막신류)같이 단결된 위에 발생되고 있는 것이다. 그러나 그 진원지를 찾아 기재성基在性의 초탄력성을 본격적으로 승화시킨다면 어떠한 결과가 올까. 소위 부익부 빈익빈의 갈등·경직에서 알력으로 얼룩졌던 세계사는 여기서 지구촌 시대의 인간의 이상이 절실해 질 수도 있는 것이다.

어떤 사상思想(민주·봉건)이전에 자연스러운 천연의 바탕에 선 창조주의創造主義가 사실상 우선되어 가고 있는 것을 느끼게 한다. 그래서 더욱 노소老小의 시간적 교호, 남녀男女의 공간적 교호가 절실하고, 거기에 강자는 오히려 종속적인 역할이 능률적인 뜻이 되어 간다. 오늘날 고객우선이라는 말도 그 단편과 그 도달점을 예시한다.

천여 년 전부터 광복 후 50년 동안, 즉 고려 및 이조왕사, 그리고 해방 후 여러 지도자들(이·장·박·전·노대통령 등)을 상징하여 반성해야 하는 것은 넓고, 깊고, 오랜 것(광·심·구)답게 천여 년 전부터 최근까지 성장해 온 일본보다 알뜰했어야 했다는 것이다. 노예로운 열등의식을 끝내야 내일에 원래 것이 펴지는 것이다.

지구촌시대의 진역민의 창조성도 그럼으로써 태백산의 동녘-양산도에서는 그 사자嗣者 scion로운 층별표본層別標本(통계학)이, 그 서녘에서는 그의 취락표본聚落標本이 섬추纖抽되어 내일의 상징으로 천섬遷纖되어야 한다. 한국민에겐 기재基在에 내포된 초핵焦核의 탄력적 창조성이 있기 때문이다. 이해대립이 농축되는 실의 장에서 넓고, 깊고, 오랜 것의 신뢰를 우선한 인성을 분석·교정하는 것이 미래를 결정할 수 있다. 이를테면 오늘날은 뇌파, 물질파들의 첨단기기가, 그리고 그 Remote control화$_{化}$도 진척되어 진다.

시추$_{試錐}$를 거듭, 해륙의 자원이 발췌$_{拔萃}$(**Epi**-tome), 섭추$_{涉抽}$(Ursprüngen)되어 그 기술이 피어나는 것 같이… 탐색을 거듭, 역내외$_{域內外}$의 근원이 발췌, 섭추되어 예지가 피어남으로써 진역$_{震域}$의 "칼칼한 씨"와 "말씬한 뿌리"로써 그 생명의 꽃을 피게 해야 한다. 그래서 동서$_{東西}$의 틈에서 내일이 창출되는 것이 된다.

6-5. 실존적 구조와 올껼의 함수

시간과 공간, 그 초점과 핵심이 형성되는 역사적 지역에서 존재하는 생명은 같은 인류적 레벨$_{level}$의 범주에 속하는 각각의 외적 구조와 내적 구조가 다르다. 마찬가지로 내생현상과 외생현상이란 것의 내포에서 현상학에서의 현상학적-형상적 환원에 비유되고, 화합물로 치면 물의 경우 6각형에서 5각형, 3각형 같은 구조와 기능과 같은 것이다.

특정 역사와 특정 지역의 인간에 있어 결성된 생명성$_{生命性}$을 "유정$_{溜晶}$"(현상학적 Residuum)이라 할 때 이것의 형이상적 명칭으로써 "얼"이라 할 수 있는 결정체이다. 예컨대 산소와 수소에서 물이 생성될 때 촉매제인 백금(Pt)흑$_{白金黑}$ platinum black의 경우도 그렇지만 유정은 부(-)와 정(+)의 촉매제에 비유된다. 결국 그 얼에는 특정생명의 구조를 내포하고 있고 또한 특정생명의 현상을 갖고 있다. 그 현상을 "올끼의 얼"(올껼 ; System & Wave)이라 한다면, 이것이

溜晶 : Gene-duum과 沴晶 : Gene－nascence

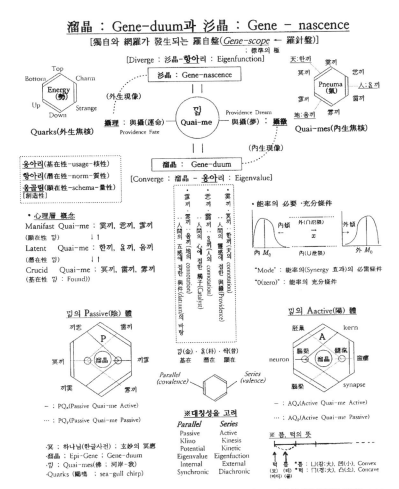

〈그림 5〉

先史的 然泉에서의 발랄한(vivid) 溜晶(Epi-Gene ; Gene-duum ; Residuum ; 12支의 띠의 性格)의 沴晶(Gene-nascence)은 곧 Epi-Center에서 結實된 Epitome 인데, 이것은 物理學으로 치면 電子場, 重力場에서의 에너지가 創出되는 것에 喩比된다. Epi-Gene은 陰性的인 것이고, 創造는 陽性的으로 對稱된다. 그러므로 Epi-Gene이 變換되었을 때, 즉 Eigenfield에서 Eigenvalue가 變換되어 Eigenfunction이 나타내 진다. 이것이 곧 創造이다. 時代로 나타나는 歷史란 陰과 陽의 Transferation(displacement, transformation, transition)의 關係이다. 이 경우의 각각은 이를테면 lot size에 따른 틈, 턱으로 區分된다(크게 봐서 틈은 ㄴ, 턱은 ㄲ).

Gene-nascence(沴晶)가 피어야 Invisible 狀況과 Visible 狀況이 正常이 된다. 六爻(Hexoccult)가운데에는 P 核心, 즉 焦(時間 ; Passive ; 陰)와 A 核心, 즉 核(空間 ; Active ; 陽)이 있다. 焦는 時間의 것이고, 核은 空間의 것이다. 時間·空間이 交流하는 場은 6角形으로 具象된다. 여기서 焦의 陰性氣가 陽性氣로 變할 때, Klinokinesis(Potential-Kinetic Energy, 즉 勢의 保存則)가 된다. 그러므로 Klino는 陰性이고, Kinesis는 陽性이다. Kinesis가 다시 Pnenergy(pneuma+energy)를 確보하게 되면, 다시 Klinokinesis의 제자리가 채워진다. 創造에는 stochastic process가 存在한다. Klino와 Kinesis의 交互(相互)作用은 Propensity이며, Risk와 Opportunity 등의 異次元의 根據이다. 本然의 Propensity 내에는 目的과 結果가 하나로 存在하기 때문이다.

내포한 그 특성생명의 형이하와 형이상이 곧 '특성유정特性溜晶'이고 '특성얼'이다.

개체발생이 계통발생을 되풀이 하고, 독립유전의 법칙이 존재하고, 적자생존이 존재한다면, 미래의 올껼은 전통적인 시간과 인류적 공간사이에서 뚫어나는 현상을 갖기 마련이다. 개체발생은 계통발생의 시간적 측면의 통시태격通時態格이다.

그러므로 내일에 전개되는 "올껼"은 전통의 "올껼"과 접근된 것이다. 창조란 "올껼"의 산물인 것이고 통시태와 공시태는 분리될 수 없고 다만 "올껼"이 시간과 공간의 'observable'에서 박동하며 숨쉬는 것이며 인체의 장腸(친근성近親性)의 특질과 골수骨髓(이질성異質性)의 특질만큼 즉자卽自 En soir ; An sich와 향자向自 Pour soir ; Für sich적이다.

결식缺食의 저항에는 농사가, 결핵結核의 저항에는 고도의 페니실린이 첩경이다.

"참의 무게심"에 따른

外氣素, 즉 叓氣(內靈氣), 忎氣(外心氣), 雺氣(外體氣)와
외기소　　　수기(내영기)　　침기(외심기)　　삼기(외체기)

內氣素, 즉 冥氣(外靈氣), 雷氣(內心氣), 雾氣(內體氣)
내기소　　　명기(외영기)　　인기(내심기)　　분기(내체기)

가 여건 및 여섭에 따라 공액 되는 정도에 따라 그 인간과 그 사회가 상승 창조된다. 이것은 전래傳來한 천간天干과 지지地支와 인성人性과의 함수효과函數效果로 나타난다.

X촉자觸子와 Y촉자觸子의 필요조건으로 충분조건화 하는 생명인자生命因子(데모크리토스 ; 생명의 인자는 무게가 없고 불꽃과 같음)[6]는 물질파의 Quarks(원자핵의 六爻육효)에 투영하면 Top=Bottom은 명기冥氣=수기叓氣로 구상되며, Benzen Kern에 따른 모델model로서는

<그림 5>와 같다.

천간과 지지와 인성은 여건과 여섭의 내생·외생으로 작용·반작용하여 System의 Perturbation, Reverberation, Echolocation의 정보를 거듭, 스스로의 생명의 Rotation, Normal vector의 개념으로 그 Superposition에로 지향志向하게 된다. 지구촌시대의 민족은 그 고유성을 섬추渉抽, 실존적 구조를 투관한 미래를 창출한다.

당해 민족의 참의 얼이 되살아나게 여건의 부족不足에 여섭이 더불어 촉진하고 있다. 90년대부터 일어나는 한국에서의 여러 사건들은

지심地心에 더불어

천심天心의 지향志向이

일치되게 하는

"참의 얼"의 과정이 되고 있다.

6-6. 양화성良貨性 고유기능固有機能

생산성이란 이를테면 UCL~Upper Control Limit~, LCL~Lower Control Limit~의 $\bar{x}$ vector, 즉 $\vec{x}$ 이다. 오늘의 시대는 그러므로 누증양화累增良貨, 누감악화累減惡貨의 효과가 곧 창조성이 된다. 이 인과因果의 관계와 이 능률은 시대환경이 요청하는 근원성根源性의 올꼍이다.

예측의 정도精度도 누증양화와 누감악화의 Invisible base를 감지하는 정도程度가 된다. 그럼으로 가시의 현상을 움직이는 비가시 기능과 그 지향을 발견하며 스스로를 섬추渉抽해 가는 것이 된다. 다만 시대환경에 적흡適洽되는 고유성은 창조성 → 생산성의 능률을 가속시킬 수 있다.

반도체에서 한국인의 손(여자)이 미·일을 앞질러 수율 95%를

지속하는 것으로 나타난 것은 한국인의 기재성 발생 "느낌", "정밀성", "밀어붙임"이 그 동안의 일본의 게다식 "규칙", "순결성" 문화를 앞서고 있다는 반증이다. 예컨대 "웨이퍼 제조-회로설계-마스크 제작-웨이퍼 가공"까지는 자동화된 작업이나, 이를 거쳐 완전품에 이르는 단계에서 그 종합감각, 집중감각, 손끝감각이 조립 및 검사에 결정적인 것이다. 이러한 것은 전자공업뿐 아니라 전면적 조립, 전면적 검사가 요하는 가소물可塑物제품에서도, 건설업에서도 그러한데, 고유 창조성 바로 그 단편이다.('95.11.7, 조선일보)

한국의 태백산맥 동쪽 볕뉘민民-양산길에 깔려있는 고유 탄력성도 '92 마라톤 금메달을 계기로 뉘우쳐지는 것은 그간 1000년 몽고·명·청 및 일제하에서 습성 되어진 권력·금력·지위 지상주의이다. 그리고 스스로의 갈증으로 억압되진 근원적 고유 탄력성을 회복하는 것이며, 그러는 가운데 동혈同血 일본의 게다식 규칙도 진역의 본래적 아동성兒童性과 모녀성母女性을 되살리는 것에 소홀하지 않게 되어야 한다. 일본도 태백太白, '양산'주의主義의 '카마할' 기질을 배워야 한다.

전개되어 가는 산업시대에 있어서는, 일차적으로는 **발명과 기술을 부양시키는 윤리, 도덕(도의)**, 다시 말해 생산적 윤리, 윤리적 경영이 절실하다. 이것은 개인의 양심과 인류적 생활을 매개하는 것이다. 독자獨自와 망라網羅와의 광심구廣深久의 교통이 지구촌 시대에서는 소생될 수밖에 없다. 그러므로 각 부분의 물상의 Observable과 각 부분의 이성의 Category는 개체와 전체, 독자와 망라에로 조해潮解 Zerfliessung (고체가 대기 중에 노출되어 있는 경우 대기 중의 수증기를 포착해서 녹는 현상 -편저자 주)되어 간다. 이러한 것이 앞으로의 인류적 auslösen(해발解發)이다.

고려사에서 벼 생산자를 '백정'으로, 장인을 '쟁이'라 하면서, 군료軍僚를 양반이라고 해 온 것은 역사상의 지식멸망사가 되었다. 뿐만 아니라 고려장高麗葬 같은 것도 산업시대적 입장에서 보면 비생산적 윤리에 해당된다.

지구촌 시대라는 역사가 교통·통신을 매개로 윤리경영에로 급전환하고 있는 것은 인간의 근원성이 소생되기 때문이다. 따라서 현실적으로 이른 바의 blue color는 날로 확대되어 세력화 되어 가고, 그 과정의 부분적인 white color는 기복起伏한다. 그것은 역사가 흘러가는 탄력과정彈力過程이다.

즉, 역사적 인류가 시간적 공간의 초핵焦核의 중심을 두고 신축하는 과정이다. 곧 지구촌의 생산성이다. 예컨대, 한반도의 대중大衆(凡衆범중)은 곧 인류적 대중인 것이기 때문이다. 역사적 인류 앞에 남은 것은 격동하는 과정에서, 최소한도의 희생으로 최대한도의 성과를 가져올 수 있는 대처만이 놓여 있다. 다시 말해 유비무환有備無患의 움직임이 절실하다.

독자와 망라사이에는 이를테면 엄밀한 수학적 관계가 우연하게도 진역震域(한반도)의 건국이념 – 천부경(Logos – Algorithm)으로 수징數徵, 존재해 왔다. 바로 이것이 최소의 희생으로 최대의 성과를 올리는 것이다. 이것을 찾아 좇아가는 것이 내일을 향한 능률이다.

가령, 상대론의 광속도는 자연대수 e의 한계점을 말하고, 그 지수指數의 한계점은 원주율 π와 유사하다. 또한, 이것은 b에서 유도되는 S_p, 이것에서 유도되는 S_m으로 풀이되어, 사이버네틱스Cybernetics(노버트 위너Wiener,N.)로도 응용된다.[5]

한국의 문화사는 왜곡된 점이 많다. 최근에는 6.25(한국전쟁),

88(서울올림픽)을 겪고, 세계와 더불어 한국백성들이 등장되고 있는 가운데, 또한 그 자체가 세계적인 백성 앞에 뚜렷해지고 있다. 진역震域은 이제 4대강국의 포위가 아니라 역사적 인류의 서민庶民이 관여하는, 즉 산업시대 최대다수의 인류가 작용하는 초핵역焦核閾이 되어지고 있다.

여기서 광심구廣沈久의 에르고드(Ergod)장場에 생육되는 고유직감의 실제상 판단, 조처(management)가 절실해 진다. 이런 바탕에서 pragmatic한 심리, 철학 등이 논리적으로 미분, 적분학으로 그리고 미시와 거시의 경제조처가 사이버네틱스와 Invisible Hand로 실實의 장場(real field)위에 나타날 수 밖에 없다.

창조적創造的 도의道義는 독자와 망라사이에서 고유의 장점을 ABC급으로 부양시켜야 하고, 또한 외세에 의한 군사문화의 흐름을 ABC격으로 견제해야 하는 그 고유의 논리가 부양되는 과정을 취사, 발췌하는 참다운 논법의 매촉媒觸이 필수하게 된다.

발명과 기술을 활성화시키는 조건의 양심과 제도가 필수必需한다는 것이다. 날로 확산되어가는 산업시대에 있어서 이 독자와 망라의 이성과 윤리는 그간 천여 년의 불노不勞 및 비실非實을 조건으로 한 군권계급문화-군권주의는 놀부주의다-를 일탈할 수밖에 없다.

오히려 신앙과 종교, 그리고 인성과 문화가 조건이 된 생산의 경제가 펼쳐질 수밖에 없다. 이것은 이제 세계인의 작동이 되고 있다. 경영은 진실을 만끽하는 삶, 생존의의生存意義에 근거하는 행동이다. 장도匠道란 그런 의미의 예도藝道인 것이다.(미국 조지아 공과대학의 1963년 미국 대기업 250사에 대한 조사결과에도 나타나 바와 같이, 원래 미국의 ASMEThe American Society of Mechanical Engineers는 "IEIndustrial

$_{Engineering}$(관리, 경영)는 과학이 아니라 Art(藝道$_{예도}$)이다"라고도 정의 내렸었다.)

(Holzweg und Waldweg ; 휠덜린$_{Hölderlin,F.}$ ─ 나뭇길과 수풀길)
플라스틱 숲을 거닐던 필연(必然)은
생생한 나무 숲길에서 우연(偶然)을 찾는다.
새로운 필연도(必然道)는
지식인보다 나뭇꾼에게 물어야 한다.
선사(先史)와 천연(天然)의 근원성(根源性)을 열어야 한다.

誠 (言→成:創造) : 信 · 義 · 業

(廣深久의 焦核)　　(敬天)　(愛人)　(實地)

제 2 장

독자獨自와 망라網羅의 근원성 창달暢達
[창조적 고유탄력성에 관한 연구(Ⅱ)]

-윤리경영수압과 개방체제실험(Ⅷ)-
-건국이념 – 천부경의 수치실험해석(4)-

1. 서론
2. 독자와 망라의 근원성
3. 구조적 프래그머티즘pragmatism – 바탕의 묘향성妙向性
4. 공시태共時態적 근원
5. 독자獨自와 망라網羅의 실상實像

<건국대학교 학술지 제 41 집 (1997년)>

1. 서론

천질天質과 지질地質사이의 인성人性은

변화하는 것을 변화시키는

변화하지 않는 존재이다(노자老子).

실實의 진眞은 업業의 도道로 나타난다.

신信(신앙성)·의義(인간성)·업業(생산성)은

동근거同根據 이형상異形狀이기 때문이다.

양심良心 conscience의 창조성은

창조적 양심良心의 조건[심 ㅋ 뇌]에 따른

양식良識 Bon sence의 생산성으로 나타난다. 그리고

생산적 양식良識의 조건[뇌 ㅋ 심]은

여섭與攝, 여건與件에 따라 발생하는 것으로서,

그의 고유한 DNA(gene-) 성질property과 성향propensity이

곧 양심과 양식으로 나타나는 창조성과 생산성이다.

성과의 가치 $= \dfrac{창조성의\ 기능}{생산성의\ 비용} \times n$ 이다.

즉, 가치($value$) $= \dfrac{기능(function)}{비용(cost)} \times \varPhi$ (또는 r)(마일즈$_{\text{Miles,L.D.}}$),

혹은 창조성 × 생산성 × m 으로 구상된다.

* 생산성=1/비용
* $\varPhi$는 각 생존의의生存意義의 기초에 관련
* r은 유정溜晶 Gne-duum지향(양심良心의 행幸).[2]

이것을 콤프턴 효과$_{\text{compton effect}}$(물리)에 비유하면, DNA라는 매체 (입사, 반사)를 두고 Logos라는 광선이 입사하여 적, 청, 황의 삼원 색군三原色群에 비유된 식물, 동물, 인간, 그리고 황인, 흑인, 백인의 속성집합으로 나타나고, 그 반사체(프리즘 효과)는 에너지 수용으 로 그 DNA가 진화론적 변질을 거듭하게 되는 것과 같다. 그래서 각각은 특수한 고유성을 발현한다. 우라늄의 경우 $U_{238} \rightarrow U_{235} \rightarrow$ 분열하는 그 고유에너지의 과정이다.

물성物性과 천성天性을 보완하는 인성人性, 그리고 인성과 천성을 보 완하는 물성을 대응 고려해 보면, 전자는 메타볼리즘$_{\text{metabolism}}$적인 질이 되고, 후자는 메카니즘$_{\text{mechanism}}$적인 질이 되어, 핵과 양을 교류 시키며, 창조성으로 성장하고, 또한 생산성으로 안정한다.

이상시異狀時에는 기회$_{\text{opportunity}}$와 위험$_{\text{risk}}$을 통하여 성장과 안정에로 상황을 복귀시켜려 한다. 시간의 초점을 중심으로 공간적 핵이 **In −duction, De−duction으로, 시공일치(Gene−duction → Ciel−duc tion)**에로 지향하는 과정에, 그 장$_{\text{field}}$은 항상 이에 저항하는 변환을 거듭하므로, 불변하는 여섭與攝과 변동하는 여건사이에는 창조성과

생산성이 완성될 수 없다. 그러므로 기회와 위험은 안정과 성장을 향해 마치 지층地層이 요동하는 것 같이 그 여건의 장field상에서 쉬지 않는다.

진역민震域民(배달)의 근원성은 그 동안의 사이버네틱스Cybernetics나 상대성이론이 미비하여 온 근원식根源式을 보완한다. 이것은 건국이념-천부경建國理念-天符經에서 파생된 식으로 밝혀져 간다.

역사적 인류의 시간과 공간의 장에서 그 초점과 핵심focus-kernel의 과녁은 곧 뿌리根근과 샘源원이다. 만물이 변천하는 장에서 시공의 균형유지는 그 에르고드Ergod 장에서의 여러 요소간의 교차탄력도로 나타난다. 다시 말해 초핵(초점과 핵심)과 근원(뿌리와 샘)이 원심과 구심으로, 논리적인 "과녁과 화살"과 같이 교호하는 것이다.

인류사人類史란 독자와 망라의 차원에서 전개되는 근원성 창달의 과정이다.

시간과 공간, 생명의 인자因子가 부활됨으로서 유정溜晶 Gene-duum은 섬정彡晶 Gene-nascence된다.

독자의 Gene-ware(Vital-ware)와 표상적 망라의 Hard-ware를 교호하는 Soft-ware로서의 Human-ware는 최근의 심리공학Psi Engineering과 생명공학Bio-Engineering의 관계를 인성을 위요圍繞하여 접근시킨다. 초월광음파超越光音波 등으로 나타나는 안이비설신 이외에 아뢰야식識, 마나스식識 등, 그리고 Pneuma감각(ESP-PK, ψ현상)파에 이르기까지를 수용해 가는 Super-ware 지향은 인간생명의 근원을 본격 소생시킬 수 있게 한다.

이미 지구촌의 고유장固有場 eigenfield의 상황도 그 고유치固有値 eigenvalue를 고유함수固有函數 eigenfunction로 엮어간다. 20세기에 출현한 유물唯物의 경제나 유심唯心의 경제와 그 갈등, 또한 새로이 맞이한 Millenium −Cosmopolitan 지향의 21세기와 그 당면한 glocalization(global & local)과정은 면밀한 Soft−ware(Human−ware)를 매개(촉자觸子)로 차츰 인류의 근원성을 양화良質로 소생시키려 한다.

(이 책의 4장 ; $R^2 + c = y + mx$. $E_p = 25.4008389 ≒ 10\text{inch}$, $(a-b)^{-v}$; K식의 독립함수)

2. 독자와 망라의 근원성

시간과 공간,

생명의 인자因子**가 부활됨**賦活**으로서**

유정溜晶**(Gene−duum)은 섬정**彡晶**(Gene−nascence)된다.**[7]

인류사人類史**란**

독자獨自**와 망라**網羅**의 차원에서 전개되는**

근원성根源性 **창달**暢達**의 과정이다.**

천연天然은 자연을 새로이 탄생시키는 과정을 갖는다.

일월풍수사日月風水史에 따른 토양은 나름의 개성이 있고,

사람도 또한 그 개성이 있다.

독자군집獨自群集 self group의 개성교호個性交互가 망라를 창조케 한다.

유정이 나타내는 섬정彡晶은

곧 Gene의 Residuum이 나타내는

Gene의 Nascence, 곧 생명공학적 발상이다.

태초의 성誠, 언言(Logos)과 성成(Creation)사이의

천관天關(干간)은 「신信」으로,

인관人關은 「의義」로,

지관地關(支지)은 「업業」으로

상징되는 망라장網羅場에

독자獨自의 Gene(晶 ; 遺傳유전, 命晶명정)이 존재한다.

이것은 진화론상으로 독립유전의 법칙, 우열의 법칙, 적자생존의 법칙을 경유하고, 또한 도태론상으로는 인위도태, 자연도태, 운명도태를 경유한다. 그 생존과정은 시간·공간의 변곡점에서 변천된다. 이를테면 경제적 효용가치, 또는 그 중복효용가치의 변곡점에서 새로운 동기(epoche)를 경유하는 것이다. 그 과정의 무의식無意識이나 유의식有意識으로 부딪히는 장벽을 투관透貫(penetrating ; tunnel effect)해야 한다. 토양과 인간의 개성의 집단이 본연의 생명력을 되돌릴 때, 그에 따라 새로운 진화 혹은 도태과정을 지난다.

言언 → 成성은 예컨대 마이크와 스피커의 관계라 할 수 있다. 성현聖賢적인 마이크가 오늘날 산업적인 스피커를 지향志向해야 한다. 이 둘 사이에는 창조적 패러다임paradigm이냐 파괴적 파라독스paradox이냐의 문제가 존재한다. 이는 병원에 있어서 심성心性과 면허증과의 관계에 비유된다. 심성이 히포크라데스Hippocrates이냐 아니냐에 따라 면허증과 관계없이 고객환자의 생명의 유지가 달라지는 것이다. 즉 작업경영자를 경유하는 성언聖言이 마이크에서 패러다임을 통한 스피커로 접근해야 된다.

유정Gene-duum은 독자가 내포한 Ergod의 지향성志向性이다. 이것은

기氣 pneuma의 Monas(근원인자)로써 낍Quai-me을 극한으로 한다. 이것은 barrier(장障)에 투관penetrating하여 세勢 energy

의 극한인 쿼크Quarks를 향해 섬정渗晶 Gene-nascence한다 ; tunnel effect.

"극에는 반극反極이 있고, 역 또한 진眞이다. 그리고 양극한兩極限(limit)의 gap에는 Monas(근원인자)의 천위장遷位場이 있다"(여기서의 극은 격절隔絶을 뜻한다.).

Gene−duum과 Gene−nascence사이에 Gene−Kenōn(genesis kenōn)이 존재한다. 이는 마치 Usage와 Schema 사이의 Norme과 같은 역할을 하며, 나자반(羅自盤 Gene−scope)[7]에서 무게심(重心중심)과 현상과의 관계에 중심中心이 작용하는 것과 같다.

원자핵계界나 전자계界에서, 반응을 일으켜 barrier를 뚫어나는 tunnel effect가 생명현상의 경우는, 데모크리토스를 위시한 그리이스 철학자들이 말한 바, Kenōn(Kanon(독어)−genesis kenōn, 데모크리토스 : 유무기준有無基準, 생명의 원자)에 해당된다. Gene−duum은 Gene−Kenōn을 거쳐서 Gene−nascence된다. 즉, Gene−Kenōn이 potential barrier를 penetrating한다.

데모크리토스[19]는 '무수히 존재하는 불생불멸의 아토마(atoma, 원자)가 Kenōn(공허)의 장에서 구성에 따라 고유한 성격을 나타내면서 충돌하며, 선회·세차운동을 한다'라고 했다('Kanon'일 경우는 규범, 표준 등 운동이나 인간의 이성, 인식을 운운할 때의 기준). −Gene의 경우 운동하는 시공(時空)의 장이다.

망라적 세勢 energy의 극한과 독자적 기氣 pneuma의 그 극한의 간극장 間隙場(이 field 안에는 Gene−duum과 Gene−nascence의 자유도가 존재한다)에는 ESP−PK_Extra Sensory Perception−Psychokinesis, ψ(Psi)현상(심리학)이 존재하는데, 이것을 태양계와 태양광 사이 그 동안의 가상 에테르_Ether를 뚫고 마이컬슨−몰리의 실험에 나타난 것, 그리고 아인슈타인의 상대성원리로 현시顯示케 된 것에 기초하여 마치 Bengen Kern의 나프탈린_Naphthalin, 그리고 안트라센_Anthracene과 같은 보조공간 _auxiliary space을 설정, 勢세(Energy ; Quarks)와 氣기(Pneuma ; Quai−me)의 복합적인 Monas 인자의 이동에 비유해 보는 것은 유익하다.

그 창조적 매체로써의 ψ(Psi), ESP−PK 현상은 곧 In−duction과 De−duction, 그리고 Pro−duction(實向性실향성)으로, 나아가 Gene−duction(眞向性진향성), 그리고 Ciel−duction(妙向性묘향성)의 지향은 교통·통신이 극한에 달한 지구촌 시대에 있어서 망라적 천인지와 그의 광심구의 장에서 독자적 군집의 초핵지향焦核志向 성과가 현실적으로 노골화 되어가는 경우가 된다.

지구촌 시대에 정착하는 인류사는 그럼으로서 마지막 착란을 투관_penetrating하여 스스로 근원인자를 탐색, 그 시간과 신토身土와 심묘성心妙性(3시)에 따라 정축淨蓄(고인물)을 솟구친다. 그래서 나침반羅針盤에 비유된 나자반羅自盤의 기능은 역사적 공간에 은폐되고 분열되어 온 지역민에게 해발解發 auslösen을 위한 컴플렉스_complex가 본격화 되게 한다.

시스템 엔지니어링_System Engineering상으로 보면, 독자의 Gene−ware와 망라의 Hard−ware사이에 Human−ware가 존재한다. 개인을 조건으로 했을 때, subsystem에서는 Human−ware의 내촉자內觸子(Human

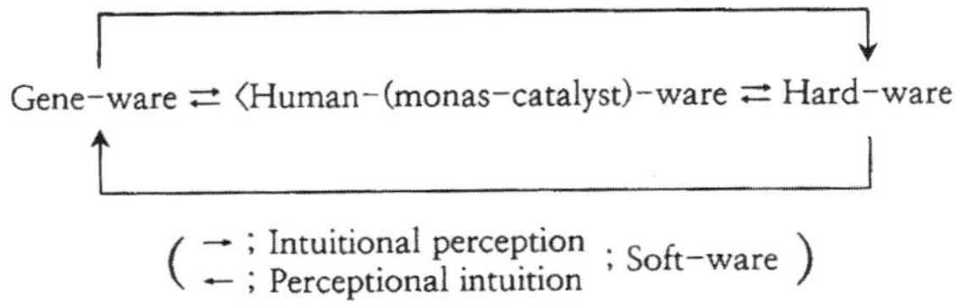

Gene-ware $\rightleftarrows$ 〈Human-(monas-catalyst)-ware〉 $\rightleftarrows$ Hard-ware

$\left(\begin{array}{l} \rightarrow \text{; Intuitional perception} \\ \leftarrow \text{; Perceptional intuition} \end{array} \text{; Soft-ware} \right)$

이를테면, Gene-ware에서는 氣의 感(pneuma intuition)과 氣의 知(pneuma perception)가, Hard-ware에서는 勢의 知(energetic perception)와 勢의 感 (energetic intuition)이 있다.

〈그림 6〉

−(monas−catalyst)−ware)가 Gene−ware와 Hard−ware를 교류하는 것이며, 이는 $H_2O \rightarrow D_2O$로의 비유이다. 또한 total system의 경우에서는 Gene−ware가 촉자觸子가 되어 Ciel−suite와 Hard−ware를 교류한다. 이것은 $D_2O \rightarrow T_2O$로의 비유이다 (주석산酒石酸 tartaric acid의 예로 좌선左旋 L(D ; Active 양) 또한 우선右旋 D(L ; Passive 음) 「L ; Light, D ; dark」).

Gene−ware와 Hard−ware 사이의 Human−ware와 같이, 논리적으로 Monas(독자)와 Mass(망라)사이에는 Group(게슈탈트Gestalt 심리학)이 매체로써 작용한다. Gene은 무無의 장場(Gene−Kenŏn)에서 솟구치는 것이다. 솟구칠 때의 양상은 그 나라의 유전자 속의 특질에 따라 다르다. Kenŏn에서 솟구치는 찌끔과 Hard−ware를 교류시키는 것이 Human−ware이다.

역사적 인류는 유수流水를 가는 선박과 같이 유속과 조속漕速을 견준다. 그것은 나침반의 기구와 같다. 이것은 동서남북, 춘추하동으로 삼라森羅를 누비는 님프Nymph(精정)와 같다. 이것은 Monas(단자單子)

개념으로 원자와 전자론에서 하이젠베르크_{Heisenberg}의 입자설과 드 브로이_{De Broglie}의 파동설, 그리고 그 중복기능_{重疊機能}을 비유한 심리 현상으로, 베르트하이머_{Wertheimer,M.}의 게슈탈트 심리학상의 중심전환_{中心轉換}(induct recentering), 또한 구조전환_{構造轉換}(deduct reengineering)[17]의 심리 나침반을 구상할 수 있다. 이것은 망라와 독자의 Gene-scope(羅自盤_{나자반})인 양 작동한다.

여기서 나자반을 입자와 파동의 중첩, 그리고 우주내 지구를 비유하여 고려하면, 지구내핵_{地球內核}의 철괴_{鐵塊}의 rotation vector*(visible)*, 여기에 대응한 우주내핵_{宇宙內核}의 ($\overset{假}{想}$)rotation vector*(invisible)*, 그리고 적도를 기준으로 한 남극과 북극, 이 거시적 범주내의 지구의 세차운동으로서에 따라 다음과 같이 구도할 수 있다.

$$\begin{pmatrix} \textit{Central vector} \\ \textit{Decentral vector} \end{pmatrix} \longrightarrow \textit{rotation vector} \longrightarrow \textit{normal vector} \longrightarrow \textit{Superposition vector}$$

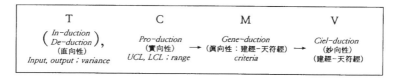

T	C	M	V
$\begin{pmatrix} \textit{In-duction} \\ \textit{De-duction} \end{pmatrix}$, (直向性) Input, output ; variance	*Pro-duction* (實向性) UCL, LCL ; range	*Gene-duction* (眞向性：建經－天符經) criteria	*Ciel-duction* (妙向性) (建經－天符經)

〈그림 7〉

사업관리상으로는 standardization 역할의 Gene-duction(진향성)을 기준으로 하여 specialization 역할로써 perceptional intuition과 simplification 역할로써 intuitional perception으로 대응되며, 그것의 Human-ware 입장에서는 진향성(Gene-duction)을 중심으로 craft(기공_{技工})와 attitude(인성_{人性})가 교체되고, Gene-duction은 Ciel-duction(묘향성)으로 선류_{選流}(preference)한다.

어느 시대나 In−duction/De−duction의 그 장과 환경은 항상 변동하므로 perturbation이 발생하여 system violation이 일어난다. 여기에서 장은 VMCT(V'M'C'T')적으로 변한다는 것이다. 비유컨데 시간(원시 → 씨족 → 봉건 → 제국 → 민주,공산 → ‥), 공간(춘하추동(춘'하'추'동'))적으로 여건이 변화한다. 이에 따라 지상의 인간은 변동하지만, 이와 달리 태양−지구−달의 통계학적 사분위표四分位表에 따른 온도, 속도, 거리는 일정하다. ‘변화하지 않는 것은 변화하는 것을 변화시킨다(노자)’는 것은 곧 고정된 태양계의 질서rule에서 변화하는 것을 공액共軛을 조건으로 변하게 하는 것이 된다.

초핵을 지향−발생하는 창달暢達은 그래서 VMCT, 역으로는 TCMV의 질서를 갖는다. 한국 속담에 나오는 “기둥을 치면 들보가 운다”는 것은 Found−Pillar−Beam−House의 질서가 된다. 영적 종교, 심적 문화, 육적 경제의 내생적endogenous 현상과 외생적exogenous 현상은 적나라한 현실에 접근한다.

독자는 상대적 장(유−논리적 충분조건)과 격절장隔絶場(무−논리적 필수조건)사이에 존재한다. 결과로써 결과를 맺을 수 없고, 오히려 원인으로써 결과가 맺어진다.

현재의 상대적 Induction적인 공산(물질평등−인권불평등 신장), Deduction적인 민주(인권평등−물질불평등 신장)에 대한 system compensation 과정도 초절지향적超絶志向的, 즉 In−duction/De−duction → Pro−duction → Gene−duction → Ciel−duction의 정항상태定恒狀態 system of stationary state를 조건으로 해야 한다.

문화사文化史의 헬레니즘과 헤브라이즘, 현대음악에 있어서의 쉔베르그Arnold Schönberg 와 스트라빈스키Igor Stravinsky의 음악, 미술에서의 표현파와 주지주의(피카소 류)등의 상대주의적 관계는 격절장에서 필수조건이 전제되었을 때 방향감각을 찾을 수 있다.

세차歲差과정은 해와 달과 땅과 같이 그 거리나 회전속도가 일정하다. 이것이 일정한 것은 환경의 장에 따라 변하는 인간과 땅을 원래로 환원시키면서 Ciel-duction적인 시간의 초점을 지향하고, 적정한 In-duction/De-duction에 따른 공간의 핵심을 지향하게 한다. 초절지향은 에르고드Ergod에 접근하는 것으로서 비유컨데 흐름의 여건에서 조속漕速이 유속流速에 접근하는 것을 뜻한다.

창조성이란 초핵焦核 Focus-Kernel 시스템의 보완補完 compensation의 결과이다. 냉전에서부터 시작한 개별적 대립 등이 강조되고 있는 오늘날 우라늄(발전發電이전 폭발의 위험)에서와 같이, 인터넷Internet 등의 정보과학도 선택할 수 있는 초핵焦核시스템의 형성이 선행되지 않으면, 자칫 창조적인 수용보다는 파괴적인 방향으로 흐를 가능성이 있다. 미래의 예측과 초점을 향한 노력은 사태화事態化 되어가는 정보선택-판단력의 문제이다.

「시장원리」에서도 상술商術만을 강조하는 것은 인과因果를 전도시킬 수 있다. 또한 경쟁원리에서 알력 내지 살육만을 의존하는 것도 목적과 결과를 전도시킬 수 있다. 공해의 만연에 따른 심신장애의 심각성도 그 단편이 되고 있다. 그래서 이해관계의 극한에는 반이해反利害가 존재하고, 경쟁의 극한에는 반경쟁反競爭이 존재한다. 창조는 시장과 경쟁원리가 그 표준에 의존해야 한다. 그러므로 표준화의 능률이 창조의 전제가 된다. 또한 그럼으로써 목적과 결과, 독립과 종속이 정착되고, 독자와 망라장의 능률적인 인자구축因子構築, 곧 표준이라는 들보의 기둥이 정립된다.

3. 구조적 프래그머티즘pragmatism－바탕의 묘향성妙向性

구조적 실존과

Radical Pragmatism에 따른

Synchronical Pragmatism의 창달성暢達性은

곧 배달倍達(한韓민족)의 묘향성妙向性이다.

이것은 공시태共時態를 향한 통시태通時態, 곧

직향성直向性 → **실향성**實向性 → **진향성**眞向性 → **묘향성**妙向性**이다.**
(In -, De‐duction) → (Pro‐duction) → (Gene‐duction) → (Ciel‐duction)

태백太白**의 양산도**陽山道**는**

마한, 변한, 진한, 그

항아리의 장도匠道**(백마강 중심),**

옹골림의 사도士道**(백두산 중심),**

옹아리의 운도芸道**(태백산 중심)로써 펼쳐졌다.**

[어구(語構 schema)는 형상(象形 hieroglyph)과 Babil(옹아리)을 의윤(依允)하여 사용]

역사적 인류 $-$ $\underset{(Millenium\ Cosmopolitan)}{Millecosm}$ 는 동오리엔트(Far Orient) 문화에서 $\underset{(칼칼하고\ 말신한\ 활개춤)}{카마\ 할}$의 초핵焦核을 찾는다. 그래서 그 $\underset{(妙香山;建國理念-天符經)}{妙向性}$은 흡연洽然하다(생존의 필수조건은 **종속변수**이며, 그 충분조건은 그 **독립변수**를 품는다.).

그럼으로써 배치背馳된 목적과 결과는 제자리를 되찾는다. ESP – PK, ψ(Psi)현상의 기氣의 운運 감각은 인지의 내포를 정립한다(실의 장에서 적나라한 감각의 구조가 곧 인지가 된다. 그래서 광심구의 장에서는 인지란 종속변수이다). 악화벽惡貨壁에 부딪힌 계산기 문화도 양화창조良貨創造의 도구로 전환되어 간다. 상하좌우의 $\underset{(焦核)}{時空}$의 차원은 그래서 정항定恒된다.

$\underset{創造的-地域}{옹골찬\ 나라}$의 뿌리가 움트는 데는 인성과 지성을 감식하는 **리모콘 테스트기 – 순간 심상분석기**心狀分析機 **등이 개발,** 첨단화됨으로써 더욱 세차(robust)질 수 있다(충동과 기만성, 예지와 인성의 노정露呈촉진).

다양속변하는 시대, 그 시공의 초핵이 급급及及될 수 있는 것은 $\underset{(넓고-깊고-오래된)}{廣深久}$ 균형들이 무게심을 향하는 묘향성妙向性이기 때문이다. 여기에 기우는 인간의 예지란 여러 실의 장에서의 **떠오름– 우러남**의 구조(섬홀渗忽–섬추渗抽)를 갖는 슬기이다.

- **공**公**의 질서와 선량한 풍속(**公序良俗공서양속**)을 근거로 한 사회제도, 곧 그 것은 기술적인 양심과 생산적인 윤리이다.**
- **생산적 윤리는 곧 창조적 문화와 신앙이 된다(생산성, 인간성, 신앙성은 동근거의 이형상**異形狀**).**
- **시공의 장에서 인간의 3S(Soul, Spirit, Substance)가 최대한 안정·성장 될 수 있는 방법은 무엇이며, 그 최단가능해**最短可能解

(shortest feasible solution)를 찾는 **과거**는 무엇이었고, 또 **미래**는 무엇이겠는가?

· 이런 이상으로 **특정 지역–한반도**에 있어서의 **독자**와 **망라**, 그 **과거**와 **미래** 속에서 현재의 길은 어떻게 찾기어 갈 것인가?

· 그리고 **인류 대 그 지역민의 교차 탄력성들, 그 한계성과 가능성은** 무엇인가. 그의 **핵(Kernel)**과 **양(quantity)** 사이에서 **질(quality)**이 적절히 매개되도록 하는 방법은 무엇인가.

· 이성과 수익성, 그리고 양심과 이기利己는 동근거同根據에서 상보相補 complement하고, 그래서 독자와 망라는 산업 메세나Mecenat의 형상 등으로 공액되는 것이다.

· 지구촌은 패향성覇向性이냐 묘향성妙向性이냐로 위험과 기회를 통하여 안정과 성장에로 정착해 간다.

· **옹아리(幼芸유윤 ; Babil) 문화는** 그 운향芸響에 따라 반응하며 8품사 언어로 인지되면서 묘향妙向한다.

고유의 실장實場(real field), 실유장實攸場의 현상이 인간의 정신spirit이나, 영soul, 혹은 체질substance에 의해 귀의하는 곳은 곧 **망라내**網羅內 **독자**獨**自 그리고 독자내**獨自內 **망라**網羅**의 흡연도**洽然度**로, 그것은 곧 시·공의 융합성으로 나타난다**. 서양사에서 고대는 문화시대, 중세는 종교시대, 현대는 물질시대로서, 이 개별 영·심·물(3S)의 동근거 이형상은 **제유장**齊攸場(Unified field–congruent field)에서 구상具像된다.

미국의 경우, 청교도에 바탕을 둔 초기 기독교의 창조성이 생산적 측면으로 나타난 것이라 본다면, 일본의 경우는 7천 년 전 한반도의 중도中島(춘천)에서 나타난 항아리 문화에 기초를 두고, 4백 년

전 임진왜란 때부터 그를 펼쳐 왔던 것이 공업화의 과정이 된다. 최근세−현대에 걸쳐 단시일에 이룩해 낸 공업의 기적적인 성과는, 30만 년 항아리 문화를 받혀 온 유운幼芸(옹아리 ; Babil)의 흐름, 그 생활의 결실에서 잘 보여진다. 진역사震域史에서 다양한 상황으로 나타나는 옹아리−그 언어학적 usage의 원초성, 그리고 그 발로로 나타난 항아리의 생활문화는 7천년 진수眞髓의 발상이었다.

옹아리의 삶

새햇발에 움터온
모감주 나무(桓因) 결이 있다.
옹이로 아로 새기며
거기 옹골차온 겨레가
너울거린다.
한많이 바란 수풀(권−금−명)은
맑은 물결의 마음을 밀어 간다
조상도 하늘도 흐뭇한 모개(구비)에선
파고드는 나의 얼은 아늑하다.
('96.5.11 − ㅇ.ㄷ.ㅎ.)

지구촌의 현실에 맞닥뜨려 뉘우쳐 보는 것은 원초적 생명의 싹이 어떻게 발상(섬정(沴晶) ; Gene−nascence)해 온 것인가이다. 그리고 옹아리로 펼쳐 온 시대간의 교류, 인간간의 교류가 급기야는 첨단정보로 하여 최대의 탄력성으로 "인류적 지역"을 조화, 성장케 할 수 있는가 하는 소망을 갖게 한다. 곧 과거와의 최단해最短解, 또 그 미래와의 최단해에 길을 트게 할 수 있다면, 이것은 내일앞에

선 오늘의 인류적 상황의 개폐開閉를 뜻한다.

유형적인 전자電子는 발달하고 있지만, 무형적인 인간의 본질은 불균형 되고 있다. 여기서 1차적으로 위험에 접근하는 것이다. 다시 말하면 컴퓨터의 발달과 정보과학에 비례해서

'인간의 양심이 짙어지고 있는 것인가?',

'죄악은 과학의 발달에 따라 소멸되어 가고 있는 것인가?'

'키워야 될 진실성을 파멸시키고 있는 것은 아닌가?'

이다.

그러면 현대과학의 목적이 자칫 마약성痲藥性의 팽배를 조장하는 것은 아닐까.

그 대안은 무엇인가. 이것이 미래적 문제이다.

인성의 창조적 파괴라는 의미에서 관찰해 볼 때, 오히려 현대과학 속에서 인간의 본질을 키울 수 있다면, 그것은 독자적 개인이나 인류적 망라에 유익한 것이다.

오늘날의 산업적 기세는 새로운 막부산업幕府産業을 지향하는 양, 충동적 선동을 더불며 스스로 지구촌 의지의 역편逆偏에 서는 듯하다. 그러나 그 기슭에선 인간의 진실과 양심이 참다운 번영에로 꿈틀거려 있는 것을 본다. 또한 옹아리 언어의 소박한 순수인純粹人은 사상 최대의 이상과 현실사이에서도 정착되어 가는 듯하다.

그를 위해 현대문화의 충동성 아래 각박을 거듭해 온 원래의 기재·잠재성은 그래서 불안과 위기의 극단에 접근해서 문명에로 서서히 작렬炸裂과 작반作伴을 거듭하고 있는 셈이다.

이러한 관점에서 볼 때, 이를테면 중우衆愚(르봉Gustave Le Bon 학설)의 착란장에서 본유本攸를 찾아 묘향성妙向性을 지속하려는 전자문화電

子文化 입장에서 "인성판단人性判斷 리모콘"의 조속한 개발은 심지어 원래적 불교나 기독교 등, 기타 철학과 학술 등의 발상을 위해서라도 조급할 정도이다. 본래의 저널리즘, 아카데미즘, 리얼리즘의 성과가 혼륜渾淪되고 있는 것은 아닌가 하는 점을 반성할 때도 된 것은, 오늘날 지구촌이 아카데미즘과 저널니즘이 접근하는 정보장에 있기 때문이다. 사상 최대 원자탄 공포라는 현대 아래서 충동성으로 핑계된 자기 분열적인 시대는 마감되어야 하기 때문이다.

이제는 '**인간의 본성에 따르는 이를테면 원래적 구조(Levi-strauss)의 체계로써 인간의 실존성(Kierkegaard, S.)이 어느 정도 근원적 고유치(Real Radical Eigenvalue ; R-eigenvalue)를 확보하고 있는가**' 라는 물음 속에서 **독자와 망라가 갖는 본성과 이상理想 간의 최적해를 추구**할 필요성이 있다.

구라파의 구조적 실존, 그리고 미국의 Radical Pragmatism은 이제 구조적 Pragmatism에로, 그래서 그 지향성은 진향성眞向性(UCL, LCL의 $\vec{x}$)을 거쳐 묘향성妙向性이 강조되면서 생활과 인간, 그리고 그 수단과 본능을 접근시켜야 한다는 제안이다.

사람에 있어 옹아리로 나타나는 본성은 하등동물이나 미생물에게도 있는 것이다. 이것은 항해하는 배로 치면, 그 배의 여러 균형점들의 구심점인 무게심(重心중심)과 같은 것이다. 이것에 바탕 한 오늘날의 Bodynet(Negroponte,N. ; 중앙일보 '96.1.15) 내·외의 내생적 방향과 외생적 방향이 원래적 주체성, 곧 구조적 실존성 등, 그 흐름은 묘향성으로 환원될 것이다. 다시 말해 독자적이든지 망라적이든지 이러한 구조적 실존성에서 Radical Pragmatism에로, 또한 거기에서 구조적 Pragmatism에로 실현하는 것, 항해하는 배에 비유하면 최적능률의 항해를 하는 것이 곧 인간의 신앙성·인간성·생산성의 초핵焦核이 된다.

이런 바탕에서 현대의 공업이 무엇을 하였는가를 검토해야 할 때도 됐다. 이를테면 유정(溜晶유정)의 발로로써 옹아리와 항아리(沆晶섬정)의 것을 일구는 「동아리」(circle ; 誼匠의장)의 **옹골림(창조성) ; 산업**이다. 그래서 구조적 Pragmatism도 피어나는 것이 된다. 필수적인 공시태의 Pragmatism으로 지구촌은 존립하게 된다. 그리고 언어와 문화의 흐름 속에서 찾아지는 이 공시태의 구조적 Pragmatism은 이제 서오리엔트에서 동오리엔트로 묘향妙向해 갈 길을 다지게 된다.

그래서 필수조건으로서 출발한 구조적 실존성이 살아 있다면, 그것은 경제학적 의미로 생존수준의 하방경직성下方硬直性을 간추리게 된 셈이다. 드러커Drucker,P.F.가 비판한 바 고정비 상승압도 생산 참여자가 하방경직성을 극복하지 못했기 때문이었다. 하방경직성을 극복하는 자유도 위의 창조이어야 미래적 조화·성장을 이루는 것이 된다.

이것은 절대역학을 빌리면 관성의 법칙, 가속도의 법칙과 반작용의 법칙을 수용하는 것이 된다. 상대성 이론도 조건부의 절대성 역학을 수용하고 있는 것이다. 따라서 문명적 측면에서 절대·상대성 이론의 유도근거(근원성)가, 또한 문화의 측면에서도 옹아리 문화를 계발하도록 날로 더 요청되고 있는 것이 된다.

역으로 현대에 이르는 근대가 인간성, 신앙성을 괴리한 생산성을 구가하고 있다면, 그것은 빙하시대를 자초하고 있는 것이 된다. 겉으로는 창조적 leadership처럼 보이나 사실상은 파괴로 접근하는

"밈"; Logos, 기(氣)의 소체(素體), 김씨(金氏)音,
　キミ(끼미(君)；일본의 임금, 살아있는 신(神))
　ex；김수로왕(王), 오오끼미(大君) - God란 뜻.

　　행(幸), 도(禱), 천(天)
"훍"；Heu(불어, ex; '허'황옥 공주)
　　- UV테스트로 나타남
　　허 참! (Oh God!, God dem!)의
　　"허" 혹은 훍 "리ㅎ"(훍(地); 훍(天))
　　"허 참 그렇다면 어떻게" 등에서
　　참다운 밈의 생기(生氣)를 찾는다.

Gene-nascence；Quarks(Energy, 셰(勢))
(汎晶)
↑
(創造性)
옹골림(顯在性-Schema-量性-Specialization)
항아리(層在性-Norme-質性-Standardization)
옹아리(基在性-Usage-核性-Simplification)
↑
(溜晶) - Heu(불어 및 그리스어; ㅎ,훍音
　　　　　　　- 천신(天神)；幸, 禱, 天)
Gene-duum；Quai-me(밈-천기(天氣))

　이제 시대는 R-eigenfield(Real Radical eigenfield)라는 여건(환경)에서 R-eigenvalue(Real Radical eigenvalue)는 **옹아리 → 항아리 → 옹골림**의 과정을 거쳐 R-eigenfunction(Real Radical eigenfunction)화되어 간다.
　미레코즘(Millenium-Cosmopolitan)은 구라파의 구조적 실존주의와 미국의 Radical Pragmatism이 성숙되면서 구조적 Pragmatism은 창조적인 「옹골리즘」을 찾아 동(東)오리엔트 (Far Orient)에 다가간다.

〈그림 8〉

share가 된다. 그리고 여기에 더해 오늘날은 기괴한 균菌과 기괴한 성분의 병진病塵, 기괴한 기후와 지진들이 가세되는 환경이다.

　옹아리(Babil)의 Usage, 항아리의 Norme, 그 동아리들의 옹골찬 Schema로 공시태 중심의 구성-선회-순차되는 3S(soul, spirit, substance)는 신앙성, 인간성, 생산성으로 형상된다. 그래서 생산성 현상의 시대 능률은 시간적으로는 표준화 → 특수(전문)화 → 단순화로 다가간다. 어떠한 과학·공학도 직감직동直感直動의 simplification 조건을 충족시키는 방향인 standardization, specialization의 필요조건으로 행한다.

　더우기 Cyber Space(인조공간；언어정보) 시대에 능동적으로 대처하는 인간지식은 서로 다른 정보를 통합하고, 제어하며, 인간에 닮은 컴퓨터의 설계에 이르기까지, 이것은 Cyber Hand(아담 스미스의 Invisible Hand)에 따른 인간생존을 이해하는 입장의 인조공간의 simplification 혁명과정이라 볼 수 있다.

사회과학과 인지과학, 인문과학 등의 중요성도 이를 선회투관旋回透貫하는 내포와 외연의 논리적인 교차에서이다. 통신수단의 발달은 1차로 사람을 이어주는 그 Agent Space(대행자 공간)를 변조하는 것, 즉 방식을 뒤바꾸는 새로운 것으로 결실하게 된다.

인간바탕, 즉 유정溜晶을 알고, 그 동기조성이 가져올 수 있는 발생 – 섬정彡晶의 결과가 창조인 것이다.

여기서 가령 유운幼蕓적 과학(옹아리 ; Babil)을 구심적인 것이라 한다면 오늘날의 인지과학은 원심적인 것이 된다. 곧 인지과학의 논리적 connotation(내포)이 유운의 과학이 되고, 또 그의 denotation(외연)이 이를테면 인지과학으로 나타난다.

따라서 인간을 위한 컴퓨터가 산업적 역할을 다하게 하기 위해서도 심리학과 철학을 비롯한 문화와 경제 등 기타를 파고들어 뿌리를 내려 원래의 옹아리 감각을 살리고, 그리고 다시 항아리적 Norme으로, 그래서 Schema로 옹골찬 기틀을 펼쳐지게 되어야 한다.

컴퓨터 과학으로써는 인간이 도달할 수 없는 한계의 범위를 간추려 Gene – duum(溜晶유정) → Gene – nascence(彡晶섬정)를 향하는 인간의 Body적인 Net, 즉 Bodynet과 수요를 새롭게 하는 Multimodal의 입장이 탐구되어 가야 한다.

인류적인 공집합성에 기초를 둔 방향으로 3S(standardization, specialization, simplification) 중 simplification이 우선되는 것이다. 다양·속변하는 초조한 시대의 인간의 감각도 standardization, specialization에 비해 직감직동直感直動인 simplification을 요구하고 있기 때문이다. 이것은 질이 핵과 양을 민활하게 교호케 하는 작용과 같은 것이 된다. 그러므로 예측과 동기가 표준화 → 전문화 → 단순화에서 빗나갈 때 오는 결과는 역사와 인간의 배역자해背逆自害가 될 수 있다.

인간과 로봇은 주종이지 종주체계從主體系가 아니다. 그 Domain을 벗어나면 simplification은 standardization과 specialization에 더욱더 밀려서 가능성 있는 역사와 인간중심의 접근에서 오히려 멀어져 간다. 그래서 컴퓨터를 위시한 정보공학의 문제점도 있는 것이다. 당면적으로는 R&D에 있어서도 이러한 의미의 구심적인 인간의 직감 내지 지각의 조건이 필요하게 된다.

'사람의 뇌파 속에 든 양식良識과 컴퓨터와의 접근, 그리고 뇌파와 미래적 현실과의 공명상태共鳴狀態'는 날로 무게를 더해 가기 마련이다. 기축경영基軸經營을 굳혀가는 시대에서는 기氣(Pneuma)의 과학도 날로 기염氣焰되고 있는 것이다.

오늘날 더욱 뇌량단전腦梁丹田도 배소단전胚巢丹田에 따르고 있고, 또 이것은 수혈단전髓溪丹田에 따른 혈루단전盎瘻丹田이 각 음양으로 작용, 즉 뇌량은 좌뇌와 우뇌, 배소는 엔트로겐(♂)과 에스트로겐(우), 혈루는 동맥과 정맥으로, 수혈은 원근 및 나자羅自의 ±미네랄로 제합齊合 congruency작용을 견지하는 신어新語의 synergy가 된다. 기(Pneuma)의 흐름과 세(Energy)의 흐름은 인간특성의 공시태에 따라 스스로 순수함을 순환시키고 있기 마련이기 때문이다.

氣(기 Pneuma)와 勢(세 Energy)의 관계를 천부경의 '삼사성환(三四成環)'의

수리논리로써 분석해 보면,

$$3.4^{-2} = 3.4^{-x_u^{\ 1}}$$
$$= c_\rho(1-2c_\rho)$$
$$= 0.291109862 \cdot x_1$$

$$(\text{여기서},\ c_p = \frac{1}{c_p^{\ 2}} = 0.1112650366)$$

로 풀이될 수 있고, 이것은 **4ab(cybernetics)** 특히 $S_{p_1} \cdot x_1$과도 관련된다. 그리고 $c_\rho = c_p^{-2}$처럼 현실은 사물들 간의 선형관계만 존재하는 것이 아니므로, 결국 비선형방정식을 풀어야 하고, 이때 매개체가 근의 공식에서도 나타나는 $x_u (= 0.5 = 2^{-1})$이다. (제 4장 ; "建－經 수치실험해석(1)

이를 종교로 예를 들어 전래한 불교도佛教徒의 사리舍利의 경우, 그 가치를 그 질량수質量數에 비유된 유정溜晶이라 본다면 우리나라의 '성철性撤'스님은 110여개('93.11.12)였으나, '조기순' 할머니(경남 고성군, 평신도 ; '사리'－'96.5.24, KBS 1TV)에게서 450여개가 나온 것은, 비록 옛날로 치면 낮은 신분이나 그 모임은 지와 천에서 참다운 옹골림(창조성)－낍(Quai－me)과 흙(Heu)이 될 것이다.

기독교의 경우 당시의 유태인의 제사장보다 낮은 신분의 예수도 사리가 많았을 것이 된다. 그리고 근세 미국 청교도도 그래서 더 넓고 깊은 유정(Gene－duum)이 나타났던 것이 된다. 그러면서도 고지위의 종교인은 수덕修德하여 저자세가 될 수 없었던 열등심리의 계급풍토가 떳떳하고, 그윽하고, 흐뭇한 희열을 차단했던 아쉬움이 있어 왔던 것이다.

4. 공시대共時態적 근원根源

인위人爲만의 습성에로 기울수록 더욱 섭리攝理는 소박하고, 순수한 예지를 강조하는 방향으로 갈 것이다. 어린아이나 병아리의 직감은 맑다.

비유컨데 물이 H_2O에서 D_2O(이중수소), 그리고 T_2O(삼중수소)에 이르는 길이란 역사적 인류가 갖는 묘향성妙向性이 그 유정溜晶에 따른 고유한 생산성, 인간성, 신앙성으로 발상하는 길이다.

초기의 미국에서 태어난 그리스인, 히브리인이 있다면, 원래 제나라의 역사와

$$\left\{ \begin{array}{ccc} H_2O & \rightarrow & D_2O & \rightarrow & T_2O \\ \alpha\, ray & \rightarrow & \beta\, ray & \rightarrow & \gamma\, ray \\ Pro\text{-}duction & \rightarrow & Gene\text{-}duction & \rightarrow & Ciel\text{-}duction \end{array} \right\}$$

자아의 유정에 따른 고유한 공시태상共時態像을 찾으려 할 것이다. 오늘날의 일본에 태어난 한국인도 자아 속에서 제나라의 고유성을 찾으려 할 것이다. 임진왜란 때 이순신이 강대한 왜선倭船을 물리친 원리나, 그리고 6.25후에 베트남에서 베트콩에게 강대한 미군이 물러

난 원리는 그 바탕에 기법보다 더 큰 것이 간추려져 있었기 때문이다. 인류적 내생·외생이 당시의 공시태상象이었다.

그런데 우리나라가 임난 이후 계속 왜국-일제에게 지배당해 온 것은 신라말기에서 부터 싹터 온 열등inferiority적 시모猜謀(시기, 질투, 모략, 중상)의 만연으로 이순신류李舜臣類 인성이 사회에서 누질려졌었기 때문이다. 그러나 태백동太白東의 혈족은 고려 왕건 이후 북을 건너가 청淸(愛新覺羅(애**신**각**라**), 누르하치)나라의 바탕에, 또 남을 건너가 일본의 바탕에 지금도 그 유정은 옹아리로 간직되어 동북아 시대에 움트고 있다.

원래의 언어발음과 생활행의生活行儀는 인간간의 상극과 배타성까지도 정의정보情誼情報에로 승화시킨다. 그러므로 원래의 유아운幼兒韻(옹아리 ; Babil)에 접근된 언어이성의 정실情實이 긴요하다. 그리고 그렇게 긴요, 강조되어 가는 것이 지구촌 시대의 여섭與攝이다.

지구촌 시대의 유수流水에서 변모한 조수潮水안에서 샘솟는 그 연천然泉은 예컨대 "옹아리Babil"의 상형문자hieroglyph로서 갑골문자와 접근(묘향성)해 가는 격이 되고 있는 셈이다. 잘못한 웅예雄蕊 stamen성의 천자天子적 패권의 통시태 문자, 혹은 자예雌蕊 pistil성에 행한 과중압성過重壓性은 본래의 대중성의 연천성과 달라져 공시태성을 장해해 왔다(식물생육 차이 비유 ; 예컨대 최근의 실험 연구 상으로 클래식 음악과 락 음악이 식물생육이나, 젖소의 착유량에 정과 역의 효과 차이를 발생시키는 경우도 보여진다.).

한국의 경우 Gene-duum(유정)의 Gene-nascence(섬정) 사이에는 역사적 억압이라는 경벽硬闢(rigid threshold)-barrier(insulation)가 놓여져 있다. 적어도 천여년 동안 4대강국에 의해, 또한 내부적으

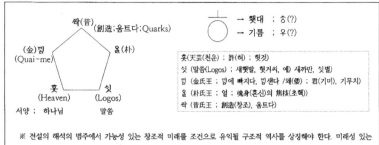

〈그림 9〉

로 형성된 강제나 유도된 옹아리(幼芸_{유운} ; Babil)의 자승자박 하에 놓여 왔었다.

남성 사이에는 status congruency 등의 '시모현상_{猜謀現像}'(카인의 콤플렉스, inferiority complex ; 시기, 질투, 모략, 중상)이, 남녀 간에도 남존여비 등으로, 기타 동인과 서인, 노론과 소론 사이에도 이 차단이 존재해서, Gene–duum의 Gene–nascence에는 역작용으로써 즉 creation이 crumble로 치환_{置換}되어 온 것이다.

현재까지 전수된 문명의 매너리즘, 그 technocracy에 사로잡힌 의식과 판단의 증후군은 날로 짙어 간다. 그럼으로써 대표적으로 GNP는 상승하는데 만족도는 역행하는 현상까지 나타난다.('난 잘 지키는데 남이…' –자기와 타자사이의 착각이 5.7배로 나타난다. ; 사회건강 연구소–중앙일보,'97.1.4)

그러므로 여러 가지 그러한 perversion에 관한 sublimation이 우선된다. 게다가 언어상의 차단이 계급적으로 강제되어 왔음으로 해서 인간간의 정보를 통한 창조적 협력에도 어려운 점이 많다. 그러므로 한국의 경우 유정(Gene-duum)이 섬정(Gene-nascence)되는 데는 방임적인 동기부여만으로는 안 되는 것으로 보인다. 그래서 동북아도 한반도의 태백동太白東을 중심으로 한 북과 남, 그리고 서가 공교집합共交集合적으로 유운幼芸(옹아리 ; Babil)을 부활賦活시킬 것이 요청된다.

과포화상태에 있는 diachronization이 synchronization을 발생시킬 수 있는 여건은 되지만, diachronization 자체가 synchronization이 될 수는 없다. synchronization은 독립적으로 발생하기 때문이다.

synchronization적 입장에서

영靈(신信)은 경천敬天,

정精(의義)은 애인愛人,

육肉(업業)은 실지實地로 나타난다.

역사의 기운氣運은 여건與件을 펼치며 여섭與攝해 왔다.

서양의 질서사秩序史를 보면, 내생적인 자연주의를 찾던 것이 푸펜도르프Pufendorf,S. → 그로티우스Grotius,H. → 루소Rousseau,J.J. 등이고, 외생적인 질서의 과정에서는 포이에르바하Feuerbach,L. 등의 응보-죄형법정주의와 실증법droitpositif 등이 있었다. 이것 모두가 로마법과 게르만법의 교차 속에서 순차해 온 것이다.

내생적 질서와 외생적 질서의 균형은 역사적 인류의 진수를 찾는 묘향성妙向性에서 찾아짐이다. 즉 균형적인 시간·공간의 질서와 초핵焦核을 추구함으로써이다. 그러나 일시 혼란한 현대사회를 겪은 경우, 예컨대 내생적 자연성에 치우친 바이마르Weimarer 헌법, 그래서 독일 나치를 등장케 한 것도 참고로 할 필요가 있다.

지구촌 시대에 고여져가는 호수엔 맑은 샘물이 솟구쳐져야 한다. 다가오는 東오리엔트 시대, 진역민震域民에 있어서 '흙'과 '꿈'을 현현顯現해야 하는 것은 이런 의의에서이다.

지구촌 시대에 이르기까지의 형식의 흐름, 본질의 흐름의 교효交爻에서 맑은 우물이 되돌려 지는 것은 연천然泉의 섬출渗出에서이다. 경직되는 것은 막부산업幕府産業, 새로운 것은 창조산업創造産業을 지향한다.

미래의 경제개념에도 냉철할 필요가 있다. 문화의 수준을 가령 평균수명도 혹은 생존의의도生存義義度로 평가한다면 현재는 옛날에 비해서 2~3% 정도 발전한 것이지만, 이것을 과장하는 또 섬뜩함을 준다. 가령 평균수명을 80세라 한다면, 예컨대 GNP, GDP 등은 높아도 오히려 몰락해 가는 과정이 되기도 하는 문화국양文化國樣도 있는 것이다. GNP, GDP 등도 그 결과와 목적이 평균수명도, 건강도, 만족도 등의 향상에 있는 것이다.

예컨대 효孝의 경우, 일본에 비해 평균수명이 낮은 동양의 중국, 서양의 미국이 일본에 비해 월등 효도국으로 나타나기도 했다(일본 16%, 미국 46%, 중국 66% (일본 청소년 연구소 조사) ; '96.6.6 조선일보). 그리고 세계적으로도 삶의 만족도(ex ; 지속가능경제복지지수(ISEW: Index of Sustainable Economics Welfare‒Paul Ormerod)가 날로 GNP, GDP 상승에 역비례해가는 경향이기도 하다. 이것은 반묘反妙의 패향산업覇向産業‒막부산업으로서 역사를 역류케 할 수 있는 기우를 낳기도 하는 것이다.

UN아래 과거 억압받던 무수한 신생국들이 탄생되어 가고 있다. 과거의 선진국도 UN을 후회할 정도이다. 극동極東의 동족同族도 새로워져 FIFA아래 2002 월드컵 유치는 오히려 그 의의보다 더 크다. 이러한 결정은 미래에 태동될 무수한 하위국과 유수한 상위국 영향 하의 알력의 태두라 예고하는 듯 할 정도이다.

또한 선진국의 가정에는 여성안의 여성이 등장되고, 종교계에서 는 대중양식大衆良識이 움터나고, 이것은 날로 인터넷으로 갖추어 지 고 있다. 날로 많아져 가는 인종들의 국가들이 UN하에 득표행사를 한다. 출발적인 예가 2002년이라 보여진다(2002년 월드컵). 과거 스포츠(탁구)를 계기로 쌍벽의 중공과 미국이 횡적으로 교류케 되 었던 역사가 있기도 했지만, 이제 이것은 개인(獨自독자)과 지구촌 (網羅망라)이라는 종적인 것이 되고 있다.

5. 독자獨自와 망라網羅의 실상實像

자연스럽게 유정溜畾(Gene-duum)을 활성화시키면 한국인의 고유 탄력성이 발현된다.

Eigenfield에서 유전정보로 농축된 eigenvalue가 eigenfunction화 될 때 종합적인 방법론이 효과적인 항상성恒常性 기능을 발휘하게 된다. 유정이 우수하다 하더라도 그 유정의 eigenvalue를 eigenfunction화 시킬 때, 벡터의 분산구조가 효과적인 항상성 효과를 가져온다는 것이다.

Bodynet의 핵에서의 원심과 Multimodal의 핵에서의 구심을 접근시키는 것이 생산적 윤리이고, 그럼으로써 필요충분조건이 만족될 수 있다. Bodynet에서 창조적 지향이라는 것은 항상성Homeostasis 현상의 결과이다.

그러므로 심리학적으로 항상성을 조건으로 afferent와 efferent, 즉 Bodynet과 Multimodal의 중심접근을 고려할 필요가 있다. 그러

眞晶(진정)

(유정(溜晶) ; Gene-duum)

천연(天然)을 가는 태초(太初)인가
연천(然泉)을 가누는 Nymph인가
스며나 움터 온 날들은
새싹을 손구치며
아롱거린다.
지맥(地脈)을 누비며
수맥(水脈)을 수놓은
뿌리 깊은 샘!
아리아리 일궈낸 생명(生命)의 조약돌은
별똥별로 흐른다.

('96.8.16 – ㅇ.ㄷ.ㅎ)

구슬방울

(섭정(涉晶) ; Gene-nascence)
–떨어지는 구슬방울의 과녁
(시공(時空)의 초핵(焦核)

여러 별들, 스치울 때는
잎새이는 바람이 된다(윤동주)
맑은 하늘, 눈망울 축일 때는
나무 숲, 사이 길 찾아 나선다.
하늘 땅, 줄기로 스며나는 구슬방울
찌깹(Nymph-Gene-duum)이 생글하다.

('96.8.22 – ㅇ.ㄷ.ㅎ)

기 위해서는 Gene-duum(잔여殘餘-유정溜晶)을 Gene-nascence(유정溜晶의 부활賦活-Activation-섭정涉晶)시켜야 한다. 이를 위해서는 깹(氣기)의 작용이 필요하다. 선택된 Gene-duum이라도 시대에 따른 필요충분조건의 깹이 발생되어야 Gene-nascence 될 수 있기 때문이다. 구심 벡터와 원심 벡터가 Body와 Net 사이에 교차되면서 수신·발신된다.

Bodynet을 두고 신경과 에너지계를 분리해서 생각하면, Body는 구심이고, Net는 원심이며, 이 사이를 교차하는 것은 내생적 교류와 외생적 교류사이의 수·발신 정보가 된다.

Gene-duum과 Gene-nascence를 비유해서 말하면, 전자는 수의근隨意筋이나 태아적인 기질에 해당한다. 즉, 태아본능의 합리성 속에 Gene-duum이 있다는 것이고, 후자는 불의수의근不隨意筋에 해당하는 것이다. 이 둘 사이에는 barrier가 존재하며, 이는 종합적인 감정

표현과 뜻을 내포하는 언어적인 문제로 귀결될 수 있다(**Gene−duum ; 정태적·본능적 공집합, Gene−nascence ; 동태적·의식적 교집합).**

불수의근을 조정하는 방법, 이것이 현재의식에서 기재의식基在意識을 조정하는 방식의 단편이 된다. 불수의근이 수의근을 통해서 Bodynet을 경유, Multimodal과 교류되는 것이고, 그것은 역으로 불수의근으로 둘러싸인 Gene−duum이 반응하게 되는 것이다. 이 과정에 매체 시스템으로써 호메오스타시스Homeostasis와 그에 따른 시너지Synergy가 작용한다.

호메오스타시스 안에서는 시너지[13] 현상이 존재하며, 이것은 식물, 동물, 인간 모두가 지니고 있는 것이다. 심리학적 게슈탈트Gestalt의 벡터들은 시너지로, 또한 그것은 묘향妙向하며, 창조를 낳으려는 것이 되고 있다.

Multimodal의 방향과 Bodynet의 초핵을 구체적으로 찾아야 정보과학의 능률을 극대화시킬 수 있다. 다시 말해 개인의 현재성−잠재성−기재성의 분석을 간편하게 할 수 있는 기계와 또한 그 기계의 원리가 인간의 뇌단전腦丹田을 포함한 여러 Pneuma의 기능에 대한 접근이 필요하다. 외생적 정보과학이 내생적 Pneuma 기능과 공명되어야 하는 조건이 짙어지고 있는 것이다.

오늘날 정보과학의 Bodynet은 인간의 핵−유전정보를 향한 afferent(내생변수, endogenous)와 환경의 Multimodal의 핵을 향한 efferent(외생변수, exogenous)를 지향한다. 복수(Mass)내의 점과 집합의 방향성으로 $H_0−$ 귀무가설이나 $H_1−$ 대립가설을 요용, 이에 접근해가는 매개적인 Net로써 인지과학cognitive science의 측면도 고려되어야 한다. 농구경기의 경우 우족右足만의 신장伸張은 좌족배축左足倍

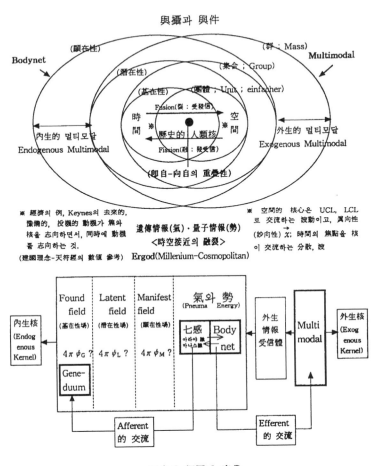

與攝과 與件

독자와 網羅의 實像
(現象의 經緯(circumstance) ; 還元의 實存)

現象學的 志向性을 比喩한 人間本質의 志向性이 現像的 還元→形相的 還元→殘餘가 되는 것 같이 人間은 人類에 共鳴주는 <u>幸福</u>→人類에 共鳴주는 <u>喜悅</u>→人類에 共鳴주는 <u>顯의 崖</u> (無에서의 이끌림)에로 接近해야 한다.

〈그림 10〉

縮을 가져와 목적과 결과가 전도되는 듯한 정보과학의 위험성이 존재한다.

독자내의 낍(Quai-me), 망라내의 쿼크(Quarks)의 간극장間隙場에서 전개되는 것은 각각이 내포한 잉태성孕胎性과 습관성習慣性의 조건부 상호영향과 같다. 세차운동에서, 구심 vector와 원심 vector의 관계 속에서 rotation vector가 결과 되는 것과 같이 인간행동의 귀납 induction과 연역deduction에서 현상학現像學(훗설의 현상학)적 reduction이 결과 되는 것이다. rotation vector에서 normal vector, 그리고 superposition vector로 결과 되는 것은 인간행동의 reduction(환원 : 實向性실향성 ; Pro-duction)에서 precision(眞向性진향성 ; Gene-duction), transc-endentalism(妙向性묘향성 ; Ciel-duction)으로 결과 되는 것에 비유할 수 있다.

독자의 초핵은 Gene에 해당된다고 할 수 있다. 이것은 예컨대 아뢰야식識 마나스식識[12]을 포함한 팔식八識(불교)을 통해 집약되면서 intuition을 발생시키고, 그것이 perception과 교체되면서 증식·발산되어 망라의 표준을 통과해서 그 속의 여러 독자들의 초핵에 의해 perception에서 intuition으로 수렴되어 간다. 그리고 초핵점焦核點이 질과 양의 표준점標準點을 경유하면서 다수의 초핵에 perception과 intuition으로 전달되고, 이것이 서로 교류될 때, 즉 독자들의 다양한 성격이 간추려져 가는 과정으로서 많은 독자의 직향성直向性들이 진향성眞向性으로 집약되어, 묘향성妙向性을 지향하게 될 때 건전한 안정·성장의 창조가 이루어진다.

3S의 입장에서 보면 intuition과 perception의 simplification이 standardization을 기준, 경유하여 specialization이 되고, 또한 다음

단계에서 다시 standardization을 경유하여 새로운 simplification이 유도되는 것이 된다. 이를 또한 언어철학으로 비유하면, Usage가 Norme을 경유해서 Schema가 되고, 또 Schema가 새로이 Norme을 경유해서 Usage가 되는 가운데 에르고드(Ergod)의 묘향성을 지향하는 것이 된다.

이런 것들의 최단가능해最短可能解가 이루어질 때, 능률적이고, 효과적인 것이 된다. 이것을 경영적으로 보면, 핵적인 경영에서 질적인 경영에로, 그것이 양적인 경영이 되는 것이고, 다시 독자와 망라에서 양에서 질로, 질에서 핵으로 되는 것이다.

경제학에서도 동기핵적動機核的 경제는 정태적 경제를 경유하여 동태적 경제가 효과적인 것이 되고, 그 역도 성립한다. 정태경제의 내포는 초핵경영焦核經營이 된다. 이것을 기초로 specialization에 비유되는 동태경제가 효과적이 된다. 이 feedback이 능률적으로 이루어졌을 때 안정·성장의 창조가 섬추彡抽된다. 그렇지 못할 때는 risk와 opportunity만이 남아서 결과적으로 능률이 안정·성장에 접근치 못할 때도 있는 것이다. 비능률적인 creation은 곧 crumble이 되기 쉽기 때문이다.

오늘날 케인즈 경제로 돌아가려는 것은 직접적으로는 GNP의 상승에 따른 만족도의 상대적 하강이라는 이상異常현상 때문이다. 케인즈의 유동성 선호의 세 가지 동기의 핵은 '공公의 질서와 선량善良한 풍속'을 바탕으로 하고 있고, 지금부터는 그것의 근거와 구조가 더욱 절실하다. 법적인 공서양속公序良俗의 내용이 오히려 경제학적 동기에 더 긴요해 가는 시대인 것이다.

드러커Drucker,P.F.는 고정비 상승압上昇壓을 염려하면서 'share'를 부정하고, 기업의 'leadership 제품'을 강조하면서 '시장의 창조, 고객의 창조'를 주장했다. leadership의 궁극적인 목적은 창조에 있는 것으로, 그것은 지금까지의 여러 주의主義, 사상思想들을 능률화시킬 수 있는 내생 mode와 외생 mode, 그에 따른 나침반(羅自盤나자반 ; Gene-scope)이 결정되어야 한다. 그것이 곧 창조이다. 소위 유물론에 편향된 창조도 비능률적이고, 또한 유심론에 따른 창조도 비능률적이다. 그러므로 외생·내생의 mode가 UCL, LCL로써 冂氾(경범 ; 우(위), 체고)과 凵泄(감설 ; 밑, 저고)을 회피하고, 진향성眞向性이 촉진될 때, 역사적 유속流速에 인간적 조속이 일치되는 능률을 갖게 된다. 그에 따라 모든 기법이나 자원도 유용해 진다.

태동胎東의 진역사震域史를 30만년으로 흘러온 상형갑골문자象形甲骨文字로서 표현하면 묘명妙冥과 현묘玄妙다(여섭與攝 ; Providence). 이것들은 매크로적으로는 '끕 결'에 마이크로적으로는 '올 결'에 원심·구심으로 작용한다. Network로 비유하면 원심핵遠心核으로 Multimodal, 구심핵求心核으로 Bodynet를 매개로 한다.

인간에 대해서 기재성基在性·잠재성潛在性·현재성顯在性으로 말하면 내재되어 있는 운명적 감각이 꿈의 경험적 해석으로 나타나기도 하고, 또는 시간적 차원에서는 과학적 운명으로 작용하기도 한다.

결과적으로 외연denotation의 입장에서는 Bodynet가 내포하고 있는 육효六爻의 끕 결이고 내포Connotation적으로는 Gene-duum과 Gene-nascence을 진동시키는 시간적 여섭(운명)·공간적 여섭(攝夢여몽; 꿈)의 매체가 작용하는 것이다. 이 외연과 내포가 현상적인 인간의 주체성이 된다.

誠 (言→成:創造) : 信 · 義 · 業

（廣深久의 焦核）　　（敬天）　（愛人）　　（實地）

제 3 장

고유신토재固有身土材의 근원적 발상

[창조적 고유탄력성에 관한 연구(Ⅲ)]

-윤리경영수압과 개방체제실험(Ⅸ)-
-건국이념 – 천부경의 수치실험해석(5)-

1. 서론
2. 구심광久深廣과 순천협瞬淺狹
3. 초절성超絶性(격절성隔絶性)과 상대성
4. 3측測(관측, 실측, 예측)과 촉자觸子
5. 신체身體의 초핵焦核과 토질土質의 초핵焦核

<건국대학교 학술지 제 41 집 (1997년)>

1. 서론

    동해_{東海}를 거쳐 온 정첩광_{鼎疊光}, 서해_{西海}를 거쳐 온 황토_{黃土}, 300억 년의 고유토질_{固有土質}과 그 생명체로 하여 30만년의 취락_{聚落 cluster}, 심층_{深層 strata}으로 쌓여 온 융합과정은 Life공학(생명), ψ(psi)공학(氣性가성 ; 심리)의 결실로 발아되고 있다. Millenium−Cosmopolitan 시대에 그 희소가치는 날로 극대화되고 있다.

    당면한 산업이 안정·성장에로 회귀하는 나선_{螺旋} 상에서 현실적 risk나 opportunity는 고유신토재_{固有身土材}를 절대로 한 상대적 혁신의 조처를 요한다.

    다양한 사항의 heuristic approach 과정을 간주하면, 실_實의 장_場에서 원근의 비중, 경중의 선택의 변별주행_{辨別走行} (klinokinesis 六爻 蟲;꿀벌,짚신벌레)을 위해서는 마치 공해_{公害} 하에 섭생_{攝生}하는 특수생명체(아키온-30억년 생존, 퓨리오서스-100℃ 생존적온(適溫))에 비유될 수도 있는 단순화의

지혜가 필요하게 된다. 이것은 전문화의 심화, 조라粗羅로 미궁에서
허덕이는 시대산업의 활로가 될 수도 있다.

　물리物理와 섭리攝理를 매개하는
　촉자觸子를 지닌 윤리倫理는
　신진하고, 대사하는 가역 사이클을 거듭한다.
　태양이 융합fusion하고, 분열fission하여
　빛에너지를 방출하며,
　삼라만상을 창생케 하는 것에 비유할 수 있다.
　역사적 인류가
　그 정통正統으로 매장埋藏, 정선精選하여 온
　인간의 윤리는
　그럼으로써 독자와 망라사이에서 창달을 거듭한다.
　그곳에는 일정한 지질地質이 있고,
　그에 따른 체질體質이 있고,
　그 위치에 정항定恒된 온도溫度가 있다.
　질서에 따라 작용하는 촉자 또한 제유齊攸한다.
　윤리가 고유질固有質을 상실할 때
　지상지하, 해상해저의 자연은 고갈, 오염되고,
　지질이나 수온도 변태한다.
　기상奇想의 독질毒疾도 천외天外의 독균毒菌도 범발氾潑케 된다.
　개인, 내외의 조건이 보다 당황한다.

　극한상황에서 대두된 인류는 이성(선험 ; 칸트Kant,I.)을 현실화하

게 되는 계기를 맞는다. 무한개의 최장시간, 최대공간의 장에서 원래의 초핵焦核을 지향志向하게 된다. 그것은 보다 넓은 평범平凡에서, 보다 깊은 장구성 있는 가치(cluster-strata)를 발췌拔萃(Epi-tome)하는 과정이 된다. 곧 넓고, 깊고, 오랜 초핵焦核의 부활賦活 vitalization은 생산성生産性으로 나타나게 된다.

2. 구심광久深廣과 순천협瞬淺狹

광심구로 보전되어 온 요소들은

시공의 초핵을 지향, 수렴·발산하며,

만물이 변천해가는 과정은

높은 것은 낮아지고, 좁은 것은 넓어진다.

역사적 인류의

시간과 공간의 장場에서

그 초점과 핵심의 과녁은

근根(시간)원源(공간)이다.

새로운 창조적 배열은

그 장의 광협운동廣狹運動에 대해 차원을 달리한다.

동기화同期化하고, 통합되어가는

역사적 시대나 인류적 지구촌은 긴장된다.

독자와 망라 사이 근원성의 창달인가,

개체와 전체사이 탐욕의 달성인가.

한계를 넘어 「우, 체는」관리(UCL)인가,

혹은 「밑, 저는」관리(LCL)인가.

이것은 시대의

실향성實向性 Pro-duction,

진향성眞向性 Gene-duction,

묘향성妙向性 Ciel-duction의 「가늠」(datum)에 따른다.

곧 자아의

쾌감(만족도)이냐

희열(흡연도洽然度)이냐라는 귀결이 된다.

한국이 '96년도 생산경제의 위기를 겪은 것은 국제시장에서 엔가와 달러가의 변동이 주원인이었고, 기초적으로는 역사적 한국인에게 내재된 도착성倒錯性(편집, 오만성 등)이 충동성으로 나타나 가늠력力(criteria)이 약화된 바이며, 또 그것은 군사관료성의 잔재에 따른 지배욕 등의 결과로 보여질 정도이다. 그래서 과소비 등으로 불리는 바의 교통, 석유나 공해, 외화낭비 등은 생산경제의 납기에 따른 도산의 위험을 가중시키고, 여기에 물류비용shipping cost을 가세시키는 바도 되었다. 그리고 과밀한 승차내乘車內의 창의성 저하와 화학·전자 공해에 따른 심신병의 만연 기타 등도 곁들였었다. 그리고 여러 대처로서 제도적 규제의 그늘에는 경제자율체계가 붕괴되고 있는 것도 감지된다.

한국은 오늘날 자수창업자가 적고, 정권의존적인 계급이 비례적으로 많아 새로이 당면한 위험을 과소평가 하는 경우가 많다. 그리고 필연적인 것은 줄어들고, 우연적인 것은 많아져 간다. 여기서 납기의 위험shipping risk, 창의력, 노사관계, 공해병, 사치만연, 물류비용, 예측의 신뢰도 담보(financial plant적인 제안 등의 문제가 날로 부각) 등의 현상은 찰라적인 충동으로서 해결되지 않는 상황이다. 여기서 납기지연에 따른 위험은 앰브런스(ambulance) risk라 할 수 있고, 또한 창의력 부진에 따른 위험은 idea risk라 할 수 있을 정도로 되었다. idea는 radical한 상황에서 발생되는 경우가 많기 때문에 천연적인 자연스러움을 상실하면 불가능하다. 이런 관점에서 외화낭비(중앙일보, '96.12.4)나 노무비의 증대는 기업이 당면할 앰뷸런스 risk에 비하면 상대적으로 적은 것이며, 과소비 또한 그렇다.

과거나 자기집착에 바탕을 둔 미래에 대한 방임은 개인이나 기업에 있어서 좌절을 가져올 뿐이다. 그 대안은 당황밖에 없다. 그러므로 독자와 망라사이의 넓은 상황(광), 깊은 상황(심), 오랜 상황(구)을 고려하지 못할 때, 그 생존은 급작스러운 위험에 직면한다는 것이다.

소위 만족도가 GNP, GDP 상승에 비해 하강하고 있으며, 최근 빈번한 UFO에 기울 정도로 천天이나 그의 신당수神堂數에 농축되어 밀집하는 현상을

   인권평등하人權平等下 물적불평등物的不平等의 신장(민주),

   물적평등하物的平等下 인권불평등人權不平等의 방임(공산)

   으로는 수습에 미흡하다.

구심광久深廣을 조건으로, 중구中久와 중심中深과 중광中廣이 필수조건이라면, 단구短久와 단심短深과 단광短廣은 충분조건이 된다. 오늘날 사람들은 '중中'이 없는 판단에 치우치는 것은 필요조건이 없는 충분

조건만을 고려하는 것과 같다. '중'은 포아송₍poisson₎ 분포형의 정항파 定恒波로 구성된 Unified field(齊攸場₍제유장₎)이다.

멀리 보이는 광선의 산란 양상이 우수(偶數)로 보이는 것은 보이지 않는 기수(奇數)가 있기 때문이다. 다시 말해서 기수의 pit가 있기 때문에 우수가 존재한다는 개념으로 상정할 수 있다. 비유컨대 4개의 우수로 보이는 광선이 5라는 pit를 경유하면, 거리에 따라 6개의 우수로도 보인다는 뜻이다.

이것을 구체적으로 살펴보면, $K^{(\ )r}$의 형태로서, S_{p_p}가 S_{p_i}의 pit를 경유하면, 이것은 Deci−pit이고, 이것이 log를 매개로 할 때는 LE(Logarithm-Exponential)-pit인 것이다. Deci−pit는 허수적 개념을 갖고 있다. 대표적으로 10지수의 제곱근을 구해보면 알 수 있다. 즉, $\sqrt{100}=10$이지만, $\sqrt{1000}$은 100이 아니다. (제4장 : 건-경 수치실험해석(2))

이러한 10의 기수지수(基數指數) 즉, 10의 기수의 기수승인 10^c에 따른 변환과, 음(positive)의 대수(logarithm)변환, 그리고 양(active)의 지수(exponential)변환을 고려하면, 상대성 이론인 $E_p = m\,C^2$ 과 정보Cyber모델인 4ab는 변환에 근거할 때 동일한 근원성 원리의 일환이다. 특히 $\frac{1}{10}g^2 = 0.012345679\cdots$ 라는 사실에서 십진법의 의의를 고려할 수도 있다. 그리고 여기서 $\frac{1}{10}$ g=0.11111111… $= \frac{1}{9}$ 및 기타 천부경 수리에 의하여 상대론(4차원)과 cybernetics 논리를 보완할 필요성이 있을 것 같다. (제4장 : 건-경 수치실험해석(1))

진향성 벡터 $\vec{x}$는 예견과 예측, 중과 단, 정태와 동태, 필요와 충분조건 사이를 파동 치면서 나아간다. 이를 통계학적으로 비유해서, $\vec{x}$ 의 방향은 정규분포, 파동 치는 과정은 포아송$_\text{poisson}$분포라 할 수 있다. 정규분포형에는 m_0(최빈수 mode), m_a(평균 mean), m_e(중위수 median)가 모두 일치하지만, 포아송분포형에는 m_0를 좌로 한 m_a, m_0를 우로 한 m_a의 경우가 있다. 비유해서 말하면 $\vec{x}$는 m_0를 좌로 한 m_a, m_0를 우로 한 m_a 사이를 파동 치면서 나아가는 것이 된다. 만일 m_a가 m_0 좌에 있는 경우 즉, m_0(상m_0)를 넘는다는 것은 상범 上氾(UU ; 우, 체고)이 되고, m_a가 m_0 우에 있는 경우 즉, m_0(하m_0)를 넘어서는 것은 하설下泄(LL ; 밑, 저고)이 되는 것이다. 상m_0나 하m_0만을 절대시 하면, 즉 충분조건인 단구短久, 단심短深, 단광短廣을 절대시하면 진향성眞向性(묘향성妙向性)이 파괴되기 쉽다.

이러한 UCL, LCL, $\vec{x}$ 등의 구조를 탄력성이라는 측면에서 건국이념 – 천부경의 수치로써 해석해 볼 수 있다.

$$S_m = (a+b)^2 - (a-b)^2,$$

$$S_p = (a+b)^2 + (a-b)^2$$

의 양변을 각각 $(a+b)^2$으로 나누면, 즉

$$\frac{S_m}{(a+b)^2} = 1 - \frac{(a-b)^2}{(a+b)^2}$$

은 원이나 타원방정식으로 이해할 수 있고,

$$\frac{S_p}{(a+b)^2} = 1 + \frac{(a-b)^2}{(a+b)^2}$$

은 쌍곡선 방정식으로 이해할 수 있다.

이러한 관계는 탄력성을 설명하고, 이해하는데 있어서 유용하다.

즉, S_p 와 S_m 을 탄력성의 표준(standard condition)으로 파악할 수 있는 것이다.

$S_{p_1} \cdot x_1 = 0.035822967$ 이고, 이것은 $(1+x_1) \times \log_e (2 \times 1.1111 \cdots)$ 이다. 그러므로 $S_{p_1} ((4a_{p_1} \cdot b_{p_1})^+)$ 즉, 사이버네틱스도 마찬가지로 g(건국이념－천부경)와 관계가 있음을 알 수 있다.

이것은 오늘날 PET$_{\text{Positron\ Emission\ Tomography}}$, X－raser, Cyber－Freud 등의 개발을 통해서 알려진 바이지만, 사이버네틱스는 일차적으로 뇌파 및 내분비 호르몬의 순환속도, 즉 인간의 원천적인 심리와 관계가 깊다.

개인(독자)이나 집단(망라)에 있어서 발생적으로 작용하는 것은 원천적 인간심리인 것이다. 그래서 정보과학도 정신물리학을 바탕으로 유추되어야 할 필요가 있는 것이다. 이러한 의미에서 노버트 위너의 $4ab$ 를 주체적으로는 단전과 뇌량, 종속적으로는 좌뇌와 우뇌를 교류시키는 매개체로서 고려할 수 있다. 또, 이것은 개인이나 집단의 생존 고정비($y = mx + c + u$ 에서 상수항)와도 직결되어 있다.

천부경을 통한 수리체계상 지수가 없는 것은 S_p 밖에 없다. 결국 그 이외의 것은 이시異時의 탄력성에 속하는 것이다. 기본탄력성이 $\frac{1}{10} S_{P_1}$ 에서 유도된다면, 나머지 탄력성은 여기서 유도된 것이고, $\frac{1}{10} S_{m_1}$ 도 마찬가지이다.

그리고 이시의 탄력성 중 π 는 원주율이 아니라, $\pi_p = \dfrac{a_u \cdot b_1}{a_p \cdot b_p}$ 라는 변수의 조건부 상수이다.[5] S_{m_1}, S_{p_1} 이 4ab가 된 것처럼 π_p 도 ab류에

속하기 때문이다. 현재까지 알려진 π는 3.14159264⋯ 이지만, π_p 는 3.141477417⋯이다.

허수공간론이나 유체역학 등에서 통계를 합리화시키기 위하여 원주율 π를 무분별하게 사용하는 오류를 $4\pi_p$는 해결해 준다. π로 는 어림통계를 전제로 한 불확실한 수치밖에 얻을 수 없다. 그리고 우주에는 정원이 존재하지 않기 때문에 원주율 자체도 유도근거가 되지 못하는 의제擬制 illusion에 속한다.

만물이 변천(헤라클레이토스)하는 장에서
시공의 균형유지는
그 에르고드(Ergod) 장에서의
요소간의 교차탄력도로 나타난다.

내일의 산업을 위해 현실의 근거를 되찾는 데는 이론의 바탕을 수리논리적 입장에서 '물物의 동기動機'와 '인人의 동기動機'를 어떻게 정항定恒 stationary시킬 것이며, 더 나아가 이른바 Unified field(齊攸場 제유장 ; 물리학)에서 리만Riemann(수학) 시공의 5차원(☆; 오각형)에 대 한 전망이 전개될 수 있을 것인가가 먼저 요구된다.

3. 초절성超絶性(격절성隔絶性)과 상대성

역사적 진화과정에서 태양광사太陽光史상 흑, 황, 백색으로 구분되는 인종이 있다시피, 상대적 안주사安住史를 가져 온 질성인종質性人種과 격절隔絶(초절)적 기마유목인종도 있다. 즉 우랄산맥과 백두산 사이의 지구촌사地球村史를 고려해보면, 백두산 서녘과 동녘으로 안주민성安住民

性과 기마민성騎馬民性으로 구분할 수 있다. 백두산 근동에는 비교적 안주성安住性 기마민, 원동遠東에는 오늘

隔絶(격절) :

superego, transcendentalism, a priori, diachronization에 대응한 synchronization, analogue에 대응한 digital 장치에 비유.
견인(牽引)에 대응한 공액(共軛)
N차원 lim(-)0과 lim(+)0사이의 중첩(重疊)의 중심(中心).
0과 lim0, ∞와 lim∞ 사이의 N차원 공간

날 미주의 아파치족으로 일컬어져 온 나름의 원주민이 있어 왔다{아빠(유일신) + 치(대리인, 예컨대 그 '치', 아는 '체', 잘난 '척') → 아파치(하

나님을 대신(흉내)하는 사람)}.

안주로 정착해 온 인성은 「대물적對物的 대천對天의 인성人性」이 활달하고, 기마로 원착遠着해 온 인성은 「대천적對天的 대물對物의 인성人性」이 활달한 전통을 갖고 있는 듯하다. 그래서 전자는 논리적 주지적이며, 대對 뇌생리적 차원으로는 좌뇌가 보다 발달했고, 후자는 창조적 주감적主感的이며, 우뇌가 보다 발달되어 있는 것으로 보인다.

대천對天의 여섭성與攝性은 물적, 인적 풍요 등의 상대적 안착이 흡족하지 못하다. 그것은 천의 간섭에 착란complex되기 때문이고, 천명天命의 흡연성洽然性을 필요조건으로 한 여섭성을 지녀왔기 때문이다. 이처럼 기마민족의 특성은 Ciel-duction을 향한 Providence(여섭)의 기질을 지니고 있어 이것이 심리학적으로 Klinokinesis로 나타나 운운될 정도이다.

이것은 블라디보스톡에서 태백산으로 내려올 때는 현묘玄妙와 묘명妙冥이고 구라파의 루소나 칸트의 아프리오리(a priori)등은 tran-scendentalism이고, 미국의 radicality와 pragmatism은 초절주의이다. 미래적 입장에서 한국의 초절주의는 격절隔絶이다.

DNA를 내포한 세포에는 시간성과 초절성의 인자가 존재하고,[14] 사람의 현재성, 잠재성 속에도 기재성(신프로이드학파-칼 융들의 주장류[10])이 존재한다. 잠재적 만족보다 기재基在적 만족, 필수적인 본능을 인정해가고 있다.

예컨대 한반도에 있어서 중국남부와 동남아시아 일대를 무력 없이 지배해 온 백제의 경우, 지금도 그 지역에서 자연스럽게 사용되고 있는 말인 "사라바"(한번 살아봐)(KBS 1TV, '96, 9.12 - 백제 22 담로)는 "괜찮다"라는 「희囍·수壽·복福」을 내포한 기원인 것 같다. 예컨대 일본 노래에도 '사라바'라는 가사가 들어있다. {(여졸업가) "…
さらば 學(マナ)びよ … いざ さらば …", (남자졸업) "…わがれめ いざ さ
らば", (油槽船歌유조선가) "さらば 祖國よ 榮(サカ)えあれ …", (ラバウル 歌)
"さらば ラバウルよ 又來るまでは …"등}.

　이것은 그리스적이고 상대적인 것에 대응한 초절적인 것, 다시
말해 주지적인 표현(서오리엔트 문화)에 대응된 것으로서, 과학적
으로 표현하면 N차원 리만$_{Riemann}$ 공간(Unified field 5차원의 상징
인 냥 제합적$_{齊合的}$ 표현(동오리엔트 문화)이다.

별 똥 별

별들이 빛나든 가을하늘
그 까만 하늘로
파랑별이 흐르는 밤은
누나가 어리고 할머니는 살아 계셨지
나는 천진한 어린이 행복이 졸졸 흘러 저무는 들마루엔
홀홀 어딘지 귀뚜라미 울었다.
할머니 담뱃대는 길단하고
그 파란 담배연기에는
견우 직녀 슬픈 얘기 흔들리고
반짝 반짝 반딧불이 서산을 가면
나는 할머니 무릎에 잠이 든다.
"아가야 가자 가자 초롱불 들고
떨어진 아기 별을 찾으러 가자"
그 아리따운 때의 먼 노래
지금은 그리움으로 해 슬픈하다.

　　　　　　　　　　　　−6.25해 봄, 천체교실에서, ㅇ. ㄷ. ㅎ.−

또한 민요상 백두－태백의 서西는 상대성에서 근접한 득실의 「아리랑(가사)」이, 백두－태백의 동東은 격절성(초절성)에 근접한 「양산도」, 일본의 경우 「新妻鏡나이쯔마가가미」 등, 그리고 미주美洲의 「테네시의 왈츠」, 「체인징 파트너」, 현 「미국 애국가」 등은 격절감각에 해당되는 듯하다.

민요로서 분별됨직한 것은 백두산의 동녘에 정착해 온 기마민족의 특성인 냥 '양산도'곡은 「피아노」건반keyboard상 보다 자유롭게 반음半音만으로 표현되고, 아리랑곡은 약자유弱自由이나 동일하게 반음만으로 표현되며, 그러한 반음성에 가까울수록 보다 닮은 운곡韻曲이 되어 표현된다. '사라바'는 상징적인 반음만으로 되는 그 양산도와 아리랑을 내포하고 있다. 이와 같은 흐름의 증거는 모두 Quai－me과 Quarks 사이의 장에서 전개되는 것이다.

또한 일정한 에너지 폭발을 보면 격절과 상대는 원자핵과 전자의 관계에 비유될 수 있다. 전자의 폭발은 미미하나 원자핵 폭발은 크다. 앞으로의 시대는 초격절超隔絶적인 저력이 발생되어야 한다.

창조적인 실험인 경우 물질현상 그 반응은 단시간 내지 공간적이지만 동식물생명의 경우는 장시간이며 곧 복합적인 공간의 갈등을 수반한다. 그래서 생명의 경우에는 이를테면 분산분석(ANOVA)을 통한 분석이 동원된다.

화합물인 경우 이온ion 반응일 때는 일정평형항수一定平衡恒數 equilibrium constant를 중심으로 반응도 빨라 조작은 단순할 수 있다. 그러나 생명의 시간적 반응은 이 평형점을 중심으로 한 변동이 동식물의 Klinokinesis 운동이 되어, 동물의 경우는 뇌량중심의 좌뇌, 우뇌의

바이오리듬Biorhythm의 평형, 꿀벌이나 짚신벌레의 시농時濃(시간농축)
감각 작용으로 나타난다.

　서오리엔트의 과밀된 인간의 상대적 대립의 한계에서 동오리엔트
의 희귀한 동식물을 향한 시농적 일정평형항수에 따른 마치 물질반
응의 Catalyzer나 Seeding의 '촉새부리'같이 확산될 효과가 된다. 서
오리엔트 인밀사人密史(장시간)의 시간적 폐쇄조건의 절대적 상대를 지
나 미주정착(단시간)의 경우처럼 동오리엔트적인 공간적 폐쇄조건의
초절적 상대에서 이제는 밀레니엄Millenium이라는 21세기의 지구촌의
교통통신의 극단적 발달 하에서 시공을 투관하는 시간 공간의 제유齊攸,
곧 본유本攸의 에르고드Ergod장으로 인간생명의 본연이 새로운 태초인
냥 발산케 되는 가치시농價値時濃의 창조시대를 맞이하고 있다.

　Klinokinesis의 Catalyzer에 따른 Seeding, 즉 촉새부리로 한반도
에 농축된 서대륙西大陸의 특이동식물, 그리고 서해에서 정제된 황토
흙으로 신토재身土材는 생명 및 인성공학人性工學적 미래의 요체가 된
다.(이것은 좀 더 멀리보아 비유컨대 오스트랄로피테쿠스에서 시작, 인류 최
초의 인간농축사人間濃縮史가 아프리카에서 시작한 것이 서오리엔트로 이동하여
이것이 또한 동오리엔트의 미주에로 이동, 그래서 한반도의 인류 대 인류의
말기적 6.25전쟁 갈등, 그리고 88서울올림픽의 그 평화적 붕괴는 여러 가지
를 시사한다.)

　이것은

1. 제 1기는 30억년의 오스트랄로피테쿠스의 농축을 보아 아프
　리카를 경유한 아열대지방에서,
2. 제 2기는 서구라파로 이동한 인간농축人間濃縮(시간적 폐쇄)
3. 제 3기는 미국을 중심한 제 3의 인구 희소가치(공간적 폐쇄)
4. 제 4기는 Millenium 시대 한반도를 중심으로 한 시간 대 공간의

장벽을 투관하는 장$_{field}$의 전개이다.

결과적으로 인구밀도가 낮은 곳으로 이동한 것이며, 이 동기는 Klinokinesis적 일정평형항수$_{equilibrium\ constant}$이다.

곧 Millenium-Cosmopolitan으로 상징된다.

그 장을 인간 감각으로 보면, 信(天)은 보라색으로 그리고 반음향$_{半音響}$으로, 義(生命)는 녹색으로 그리고 혼음으로, 業(土地)은 황토주황색 그리고 이를테면 완전음$_{完全音}$으로 상징된다.

이차세계대전 후 현재까지의 과거 반세기, 그리고 미래적 반세기를 내다볼 때 뉘우쳐지는 것은, 멀리 5000년 전의 서오리엔트에서 시작된 문명의 흐름이다. 토인비$_{Toynbee,A.}$의 "도전과 응전$_{challenge\ \&\ response}$"이라는 입장의 사실사$_{事實史}$를 micro로 본 논리를 팽이나 지구의 세차운동$_{precession\ motion}$으로 비유해 보면,

In$-$duction・De$-$duction(variance)사$_{史}$를 누벼 온

Pro$-$duction(range) $\rightarrow$ Gene$-$duction(criteria) $\rightarrow$ Ciel$-$duction (to Log$-$Algo)의 실상$_{實像}$이다.

비유컨대 전자궤도에서 In$-$duction은 L(D) 회전전자이고, De$-$duction은 D(L) 회전전자이다. 중심에서 K shell은 1개종궤도, L shell 은 (+)4개종과 ($-$)4개종, 즉 8개종 궤도가 있다. 「L(+, light, active) D($-$, dark, passive)」

Kenōn은 생명을 본질로 한,

UCL, LCL과 파동치는

$\xrightarrow{\ }$

x 내의 유(有)와 무(無)를 뜻한다.

Criteria 기준	① Canon : 칸트(Kant.I)
	② Norm : 규범적 기준
	③ 법선(法線)벡터

비유컨대 Gene$-$duction은 직선적이고

Gene$-$Kenōn은 직선을 포함한 장(場 field)적인 것이다.

또한 이것은 기존 수리상으로 텐서$_{tensor}$류의 흐름으로 정리될 수 있다.

역사의 흐름에 비유하면, In−duction과 De−duction은 전통에, Gene−duction과 Ciel−duction은 정통正統에 속한다. 대체로 전통적인 것은 지각군知覺群이 우선되고, 정통적인 것은 직감군直感群이 우선된다. 가령 박애博愛라는 말은 전통적으로는 평균이나 평화를 강조하는데 비해, 정통적으로는 인애人愛가 대조적으로 강조된다.

또한 이것은 잘 알려진 서카디안 커브$_{Circadian\ curve}$−지성, 감성, 신체리듬−의 활용에 비유될 수 있는 바로서, 인간의 기재성基在性 $_{Crucid.\ Foundation}$과 현재성顯在性 $_{Manifest}$, 그리고 잠재성潛在性 $_{Latent}$의 교차라는 입장에서 볼 때, 오늘날 물질종속에서 인간종속에로 이동하는 과정이 지향하는 바도 근원인자이며, 이것은

섭리攝理・윤리倫理・물리物理의 정리鼎理,

또 그 바탕의 정념鼎念,

즉 본래적 이념(건국이념−천부경)의 부각인 셈이다.

여건은 항상 변하기 때문에 인간의 확률이 하늘의 수학에 접근해도 그것은 일시적이다. 여건이 변하면 역시 수학과 확률은 멀어져 간다. 그러므로 여건변화에 따라서 새롭게 수학에 접근해야 하는 것이 인간의 확률이다.[18]

수학과 확률의 관계가 이격異隔되는 현상은 시간적 초점의 역사는 수학적 Logos에 의존하고, 공간의 핵심사는 인간의 확률에 의존하기 때문이다. 지맥과 광물, 수맥과 지하수의 관계처럼 Logos의 수리(영원 100% 확률)와 인간의 확률사이에는 거리가 항상 존재한다. 이것은 진리와 진실의 간극이다. 그래서 수리상으로 보면 "0"의 존재를

전제로 하여 상대적 n차원 공간(n→∞)에서 $\lim\limits_{x \to \pm 0}$ (원점접근)의 그 간격장(접근의 한계적 간격)이 등한시되어 있는 이치가 된다. 상대적 장에서는 질점이동이, 격절장隔絶場에서는 차원변동이 존재한다.

직감(intuition)은 기재성 발굴의 매개체이다. 지각(perception)은 이것의 종속변수로 볼 수 있다. 이러한 기재성은 잠재성을 매개로 하여 현재성으로 나타난다고 할 수 있으므로, 잠재성 요인을 인간의 직감요인으로 고려할 수 있다.

이때 직감은 수학적 등차관계보다는 등비, 즉 비례자연수열(比例自然數列) - 자연수의 순차적 비례계수를 통하여 현재화(顯在化) 가능하고, 이것의 구체적 실례로서는 미(美)에 대한 고대부터의 기준이기도 했고, 무속적 신비를 은유하기도 했던 황금비(golden ratio)를 고려할 수 있다.

그리고 현대과학의 면에서 볼 때, 이러한 직감(예를 들어 라플라스(Laplace,P.S.)의 선험확률)이 엄밀논리학으로서의 수학과 일치된 경우는 PERT/CPM의 기대치가 원뿔형 입체의 체적공식인 프리스모이드(Prismoid)공식과 일치한다는 것, 그리고 보르트키에비치(Ladislaus Bortkiewciz)의 조사 결과가 확률적 포아송(Poisson)분포와 일치한다는 것을 고려할 수 있다. (제4장 : 건-경 수치실험해석(3))

천륜天倫과 인륜人倫이 캐는

지륜地倫은 곧

산업産業이며, 경영經營이다.

첨단의 과학이나 수식이 인류를 위해 목적과 결과 모두 유용되게 하려면 진역震域만의 것, 즉, 천부경에서 얻은 씨앗으로 뿌리를 마련해야 하고, 그럼으로써 그 지엽은 살아나는 것이다. 천인지의 균조均調는 곧 사람의 기재성과 현재성의 균조이고, 또한 그것은 독자와 망라의 균조이다. 곧 천명과 양심과 윤리의 균조로서, 주지적 표현으로는 천인지天人地가 정첩鼎疊된 정리鼎理이다.

모든 현상은 세차과정歲差過程(In‒duction/De‒duction → Pro‒duction → Gene‒duction → Ciel‒duction)을 바탕으로 하고 있다. 예컨대 시간의 경우 해(年), 달(月), 날(日)의 세(鼎정)기둥을 고려할 때 날(日)만으로는 미래가 불투명해진다. 철학(현상학)상으로도 현상학적 환원 → 형상적 환원, 그리고 Residuum(잔여殘餘)라는 기둥 위에서 미래가 있다.

시간농축(時濃시농)의 창조성에도 년, 월, 일의 받침대가 튼튼함으로서 가능하다는 것이다. In‒duction/De‒duction 효과도 Pro‒duction → Gene‒duction → Ciel‒duction의 받침대가 튼튼해야 된다는 것이다.

가령 최근의 엔화 하강, 달러화 강세에 따른 경제현상, 또한 그 이전에는 3공화국 몰락의 동기도 되었던 에너지 파동에 따른 경제적 파란들도 여기에서 고려되어야 한다. 연구개발에 있어서도 심리학적으로 기재성(ex:Gene‒duum), 잠재성, 현재성의 세 기둥을 고려해야 한다.

현상의 피상이나 기법을 강조하면 기타의 필요조건 혹은 충분조건을 상실하는 결과가 된다. 다시 말해서 해와 달이 없는 날만의 문제는 환상이 된다. 이런 경우의 사실상 결과는 목적과 뒤바뀜으로써 인과가 전도된 바의 희생을 부른다.

천인지天人地의 정리鼎理(의意 조건)의 정념鼎念(의意 조건)을 지향하는 지각군知覺群(mass)과 직감군直感群이 편물片物에 치우쳐 편리片理내지 편념화片念化되어진 이실理實은 생존경쟁struggle for existence을 강조하면서 더욱 구심광久深廣(신의업信義業)에서 순천협瞬淺狹에로 치우쳐 졌다.

Logos의 부연敷衍과 그 Algorithm의 실현에 있어서도 철인哲人 데카르트Descartes,R.에 의해 개발된 자동기나, 철인 파스칼Pascal,B.이 개발한 컴퓨터는 Energy나 Technique으로 편분화偏分化되었다. 조각(단편)을 잃은 막연한 무릇(凡범)에서 무릇(凡)을 잃은 단편의 조각으로 변이된 것이다. 이것은 곧 망라網羅가 전체시 되고, 독자獨自가 개체시 되어 온 혼돈의 과정이었다.

인간은 그간 paraphilia(착감錯感 : 심리학)−사회의 성의식이나 성규범에서 어긋나는 그 이상현상에 비유될 수 있는 것−에서 흐트러져 온 상태에 있었다. Logos의 Algorithm(Log・Algo−건국이념・천부경−Ciel・suite)이 예시하는 바의 수리상 항수恒數의 활성화에서 이것의 길을 틀 수 있을 것이다. 예컨대 이것은 노버트 위너Wiener,N.나 아인슈타인Einstein,A.이 각각 독립적인 실험을 통하여 얻은 별개의 수학모델 속에서 발견되는 실제상의 인간$\left(FOC ; \begin{array}{c} 基在性(Crucid) \\ foundation\ of\ crucid \end{array}\right)$ 인수因數로써 경이롭다.

건국이념−천부경(誠성 : 信신・義의・業업)의 수괘數卦는 인류사의 기적이 되고 있다. 모든 현상은 가중농축加重濃縮된 초핵焦核의 사영projection과정−움직이는 정보복제작용−이다. 또 그것은 역사의 도속濤速(流速유속)에 뒤져 당착한 인류조속人類漕速의 과학을 수습하게 한다.

'95년도 혜성이 목성에 정렬整列 충돌衝突한 것은 우주계(妙冥系묘명계)에서 흑점黑點[15]이 참여하는 태양계의 이차원異次元−경기변동−과 현실이 선연先然의 원천(然泉연천)에로 견인되어 감을 곁드는 듯하다.

이것은 평상의 경영에서 중장기적인 고유신토재固有身土材 개발을 필수로 하여 안정성 있는 생산대처를 필요로 한다는 암시가 되기도 한다. 그래서 당면의 지식이나 그 인성을 다룸에 있어서도 인문과 이공理工의 초점장焦點場, 그리고 실제와 이론의 핵심장核心場 지향 등, 고유장固有場의 구축과정이 절실케 보인다.

새로운 경영에 있어 시간적 제유성齊攸性과 공간적 제합성齊合性을 경유해야 할 필요성이 있다는 것도 된다. 산업현장에 있어서도 시간의 조절time modulation은 동기화 공학simultaneous engineering으로, 그리고 공간의 조절space modulation은 통합공학integrated engineering을 향한, 그리고 Revitalization으로 Product Launch가 기도企圖되고 있다.

21C에 요구되는 자율적 경영윤리로서, 대표적으로 '21세기형 국가'로 세계에 비전을 제시한 '뉴질랜드학學'을 들 수 있다. 이것은 OECD 보고서가 행정개혁을 위한 벤치마킹Benchmarking의 기준으로 각국에 제공할 정도이다(각국 경제의 자유도를 14등급으로 나누면, 제 1위가 뉴질랜드이고, 2위가 미국, 3위가 영국이며, 14위가 한국이다. Economist紙, '96.1).

이것은 21세기를 앞둔 Ciel-duction을 향한 Pro-duction(공액관계共軛關係)의 단면이며, 한편 그러한 관점에서 볼 때 최근 한국 금융시장에 나타난 Financial Plant(재정회사 ; 동양할부금융 등 - '96.7.22 중앙일보)의 등장은 시사하는 바가 크다. 또한 이것의 뜻있는 확산은 그 동안의 영, 소, 중기업의 현실에 새로운 발상의 것으로 기여할 수도 있게 될 것으로 보인다.

그리고 인간행동의 신뢰성reliability이라는 입장에서는 신선한 계기도 될 수 있다. Financial Plant는 현실적인 보조역할 도구이고, 생산과 판매를 교류하는 Soft-ware로서 Financial Operation이 새로운 측면의 역할을 다해 주어야 할 것이며, 예리하게 세련시켜야 할 것이다. 즉 Revitalization의 능률을 가져올 수 있는 지향성志向性을 능률화시켜야 한다. 판매와 생산의 능동적 Soft-ware로써 Financial Plant를 고려할 수 있는 것과 마찬가지로, 종합적 기획도 정확한 예측과 attitude에 따른 통제 사이에서 Hard-ware와 Soft-ware의 교류를 통하여 능동적으로 수립해야 한다.

생존비용subsistential expenditure에서 머물던 하방경직도下方硬直度가 근세까지의 문화비, 사치비에로 상승해 감으로써 PLC(Product Life Cycle ; 제품수명주기)가 단축 격변하고 이를 조달하는 인간 여건의 고정비와 기계 여건의 고정비가 격앙되어 자연 속의 인위·인공, 개방 속의 폐쇄·장벽이 충격한다.

이러한 인간간의 고정『막』 상승, 제품 및 시설의 기타 고정『비』의 상승(단축 되어 가는 PLC하의 상품, 그 생산의 동기, 그리고 기타 조세공과 및 노조비-드럭커Drucker,.P.F.)에 따른 이러한 경직의 틀을 풀고, 인간간의 고정『막』 하강과 더불어 탄력성 회복 동기들이 부여하는 근원으로서, 미래의 양심에 근거한 섬정彡晶의 경위經緯가 되어가는 것이 오늘날이다.

4. 삼측三測(관측, 실측, 예측)과 촉자觸子

천연에서 태생된 자연의 장에서
인류에게 주어지는 재창조의 발판은
안정·성장－조려調呂·활명活命이다.
(stability - growth ; macro) - (modulation - vitalization ; micro)

이러한 인간태도에는 예측의 정확성이 중요하고, 정확했어도 흡연洽然해 가는 현실이 또한 중요하다. 예견과 예측의 부정확도는 결과적으로 악의 당착으로 나타난다. 경제적으로 말하면 미래가 풍부하다고 생각하고, 기업을 확장시켰던 것에 기인한다.

결국 치열한 경쟁과 예견과 예측에 반대되는 불우한 현상이 현실로 닥쳐 발생했을 때, 기업이나 개인이 생존하기 위해서는 체계가 파괴되지 않도록 부득이한 악惡이나, 부득이한 system violation을 고의적으로 야기惹起시킬 수밖에 없다. 개인의 소비성도 효용가치의 변곡점에서 무모하게 상승하여, 언젠가 닥쳐 올 불행을 대비하지 못하기 때문에 악을 스스로 자행하게 된다. 또한 기업 간의 경쟁도 지구촌 시대에 있어서 치열해지고, 개인의 지식수준도 전체적으로 향상되었기 때문에 그 경쟁은 더욱 치열해 진다.

예견과 예측을 무시한 동태경제나 소비성향은 결론적으로 시스템이나 윤리의 파괴를 가져와, 결국 생산체生産體의 제자리를 파괴하게 될 것이다. 더욱이 개인적 효용가치나 기업에 있어서 빗나간 예견이나 예측으로 인해 닥쳐오는 환란의 대안으로 악의 수단을 사용할 수밖에 없었던 것으로 인한 타격은 지구촌 시대라는 시간·공간의 장에서 날로 더 커져만 간다. 그러나 이제는 개인이나 기업체에도 생존해야 할 절대적인 조건이 있어야 하고, 악의 수단이나 편법의 성공률은 날로 줄어들고 있기 때문에 시간·공간적 저변사상底邊思想에 대해 신중해야 한다.

살인적 담보로 선善을 달성한다는 궤변, 관료와 법 그리고 그러한 판단의 과거로부터 벗어날 때이고, 이것은 동양적 대중문화에서 이제는 본유本攸의 소승도小乘道 문화에로 제자리할 하늘 아래 제다움의 즉자即自-독자獨自, 사람 앞에 나다움의 향자向自-망라網羅다운 경우가 된다. 그 터전에서의 상대적 극한에서 초절을 움트게(沴出케)하는 것이다. 그럼으로써 다수多數한 폐쇄성도 석연釋然된다.

그러기 위해서는 새로운 시대적 생육과정의 습득에는 실험실습과 판단력, 외교외정外交外情이 필수적이다. 과거와 미래는 마치 육식과 채식의 차이인냥 하다.

오늘날의 산업에서 날로 상품수명주기PLC : Product Life Cycle가 단축되어, 그 위태로움을 더해간다. 이것은 또한 자동기나 컴퓨터의 생산성에 대한 위험에로 짙어간다. 품질의 정확성이나 원가의 저렴 등을 통한 경쟁에서 상품수명주기가 예측의 한계를 벗어나면, 누적되는 고정비 상승압, 그리고 기타 계획의 차질들을 수습하기가 어렵다. 이러한 상품수명주기에는 오랜 시간(久구)을 기준criteria으로 한 최대의 넓이(廣광 −Diachro, 동태경제적 성격), 깊이(深심 −Synchro, 정태경제적 성격)가 고려되어야 한다.

광심廣深이 관리상한선UCL : Upper Limit Line, 관리하한선LCL : Lower Limit Line을 벗어났기 때문에 발생한 생산과 수출의 불균형과, 그 그늘에 중소기업의 도산의 급증이 나타나고 있다. 따라서 시간을 기준으로 관측, 실측, 예측에 따른 PLC의 조정이 필요하며, 그럼으로써 광심구가 유지된다.

최근 동태경제의 부작용(UCL, LCL을 벗어난 부작용)으로써 물산物産의 대처에 있어서 공해의 폐해나 자원재생, 인성人性의 갈조渴潮도 심각한 과제의 대상이 되어가고, 또한 지하지상의 자원고갈과 해저해상의 자원조달의 난이성은 새로운 문제로 부각된다.

따라서 케인즈Keynes적 정태경제로의 회귀의 움직임도 일고 있다. 케인즈경제(3동기가 심리에 근거)의 내포는 가치 있는 유전자를 발생시키기 위한 매체로써 이해할 수 있으므로 구조적 프래그마티즘Pragmatism에 입각한 기재성基在性의 고려가 중요하다. 이제는 지금까지의 폐쇄와 개방사이에서 빚어진 고루固陋한 갈등에 머무를 수만은 없다.

첨단과학이나 전문화의 이념이 갖는 편집성은 관리의 3S(standardization, specialization, simplification) 중, 이제 현실적 표준화standardization의 재현을 위해 새로이 관측하고, 실측하여 얻은 그 예측의 과정을 엄밀케

해야 할 때로 접근시킨다.

인간본유人間本攸의 집합된 직감군直感群과 지각군知覺群, 그에 따른 새로운 단순화simplification를 되찾으려는 표준화와 그 촉자觸子가 절실하게 된다. 촉자의 작용은 물질로 치면 가역현상이고, 그것은 곧 창조성에 연결된다. 화학반응에 있어서 에스테르Ester 생성과정에서 엔트로피가 일정할 때의 단열가역변화의 경우와 같다. 그 촉자작용의 평형에 따라 엔트로피가 움직여 새로운 에너지를 창생創生시킨다. 여기서 평형은 barrier의 개념이다. 즉, 첨단 및 그 전문화specialization의 산발을 집중적 직감과 지각, 그의 단순화simplification로 관철해 나가야 할 과제가 앞에 있다는 것이다. 그럼으로써 내일의 산업이 요청하는 본유本攸의 안정 및 성장($\underset{\text{modulation}}{調呂_{조려}} - \underset{\text{vitalization}}{活命_{활명}}$)의 길로 risk 및 opportunity의 관리가 정착되어 갈 수 있는 것이다.

여러 창조성에 따른 관측과 예측, 실측은 그러나 과거와 내일 사이의 실의 장에서 즉자와 향자와 자기 인생관과 세계관을 발산케 될 경우가 아니면 그 근원을 상실한 궤변과 술수에 머물며 불확실한 실험Experiment Uncertain장에서 판단 착오의 타성에 머물기 쉽다.

토종사土種史가 내포한 세勢(energy ; Quarks ; Qk)의 물질, 인류사가 내포한 기氣(pneuma ; 끔 ; Qm)의 질서가 그 근원의 체계system를 잃고, 교란violation되어 왔었다. 인류는 지난날의 연민에 허덕일 정도다.

인간의 현재성, 제자리의 기재성, 그리고 잠재성 사이의 간극의 착란confusion이 어운語芸상으로 Schema와 Usage사이의 Norme의 착란 하에 있다시피, 물리의 흐름, 섭리providence의 흐름 사이에서 내일의 윤리는 현미眩迷된다.

그러므로, 지구와 지역의 신토재$_{身土林}$, 그리고 과거와 미래의 생산품들의 희소가치의 변천을 관측하고, 예측할 필요성이 짙어지고 있다. 우라늄-에너지와 실리콘-전자 그리고 플라스틱-편의품을 위요$_{圍繞}$해 물질에서 인간, 인간에서 Trait(특성)가치에로 이동해가는 한계상황의 지구촌에서는 '구久(信$_{신}$)와 순$_{瞬}$, 심深(義$_{의}$)과 천$_{淺}$, 광廣(業$_{업}$)과 협狹'의 지주$_{支柱}$를 지향$_{志向}$하고 있는 것을 느낀다.

실의 장$_{real\ field}$에서, 물동$_{物動}$에서 인동$_{人動}$, 인동에서 그 근원$_{根源}$에로 환원하는 과정이 경축$_{硬築}$되어야 한다. 이를 위해서는 물질에서 인간, 인간에서 그 촉자(catalyst, 유정 ; Gene-duum)를 파고드는 과정의 관측과 실측을 통하여 예측력을 향상시켜야 한다. 이것은 곧 근원에 접근하는 바의 soft-ware이다.

현상$_{現像}$ 및 형상$_{形相}$적 환원장에서 수리적 항수$_{恒數}$로 간주되어 온 결정계수나 잔여$_{殘餘}$(R^2 과 C ; residue(留數$_{유수}$)으로서 코시$_{Cauchy}$의 차원에서 전개된 것)가 서서히 독립 및 종속변량의 그 인수$_{因數}$로 부각되고 있다. 예컨대 오늘날 cybernetics, 상대성 원리 등으로 상징된 것이 차츰 건국이념-천부경의 수치, 곧 천인지$_{天人地}$ 정근$_{鼎根}$의 체계(鼎疊$_{정첩}$(晶疊$_{정첩}$) ; 삼중첩 ; 비경이(한글사전))에서 파생된 단편으로 부각되어 진다. 고대 및 중세의 멸망사의 턱(벽$_{闢}$; threshold)을 투관$_{penetrating}$해 오며 '진津'해져 온 것은 유정$_{溜晶}$(Gene-duum ; 유전정보체)이다.

인간, 민족에 따라 유정은 다르다. 따라서 인류를 내포하고 있는 장$_{Field}$에서 특정고유유정이 갖는 Found nascence가 seeding되어야 한다. 여기서 seeding이란 potential energy를 넘는 입자가 그렇지 못한 집단 내에 충격을 가하게 되어 그 집단도 potential energy를 넘게 만드는 것을 뜻한다. 비유컨대 물방울이 구름에 충격을 가하면 구름도 또한 물방울이 되어서 비가 된다.

유정(溜晶 ; Residuum)의 수처리
(회귀식 잔여(殘餘)의 함수론적 처리)

  * 溜晶(Residuum) － 훗설(Husserl,E.)의 현상학적 잔여
    (residuum)
  * 留數(英 : residue, 佛 : résidu, 獨 : residuum)

복소수평면의 폐곡선 C의 주변 및 내부에서 f(z)가 연속이고, 또한 내부에서 정측(正則)이면, $\oint f(z)dz=0$이다(Cauchy 정리). 즉, C의 내부에 단지 하나의 특이점 z = a가 있을 때, C의 형(形)에 무관하게 $\oint f(z)dz=$일정치를 갖는다. 이것을 $\oint f(z)dz=2\pi iA$로 두고, A를 z = a에 있어서 f(z)의 유수(留數 residue)라 한다(참고 : $2\pi i = 6Ft$). 이 경우 f(z)를 z−a에 관한 Laurent 급수 $\oint f(z)=\sum_{i=-\infty}^{\infty}\alpha_i(z-a)^i$로 전개하고, C곡선에 따라 양변을 적분하면, $\oint f(z)dz=2\pi i\alpha_{-1}$를 얻는다. 즉, f(z)의 고립특이점 a에 있어서 유수 A는 a근방에서 f(z)의 Laurent 전개에 따른 -1승(乘)의 항의 계수이다. 더욱이 C내에 특이점 $a_1, a_2, \cdots, a_m$이 있고, 각 점에 있어서 f(z)의 유수를 $A_1, A_2, ..., A_m$라 하면, $\oint f(z)dz = 2\pi i\sum_{i=1}^{n}A_i$가 된다.

  * 선연(先然)의 장에서의 실소자(實素子) － 소기자(素期子)
    － 유정(溜晶)

* 경감(ㄴㄲ)이나 요철(凹凸)의 끔침

    기업내적으로 제품이나 설비 등에 대한 고정비, 사회적 고정비 및 개인생활에 있어서의 고정비 상승을 현대 과학기술이 주체적으로 해결하지 못하는 이유는, 예컨대 $y = mx + c + u$에서 c를 상수항으로 간주하여 미분처리하기 때문이다. 헤라클레이토스의 말대로 상수는 존재하지 않는다. 비유컨대 신체내부의 에너지적 기능, 즉 수의근의 역할을 하는 것이 $y = mx + c(x) + u$에서 mx 부분이라면, 이와 달리 사이버네틱스적 기능 즉, 불수의근 역할을 $c(x)$라고 할 때, 이러한 불수의근은 모든 근육활동의 근원이 되므로 그 중요성은 고려되어야 한다. 그러므로 이러한 조건부 상수는 편미분적 방법으로 처리해야 되고, 그 근거를 분석해 보면 사이버네틱스가 도출된다.

    구체적으로 살펴보면, $c(x)$에서

$$\frac{c(x)}{x_1} = \frac{\frac{1}{2}(1 - 3b_1)x_1(1 - b_1)}{x_1} = \frac{1}{2}(1 - 3b_1)(1 - b_1) = S_{p_1}$$

이 도출된다.

$\frac{1-b_1}{2}x_1(1-b_1)$	=	$x_1(1-b_1)$	−	$\{(1-b_1)x_1(1-b_1)$	−	$\frac{1}{2}(1-3b_1)x_1(1-b_1)\}$.
‖		‖		‖		‖
u		y		mx		$c(x)$

    결국 불수의근 $c(x)$와 수의근 mx가 모두 x의 함수임을 알 수 있는데, 상황에 따라 x가 다를 때는 근원성 원리에 violation이 발생하게 되는 것이다. 즉, 독립변수 시스템과 종속변수 시스템이 다르게 되고, 이것은 신앙성, 인간성,

생산성이 상호 다른 방향벡터(vector)를 가지는 것과 같다.

창조사創造史란
자승자박도自繩自縛度가
강약強弱하는 독자사獨自史이다.
인류사상 인간은
실험과 피험被驗, 그리고
투기성投企性 Entwurfen과
피투성被投性 Geworfenheit을 거듭하면서
주직감主直感 − 지각知覺으로 섭리攝理와 교호交互하고,
주지각主知覺 − 직감直感으로 물리物理와 교호交互하는
윤리倫理의 촉자觸子이다.

촉자는 무기물일 수 있고, 효소와 같은 유기물일 수도 있고, 또한 무기·유기를 초월한 낌(Quai−me)처럼 생명적일 수도 있다. 가령 어떤 장에 백금(Pt)흑黑이라는 촉매제가 존재하여 그 주변에 우연히 물(H_2O)이 생성된 경우에는, 그 공간에 산소와 수소가 존재한다는 것을 알 수 있다. 왜냐하면 산소와 수소는 상온에서 백금흑을 매개로 하여 물이 되기 때문이다.

그리고 촉매제에 비유한 촉자를 barrier를 뚫는 촉자, cluster(취락)와 strata(심층)를 생성시키는 촉자 등으로 구분하면 편리할 수 있다. 즉, 인간본래의 내적, 외적 기(pneuma)의 작용은 촉자(Qm, Qk)의 신축에 따라 가역반응하고, strata와 cluster 성향에 따라 창조와 붕괴가 결정된다.

촉자에는 정正(active)의 촉자와, 부負(passive)의 촉자가 존재하고,

정의 축자는 통계학적으로 cluster장에서의 평면작용이라면, 부의 축자는 strata장에서 수직작용을 한다.

후後현대는 우라늄-에너지와 플라스틱-편의품, 실리콘-전자의 응용의 희소가치가 하강하면서 생명공학 차원의 희소가치가 상승되어간다. 이런 과정에서 Gene(낍 ; pneuma)의 탐색이 시작되고 있기도 하다.

낍(pneuma)은

현실의 장을 뚫고,

부負의 낍(冥명끼, 雷인끼, 雺분끼)과

정正의 낍(美수끼, 悳칠끼, 雩삼끼)[7]의

반응을 일으킬 수 있다.

새로운 시대의 관리법도 이젠 기와 결부되어야 한다. Gene안에는 찌낍(命核명핵)이 존재한다. 찌낍은 무無에서 솟구치는 것으로서 그 양상은 유전자의 특질에 따라 다르게 나타난다. 찌낍은 주지적으로 보면 idea, 주정적으로 보면 기적적인 것이라 볼 수 있다.

찌낍의 Kenōn화를 통하여 Gene-duum이 Gene-nascence가 된다.

정보가 조밀·확산되는 시점에 있어서는 생명의 찌낍이 정항상태定恒狀態 stationary state를 유지하여야 한다. 비유컨대 그것은 1g의 기체 분자가 22.4리터 안에서 정항상태를 갖는 것 즉, 시간공간의 고유 에르고드Ergod를 유지하는 것과 같다(깁스Gibbs,W.).

산업의 국제화도 공公의 질서秩序와 선량善良한 풍속風俗(이하 公序良俗공서양속)을 위반하지 않는 조건하의 법의 적응성과 같이 지구촌의 인류와 공명되는 생명의 찌낍활동이 전제되어야 한다. 공서양속에서 찌낍이 정항운동stationary wave를 하느냐가 문제이다. 즉, '총찌낍'의 정항상태 유지여부가 미래를 결정하게 한다.

또한 닥쳐온 정보사태하의 현실은 그 도덕적인 고유함수에 적응한 생명의 부활賦活 vitalization이 선행되어야 한다. 그러므로 지금부터는 지식이라 하더라도 그것이 가능성 있는 방향을 향해 발췌拔萃 Epi-tome되어야 한다.

Craft에서 작업자의 Attitude에로 의존도를 높여가는 과정에서 생산성은 최근 Gene 관련 시스템(예 ; Minicell)에로 접근해 가고 있다. Gene-ware를 Ciel-duction을 향해 예리하게 세련시키는 데는 ψ(Psi)공학적인 범주로 넓혀가면서, 예컨대 생산성 실험을 거듭해 나가야 한다. 가령 Stock Option에서 Minicell 방식으로 결부, 나아가 Revitalization을 성공시켰던 사례를 이런 의미에서 고려한다면, Radical Gene-nascence의 입장에서 Minicell의 내포connotation를 더욱 추구할 필요성도 있다.

그리고 Stock Option과 Minicell에 따라 발생하는 사기士氣는 곧 'wage' incentive와 'gene' incentive와의 feedback vitalization으로 볼 수 있다. 이것은 곧 Hard-ware와 Gene-ware 사이에서 Human-ware의 역할이 새로운 생산성을 낳게 되는 것으로 해석할 수도 있다. Minicell의 본질적 Synergy 효과는 실존적 자아실현이다. 이것은 생산적 본능(생산적 인성)에 대한 게슈탈트Gestalt 심리학적 그룹핑grouping이 이루어질 때 나타날 수 있다. 여기에는 구조적 Pragmatism(Synchronization의 실현, 초절실현超絶實現)이 결부되어야 한다.

사람은 그 정통正統을 찾는 본성이 있고, 생명공학이 또한 여기에 곁들여지면 Gene의 초핵을 부활시킬 수 있는 길이 전개될 수 있다. 발생성發生性 초핵은 근원이다. 다시 말해 Ergod 장에서 시간적 초점과 공간적 핵심의 발생은 뿌리根근과 샘源원, 곧 근원이 된다.

시간과 공간의 장은 항상 변동하므로, 시간과 공간이 Ergod 안에서 유지되려면 그 생동이 유지되어야 한다. 그것은 유속流速과 조속漕速의 관계이다. 장은 유속처럼 변하므로 창조의 조속은 그만큼 생동적이어야 한다.

그러므로 <u>Gene의 개발이 최대의 희소가치를 유발시키는 21세기의 과제가</u> 된다.

정리晶理(섭리·윤리·물리)의
실의 장(real field)에서는
천연에서 탄생한 자연,
자연에서 탄생한 자아自我를
발견해 가는 만큼
독자獨自와 망라網羅의 생산성이 신뢰된다.

5. 신체身體의 초핵焦核과
토질土質의 초핵焦核

진역민震域民의 천성이

내포한 핵은

차세기가 찾는

광심구廣深久의 근원이다.

다원多元·다양多樣·다변多變은

그 신앙성과 인간성에 따른 생산성의

발췌현상이 된다.

신토身土의 고유성固有性은

명冥·섬沙·징徵을 갖는

명冥·섬沙·체體가 된다.

필수적인 요건을 중심으로 지구촌의 신토질의 지향성이 농축되어 가고 있다. 지식과 교통·통신이 농축된 기존의 국제는 무수한 소국이 등장해 가는 새로운 체제인 UN에로 전환되어 가며, 왈 지구촌의 인류시대에서 그 이상과 현실은 빙하시대라는 공포에 다가가고 있다.

이제 그 동안의 대국도 그 영향력에서 오히려 퇴축되고 있다. 오늘날은 세계적 소수민족의 발생·확산으로 UN의 구조마저 교란시킬 수 있을 정도라는 상황도 간주되어야 할 시점이다. 이를테면 지역국가주의의 악화惡貨대립도 지구촌국주의地球村國主義 내의 생존의의에 부딪혀 역사는 이제 양화良貨의 기운을 소생시키려 하고 있다. 세계 매스컴의 작용은 이러한 지구촌 인류에 부응하는 변동과정에서 서서히 인류에 밀착, 변질되어 가고 있다. 이제 어느 지역을 향한 보도는 꼭 그러한 영향을 받게 한다.

더욱이 한국의 현대말現代末은 지구촌의 '정보 에니메이션animation' 화면인 양 초점되어 졌다. 서양 말기의 문명이 드디어 초기 극동의 문명(오리엔트 문화)에로 둔갑遁甲 topsy-turtle 되는 가운데 **카마할**(칼칼한 음식, 말씬한 신발, 활개춤)의 양산도陽山道의 한반도에로 운집되어지고 있는 셈이다. 이것은 알류斡流(물이 뱅뱅 돌아서 흐름)되어 온 인터넷internet 문명의 과녁 같다.

서오리엔트에서 시작된 문명이 최후로 도착한 미국에서의 3D(어렵고, 더럽고, 위험한 일)의 회피(white color)등은 특정지역(한국은 군정 30년의 타율적 생산동기에서 해방되지 못한 단편적 자율에 머문다)의 희소가치를 극대화하여, 그 지역에 있어서 고유토질固有土質의 생명공학, 그 고유신체의 심리공학의 희소가치를 구체화하게 한다. 이에 따라 그 지역의 근원성 창달이 그 지역 신토재 개발로 부연될 수밖에 없다.

낌은 근원성에서 뿌리에 초점을 펼치고, 샘에 초핵을 던진다. 한반도에 많이 나타난 익룡(조선일보 96.11.5, 전남 해남군), 한반도에만 있는 봉삼鳳蔘(중앙일보 96.7.24 지리산, 경향신문 96.5.12 충북), 동해의 새벽 햇빛, 이것은 한반도의 신토의 근원이며, 찌낌에 비유할 수 있다.

최근 "암"균이나 "AIDS"균 기타 공해병도 고친 실례의 한국의 황토黃土[9](동향운東向雲, 서해풍西海風에 정제된 흙), 그리고 여기에 진시辰時(오전 일곱 시부터 아홉 시까지)의 동해 반사광과 더불어 대륙의 희귀한 식물 및 동물(Klinokinesis ; 심리학)이 농축되어 온 15억 년의 한반도에로, 인류 대 인류의 전쟁과 화해의 6·25 전쟁과 88올림픽으로 보여지다시피 지구촌은 그 한恨을 집중한다.

백마강白馬江(마한), 백두산白頭山(변한)을 잇는 태백산太白山(진한) 하얀 줄기(태백산맥)의 태백'東'과 태백'西'에서 "인간과 사회", "Covalent와 Linkage", "Synchronization과 Diachronization", "Parole과 Langue", "Gemeinschaft와 Gesellschaft" 등 "Digital과 Analogue 기기"같은 음양의 대칭은 파제波提를 두고 간만조ebb and flood하여 효해爻解하듯 한다. 이것은 신체내부의 내분비와 외분비를 교류시키는 "미네랄"과도 같이 건강을 회복하는 것에 비유된다.

동양문화가 서양문명을 맞이하여 공액하려는 지금은 오히려 아시아의 잠재가치가 기염氣焰하는 듯하다. 토지兎地(卯묘)는 우백호右白虎(寅인)를 좌청룡左靑龍(辰진)에로 옮겨 한반도의 북-남, 동-서가 교차하는 시대감을 준다. 이것은 태백중심의 수혈髓瀜(V)-혈루盗瘻(M)-배소胚巢(C)-뇌량腦梁(T)의 4단전丹田에 사영射影 mapping된다.

태백'東'과 '西'를 살릴 시너지Synergy의 "씨앗"은 무엇인가?

최대다수에 깃들여 있는 고유 기재성을 발상시키는 기틀은 무엇인가?

그리고 이것은 어느 시점에 가능한가?

라는 물음은 고유 잠재특화물潛在特化物이나 고유 잠재특화인潛在特化人을 선택·체계화할 수 있는 새로운 영·소·중기업의 태동을 필수한다. 이것은 마치 태백이 한강, 낙동강의 원류가 되어 신토를 풍요롭게 해 온 것과 같다.

　　　　이차돈(異次頓)의 경우나
　　　　'까마귀 노는 곳에 백로(白鷺)야 가지 마라 …
　　　　… 창파(창파)에 조히 씻은 몸 … ; 정몽주 모(母)'도 그렇듯
　　　　백의민족(白衣民族)이라는
　　　　'하얀 핏줄기'다워야 할 때가 다가온다.

그래서 시간과 공간의 접근에 따른 Ergod의 미레코스(Millenium−Cosmopolitan)는 떳떳하고, 그윽하고, 흐뭇한 희열을 찾아 소박하고, 순수한 예지를 지닌 한국인의 고유성을 찾고 있다. 좌뇌보다 초논리적 기능을 행하는 우뇌가 발달된 인종이 있고, 꿀벌이나 짚신벌레paramaecium처럼 Klinokinesis 기능이 발달된 동물도 있다. 그리고 백송白松(통의동)과 같이 짧은 지배 기간동안(일제 36년) 자라지 않았던 식물도 있다.

이처럼 생물감각계는 인간과 식물을 양성兩性으로 복합·단순되기도 하고, 이는 더욱 단순한 물질계의 장에도 존재한다. 무생물과 더불어 생물이 얽힌 창조는 동해사東海史의 현묘玄妙에서 길을 연다.

황토黃土의 특질, 일제 36년간 생육이 정지된 한국 백송의 그 증거, 또한 산삼성분이나 은행성분의 특성, '95년 발굴된 7천 년 전

중도中島(오늘의 춘천)의 항아리군群은 청·백자, 금속활자에서 최근 일본에 이르는 아주亞洲공업 발생의 기원이기도 하였었다. 예컨대 임란 때 한장인韓匠人, 한농인韓農人이 아니었다면 일본의 현대공업은 '필리핀'류의 섬나라 공업에 머물렀을지도 모른다.

인간사회 내의 독자와 망라의 "골"은 카마힐(칼칼, 말신, 활개)의 씨앗, 그 「섬홀彡忽」, 「섬징彡徵」, 「섬천彡遷」을 유발, 시대의 불가결不可缺을 해갈시킨다. 이 "독자와 망라"는 곧 기계 및 목적론 그리고 실증 및 합리주의적인 "개체와 전체"가 본연에로 천환遷換되는 논리이다.

미래는 르네상스에 비유될 수 있는 우르−네상스(Ur−nascence)로 암시될 수 있다. 플라스틱, 우라늄, 실리콘의 응용 희소가치가 저하됨으로서 새로운 차원의 필요충분조건은 본질적인 초핵이다. 역사적 인류(시간)의 차원은 뿌리깊은 나무와 같이 초점을 지향하고, 지구촌 인류(공간)는 샘이 깊은 물과 같이 핵심을 지향하며, 핵심은 초점을 담아 두려한다.

신토身土의 질質, 다시말해 고유 신토핵과, 신토재를 교류하는 그 질이 ψ(Psi)공학과 생명공학의 조건이 되는 것이 미래이다. 즉, 지금부터의 다음 세대는 고유신토재의 접근이 과제인데, 이것은 생명과학의 전제이다. 최대다수가 요구하는 인성이 은폐되었기 때문에, 그 그늘에서 형이상학적인 도덕적 부패가 발생하고, 그에 따른 생산적 윤리가 침체된다.

그러므로 생명과학의 급속한 발달은 지구촌의 장에서 독자와 망라의 접근, 창달과 더불어, 산업적으로는 그만큼 카리스마적인 막부산업이 글로벌화 됨으로써 인류산업으로 접근해간다. 생산성 관리의 대안도 Restructuring, Reengineering, Top−down, Downsizing, Simultaneous

Engineering(시간), Integrate Engineering(공간), Stock‒option과 Minicell 등으로 변천되어 가면서, 인간차원이나 인성, 그 시너지와 심리공학psycho engineering에의 의존도가 절실해 간다.

만일 구조적 요소와 실용적 적용성이 갖춰진 인성 테스터(羅自盤나자반; *Psych tester*, ψ(*Psi*), *ESP‒PK*현상)가 간편하고, 정확하다면, 이것은 생명공학에 곁들어지는 새로운 산업의 차원이 전개될 수 있는 희망을 보여주는 것이 된다. 특히 세계기업들의 대경쟁mega‒competition이라 일컬어지는 Glocal(Global+Local) 시대는 생명공학이 새로운 희소가치로서 움터 나오는 특징을 갖는다. 이것이 고유신토재와 공액되면서 생산성으로 결과 되는 글로컬 시대의 기초는 radical axes management(경영윤리)로써 글로벌시대의 생존수압生存需壓이 짙어가는 것을 뜻한다.

한국(백제)의 '사라바' 문화는 무력에 의존하지 않은 동남아시아 스스로의 협력적인 산업으로서 의의가 크다. 그리스의 지적 문화를 중심으로 한 서오리엔트의 역사는 오늘날 미국을 경유하면서 주지주의主知主義가 아닌 종합적 근거를 가진 '사라바' 문화에 다다른다는 뜻으로 더욱 그 의의가 깊고, 더욱이 미래의 산업을 위해서도 역사적 의의가 고려된다. 구라파의 산업부흥은 일종의 권력과 금력이 상대적이고 주지적인 그리스 문화를 기반으로 한 것인 반면, 사라바 문화가 상징하는 것은 초절적超絶的인 묘향성妙向性(격절隔絶)이 그 기반이다.

새로운 산업이란 산고産苦(산모의 고통)의 희열을 수반한다. 임신한 산모는 그의 고통보다는 더한 기쁨이 있다는 것이다. 모태母胎의 자유가 현실에로 천환遷煥 transition하는 것이다. 태아가 당면하는 것은 내일의 창조이다.

과거 시대 변동은 차원이동$_{次元移動}$이었지만 21세기를 두고 오는 변화는 이를테면 원점이동$_{原點移動}$이다.

기업과 인간 사이에 있어서 자금 제공자, 사기$_{士氣}$ 노동자, 선택 소비자인 인류적 대중의 선호행동$_{選好行動}$은 내일을 결정하는 주체이다. 수요의 비중이 지역에서 지구촌에로 충격됨에 따라 개인의 필수품, 편의품, 그리고 사치품의 소비파동도 심리공학$_{psycho\ engineering}$적 차원, 생명공학$_{bio\ engineering}$적 차원의 희소가치를 더욱 강조하는 새로운 윤리의 수렴, 발산에로 강조된다.

제품제조에 있어서 포드$_{Ford,H.}$식 단순, 저원가, 경직생산에서 슬로안$_{Sloan,A.P.}$의 다단계, 다변화, 다품종 생산(Building Block 방식)으로 펼치는 지역과 지구촌, 그리고 필수품과 사치품사이의 신축은 고정비 상승압이라는 경고 하에 부딪히고 있다. 그리고 이를 고객창조 내지 연구개발로 대처하는 것은 당면조처였으나, 그것이 더욱 상승하고, 더욱 펼쳐지는 오늘날의 현실에서 실용적 적용성과 구조요소의 결핍을 간절케 하는 현실에 있다. R&D의 기밀$_{機密}$이나 know—how도 사실상 방임 하에 있어 오히려 경쟁상의 이적화$_{利敵化}$가 되어 가고 있고, 시장$_{Marketing}$과 인성의 신뢰가 확보되지 않는 바에야 연구개발 자체를 재검토해야 한다.

**Know—how의 인성을 위한
새로운 윤리(Ethics)—초점지향,
Know—how의 Marketing을 위한
새로운 경영(Management)—핵심지향이 긴요하다.**

<u>이 Know-how의</u>
<u>인성은 뿌리(根근),</u>
<u>시장화市場化는 샘(源원)이다.</u>
<u>그래서 시간과 공간의 초핵焦核은</u>
<u>발생적으로는 근과 원이다.</u>
<u>초핵은 지향성(heuristic approach),</u>
<u>근원은 발생성(nascence voltex)이다.</u>

오늘날의 동태경제는 개인의 생존수준-효용곡선의 변곡점에로 스스로 전환하고 있다(마약성향에서 환원). 그래서 생존의의生存意義를 이탈한 기업은 그 동안의 탑다운Top-Down 체제에서 다운사이징 Downsizing 체제-Small National Plant로 붕괴되어 가고 있다. 이것은 곧 극에는 반극이 있고, 반극에는 극이 있어, 선연先然(선사적 천연)에로 되돌아가는 과정으로, 다수의 개별이 공장본능工匠本能(베블렌 Veblen.T.B.)을 회복하려는 지구촌의 현상이라 봐야 한다.

내일의 경제로써 보면, 정태경제가 그 고유성으로 인해 동태경제와 교류하며 배치되었던 목적과 결과를 일치시켜 나가는 상황 하에서, 이 땅은 세계에 이른 바의 등불을 켜게끔 되어가는 셈이다.

시간의 초점과 공간의 핵심이 균형있게 세차운동을 하여야 한다. 즉, 공간의 핵심이 In-duction과 De-duction, 또한 Pro-duction과 Ciel-duction 사이에서 Gene-duction이 역사적 시간의 초점을 향해 세차과정을 겪게 하여야 한다. 곧 제유장齊攸場 unified-field에서 수많은 정항상태定恒狀態 stationary state가 오각형으로 상징되는 Quintessence(이 경우, 공자(孔子)가 말한 70세에 "終身所欲不踰矩(종신소욕불유구)"라는 것도 안에 점을 둔 4각형일 때 이야기이며 원래는 5각형이다. 4각형 내에 점이 있을 때는 5각형을 흔들지 못한다.)와 병행할 때 경제에 있어서 케인즈의 3동기(거래적, 예비적, 투기적 동기)로 나타나는 유동성선호流動性選好도 유익할 수 있고, 또한 그런 세차과정歲次過程의 조건하에서 나아가는 경제동태도 실현성 있게 된다.

오늘날의 컴퓨터는 인간의 다양한 감각의 기축基軸을 산란케 하는 부작용이 있다. 즉 교각(성수대교)이나 건물(삼풍백화점)의 붕괴, 세대차를 빙자한 환각적 갈등 등 가시적인 위험이 쌓여 갈 정도이다. 그러므로 전자기기의 요용가치나 정보재료의 효용가치 등의 계발, 그리고 메세나의 근원(Mecenat Radicality)의 발생, 재구성의 발생 (Restructuring Nascent) 등을 필수한다. 이것은 마치 인공농人工農 '쌀(米미)'에 대한 자연농自然農 '쌀'의 희소가치가 상징하는 것과 같다.

제 3의 생명체로서 원핵(原核) 미생물이 있고, 그 대응에는 진핵(眞核) 미생물이 있다. 아키온 미생물은 30억 년을 생존해 왔고, 퓨리오서스는 100℃가 적정 생활온도이다. 그리고 이들은 극산성(極酸性) pH 1~2, 대기압(大氣壓) 1000배의 압력 속에서도 산다(1996.9.10, 중앙일보). 이것은 오늘날 다관절 첨단로봇 개발의 열쇠로서, 새로운 cybernetics에로 기여된다. 예컨대 우리나라의 오골계 계란으로 EPO 유전자와 인터루킨 유전자를 결부시켜 여러 독균에 대한 치료제 함유 계란을 성공적으로 연구 중이라는 것은 가능성을 많이 준다. 이것은 특수 단백질을 계란 하나 속에서 수백 mg까지 추출해 낼 수 있고, 성장호르몬, 인터페론 등을 대량 생산할 수 있는 가능성도 보여주고 있을 정도이다. 빈혈이나 심장병 치료도 가능하다(서울대 농업생명과학대 한재용교수, '96.9.17. 한국일보). 오골계나 은행잎의 징코민류 등은 공통적인 범주로 접근해

가야 한다. 특수 동해광(東海光)과 정제된 서해 황토가 쌓여있
는 수십억 년의 한반도는 동쪽에서 봉삼(鳳蔘), 서쪽 금산 등
지의 산삼과 더불어, 영광굴비 등의 특수미(特殊味)와 성분 등
도 마찬가지이다. 지구촌에서 유일하게 삼한사온(三寒四溫)이
성립하고, 특수광이 있고, 그 위에 황토가 누적되어 있어 기상
천외의 균이나, 암에 의한 사람이나 어패류의 병이 치료된 적
이 있는 사례를 가진 땅이므로 더욱 그렇다.

천인지 일체의
진역震域의 기재성基在性은 그
고유광(光),
고유토(土),
고유식(食),
고유생(生)에서 잘 나타난다.

전설적인 에덴의 동쪽은 이제 지구의 동쪽에서 원래의 시간의 초
점과 공간의 핵심을 찾아 엉뚱하리만큼 한 새시대로 접근하고 있다
는 느낌을 주는 것이 곧 21세기이다.

지구벽壁에서 반발되며 반성하는 내일의 산업시대는, 이제 무수한
영세기업과 유수有數한 중대기업에 소기업의 매개를 필수로 하고,
인간순수의 태백동민太白東民과 몽고, 중국, 일본, 서양 등에 의한 사
회시련도 받은 태백서민太白西民 등은 이제 본래적 태백의 매개를 요
청한다.

誠 (言→成:創造) : 信 ・ 義 ・ 業
(廣深久의 焦核)　　　(敬天)　　(愛人)　　(實地)

건국이념 – 천부경의 수치실험해석

1. 建 – 經(건국이념 – 천부경) 수치실험해석(1)
2. 建 – 經(건국이념 – 천부경) 수치실험해석(2)
3. 建 – 經(건국이념 – 천부경) 수치실험해석(3)

建-經(건국이념-천부경) 수치실험해석

본 연구는 21세기 앞의 한국에서 수리학數理學을 그 엄밀논리의 기준으로 은유과학隱喩科學을 교호시킴으로써 미래가 요청하는 철학과 경제학의 결실을 위해 정통正統의 바탕을 마련하려 하는 것이다

무생명無生命의 질서에 생명의 질서가 날로 종속되어 가는 현실에서 본연의 것을 회생시키려는 요청일 수도 있다.

그래서 유수有數한 중 · 대기업의 안정과 성장, 그리고 무수한 영세기업의 발전을 조성할 소기업의 역할을 다하게 하는데 도움이 되고자 한다.

여러 산업장産業場에서의 그 동소動素를 수집, 창조적 신뢰성과 더불어 그 근원수리도 정밀화되어야 한다.

본 연구는 '95년도 「창조적 고유탄력성에 관한 연구(윤리경영수압과 개방체제실험, 천부경의 수치실험해석)」를 계연繼運하려는 것이다. (여기서의 '본 연구'는 1997년 논문 전체, 즉 이 책의 2, 3, 4장을 의미합니다. '建-經(건국이념-천부경) 수치실험해석'은 논문에서 '후술後述'로 되어 있는 것을 〈총서 제3권〉의 제4장으로 구성한 것입니다. - 편저자 주)

1. 建-經(건국이념-천부경) 수치실험해석(1)

$x_1 = 0.2971565081774243$	$x_r = 0.15721731764$	$x_E = 0.309136044$
$x_p = 0.2862233837188165$	$x_\pi = 0.22751658178$	$x_f = 0.39933262$
$x_u = 0.5 = u$	$x_\gamma = 0.1638476508$	$x^\eta = 0.3800902761$
$x_{\tilde{p}} = 0.287982141$	$x_x = 0.163966295$	$x^\zeta = 0.518586509$
$x_z = 0.2862694766$	$x_d = 0.104804598$	$x_0 = 0.266044441$
$x_M = 0.2862432988$	$x_\alpha = 0.6180339887$	

(참고 : 이 책 〈총서 제 3권〉의 황금분할 수치인 x_α, K 수치기호는 〈총서 1, 2권〉에서는 각각 α_0, K_0로, 또한 S_{m_1}, S_{p_1}은 〈총서 제 2권〉에서는 S_m, S_p로 표기되어 있습니다. – 편저자 주)

$$X_1 = b_1 - a_1 = (1 + \eta_1)^{-\left[0.511060111^{-\sqrt{\ln E_p}}\right]}$$

$$0.511060111 = \frac{0.6}{1.174030192}$$

$$\quad = \omega_p^{-(100a_1b_1)^{-1}}$$

$$\quad = x_z^{\{(1+g)^2\}^{0.810030743}} \quad (?)$$

$$X_1 = b_1 - a_1 = x_1{}^2 + b_1{}^2$$

$$X_1{}^{X_1} = X_1{}^{C_\rho{}^{(\eta_1{}^{x_u})}} = \frac{1}{x_0} - 3$$

$$\frac{1}{x_p} - 3 = X_1{}^{C_\rho{}^{\eta_1{}^{(2z_1)}{}^{-Y_1{}^{-4a_1}}}}$$

$$z_1 = b_1 + \Lambda$$

$$2z_1 = \frac{1}{4}\left(1 + b_1{}^2\right) = x_u{}^2\left(1 + b_1{}^2\right) = x_u{}^2 + (x_u{}^2 b_1)^2$$

$$X_1{}^{C_\rho{}^{\eta_1{}^{(\ln K)^{8^{-0.00001309017}}}}} = 0.855328565(?)$$

$$0.00001309017 = -\frac{10^{-4} \cdot x_u \cdot K^{-1}}{10 \cdot K^{-3}} = -\frac{0.0003090169945}{2.360679779}$$

$$1 - (X_1 Y_1)^{32^{-1}} = 0.1111197444$$

$$즉, (1 - 0.1111197444)^{2^5} = X_1 Y_1$$

여기서 통계학적 cluster와 strata가 일치하는 곳이 X_1이고, z_1은 피타고라스 원리와 관련되어 ANOVA(분산분석 : Analysis of Variance) 문제와도 유관有關함을 알 수 있다.

예컨대 생물의 4차원(식물, 동물, 인간, 시간)과 무생물의 4차원(x, y, z의 3

차원과 시간)과의 관계는 지수$_{指數}$가 '변환 threshold'가 된다. 또한 물리학에서 마이컬슨-몰리$_{Michelson-Morley}$의 실험을 매개로 한 푸리에급수$_{Fourier\ series}$를 경계로 하고, 로가리듬$_{logarithm}$을 매개로 해서 상대론$_{相對論}$이 유도된다.

즉, 에너지의 기본단위는

$$E_p = 25.400833913$$

이다, 이것은

$$E = mC_p{}^2$$

와 연결된다. 즉

$$E_p = mC_p{}^2 = 25.4008389137671783185 \left(m = \sqrt{C_p{}^2 - 1} \right)$$

$$\ln E_p = 3.23478220158014519$$

$$\left(\ln E_p \right)^{-1} = 0.3091398238521465 \fallingdotseq x_E = 10 \cdot 4a_1 b_1 - x_u$$

$$10 \cdot 4a_1 b_1 - x_u = 0.30913940462108818$$

$$x_u + \left(\ln E_p \right)^{-1} = 0.8091398238521465 \fallingdotseq 10 S_m$$

$$\frac{\left(10 \cdot 4a_1 b_1 - 0.5 \right)}{\ln E_p{}^{-1}} = 0.99999864387537895$$

$$log_e* = log_e E_p \cdot \left(10 \cdot 4a_1 b_1 - 0.5 \right) 에서$$
$$* = 2.71827814213263027488$$
$$e = 2.71828182845904523539$$

$$\sqrt{24t} = 6 + t \text{ 에서}$$
$$\begin{pmatrix} t_{上} = 5.99965356 \\ t_{下} = 6.00034611 \end{pmatrix}$$

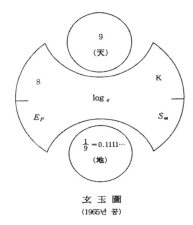

玄 玉 圖
(1965년 꿈)

Einstein,A의　　　　Wiener,N의
Relativity Number　　Cybernetics 모델

여기서

E_p는 아인슈타인이 목적으로 했던 수치와 계수의 유도.

S_m은 노버트 위너가 목적으로 했던 수치와 모델의 유도.

이것은 파르메니데스나 혜시류類의 수학으로는 해결되지 않음.

여기서 특이한 것은 E_p는 뇌세포에 있는 자성체磁性體의 크기 단위와 유사하고, 간접적인 수치로서 '인치$_{inch}$'단위와 일치하는 점이다. 그러므로 이 E_p는 에너지와 사이버네틱스의 산식算式에서 유용한 대수對數의 저低가 된다.

구체적으로 $(\ln E_p)^{-1} = x_E$와 x_u의 관계에서 $\frac{1}{10}\eta_E = 4a_1b_1$가 유도된다. 여

기서 무생물의 勢(세:energy)와 생물의 氣(기:pneuma) 사이에는 로가리듬 관계가 성립함을 알 수 있다. 그리고 E_p는 $\ln E_p \rightleftharpoons e^{\frac{1}{E_p}}$처럼 음양陰陽으로 그 구조가 표현되기도 한다.

이상에서 살펴본 것 외에 E_p가 중요한 다른 이유는, 이것은 수리체계의 표준이 되어 절대도수絶對度數를 만들 수 있기 때문이다. 이것을 서양의 로가리듬logarithm을 매개로 해서 풀면 아인슈타인의 상대론相對論, $E = mC_p{}^2$ 를 유도해 낼 수 있다.

즉, $\ln E_p$는 절대도수를 만들어 낼 수 있지만 상대성이론에서는 E_p를 유도해 내지 못한다. 일반적으로 현대과학으로는 절대도수로 상대도수를 결정할 수 있지만, 상대도수로는 절대도수를 유도할 수는 것은 것이다.

2. 建-經(건국이념-천부경) 수치실험해석(2)

$$\tau = 1 - \{10^{10}(x_u + x_1)\}^{-x_u} = 0.99998879973748437413642$$

$$Cyber(x_p) = \frac{11.1111111}{0.11111111} x_p = 28.622338371$$

$$\tau^{-28.6223383} = K^{(\ln K)^{10}}$$

$$H = K^{(\ln K)^8} = 1.00138460886891755074$$

$$K^{(\ln K)^8} \times g = H \cdot g = 1.1112649564 = 10C_p^{-2} \quad (C_p^{-2} = C_\rho)$$

$$\left(K^{(\ln K)^8} \times 8 \right)^{\frac{1}{2}} = 2.830384579$$

$$K^{(\ln K)^{1.1111111}} \fallingdotseq (1.11265024)^2 = \frac{100}{C_p^{\,4}}$$

$$K^{-\{(\ln 3.347490812)^8\}} = S_{p_p}$$

$$H_p = K^{(\ln K)^{8^{-0.00001309016993}}} = 1.001385055$$

$$8^{-0.00001309016993} = 0.9999727801$$

$$= -(10^{-5} \cdot x_u \cdot K^2)$$

$$= -\frac{10^{-4} \cdot x_u \cdot K^{-1}}{10 \cdot K^{-3}} = -\frac{0.0003090169945}{2.360679779}$$

이러한 $K^{(\ln K)^8}$의 논리로서 $S_{p_p} = \left(a_p + b_p\right)^2 + \left(a_p - b_p\right)^2$를 풀어보면

$$\left(a_p + b_p\right)^2 + \left(a_p - b_p\right)^2 = K^{-\left[\left[(1-\ln x_u)^{(1+g^2)}\left(-\ln\left(1+\frac{1}{10}S_{p_1}\right)\right)^{-1}\right]^8\right]}$$

여기서

$$\begin{cases} \left(-\ln\left(1 + \frac{1}{10}S_{p_1}\right)\right)^{-1} = -83.45039404 \\[2mm] (1 + g^2) = 1.0123456790123456790123\cdots \\[2mm] (1 - \ln x_u) = 1.693147180559945 \end{cases} \Rightarrow 1.208207699$$

즉,

$$S_{p_p} = 0.11246229 = K^{-(1.208207699)^2}$$

이 되는 것이다.

마찬가지로 $K^{(\ln K)^8}$의 논리로서 $S_{m_p} = \left(a_p + b_p\right)^2 - \left(a_p - b_p\right)^2$를 풀면,

$$\left(a_p + b_p\right)^2 - \left(a_p - b_p\right)^2 = K\left[-(1-\ln x_u)^{(1+g^2)\left(\ln(1+\frac{1}{10}S_{m_1})^{-1}\left(10^5\cdot\ln\tau\right)^{-1}\right)}\right]^8 \quad (?)$$

즉,

$$S_{m_p} = 0.0729220594 = K^{-(1.235838493)^2}$$

이 된다.

$$\eta_1{}^{-x_u} = -10^5\ln\tau \text{ 또는 } e^{-(10^5\cdot\eta_1{}^{-x_u})} = \tau \text{ (역 ; 1.000011201)}$$

$$\ln\tau^{-1} = 0.00001120103727$$

$$(10^5\cdot\ln\tau^{-1})^{-1} = 0.89277446 = 1.120052891^{-1.00040031}$$

$$\frac{S_{m_1}}{S_{p_1}} = \ln x_z{}^{1.000074462^{-1}} \quad (?)$$

$$1.000074462 = (80\cdot g^2)^{-\left\{(100\cdot x_1 S_{p_1})^{-4}\right\}}$$

위의 식에서 $\frac{1}{10}S_{p_1}$ 과 $\frac{1}{10}S_{m_1}$ 은 $g^2 = 0.012345679\cdots$ 처럼 십진법의 의의를 밝혀주는 것이다. 그리고 1, 10, 100 등 자연수 체계도 설명할 수 있게 된다. 특히 $\frac{1}{10}S_{m_1} = 0.008091398^{\eta_1{}^{x_u}}$의 관계에서 τ가 유도되기도 한다. 한때 미국에서 실험 결과, 생명체의 무게가 0.9그램(gram)이라는 의미 있는 결과가 제시되기도 했었는데, 그것은 가능성 있는 인자因子일 수도 있다. 왜냐하면 0.9,

0.09, 0.009, 0.0009, ⋯, 즉 $10^\varphi \cdot g$ 로서 가령, 생명체의 종류에 따라 연속이 아니라 차분$_{差分}$적일 가능성도 있을 것이다. 역으로 말하면 $10 \cdot g^{-1}$, $100 \cdot g^{-1}$, $1000 \cdot g^{-1}$, ⋯ 이다.

3. 建-經(건국이념-천부경) 수치실험해석(3)

가령 건국이념-천부경의 일시무시일–始無始–, 일종무종일–終無終–의 $g(= 9^{-1})$ 와 $x_u(= 2^{-1})$, 황금분할 $K(= 0.618^{-1})$ 및 $8(= 0.125^{-1})$을 각각 $V : M \cdot C \cdot T$ 에 비유하면 g는 x_u를 통하여 종합적 균형을 갖는 K와 8을 조정하는 것으로 해석할 수 있다.

이러한 구도를 $ESP\text{-}PK_{\text{extrasensory perception-psychokinesis}}$ 로서 고려하면, 직감$_{\text{intuition}}$에 따른 ESP와 PK작용을 매개하는 ψ센터로서 $\psi - kerm$을 고려할 수도 있다. 여기서 x_u는 고대사회로부터 일컬어져 내려온 중용中庸에 비유할 수 있다.

이것의 광의의 균형은

$$x_1 = (3 + 0.365230015)^{-1}$$

혹은

$$x_0 = (3 + 0.758770485)^{-1}$$

이고, 이것은

$$b_1 = (\underline{4} + 0.\mathbf{365}230015)^{-1}$$

혹은

$$b_0 = (\underline{4} + 0.7587705)^{-1}$$

의 범위를 벗어나서는 안 된다. 이 과정에서 3과 4가 천부경적 삼사성환三四成環을 거듭하게 되는 것으로 보인다.

그리고 x_1, b_1에 나타나는 '0.36523'은 지구상의 1년 단위의 일수日數와 같고 이는 차원과 무관하게 된다(가령 한국의 '첨성대'는 365개의 돌로 축성되었고, 페루에는 마야문화 유적 중 365개의 계단으로 이루어진 거대한 피라미드도 있다(조선일보 '96.12.4)).

$$x_t = 0.511073058$$

$$(a_t + b_t)^2 - (a_t - b_t)^2 = x_1(1 + b_1) = 0.\mathbf{365}230015$$

$$\underline{3} + 0.\mathbf{365}230015 = x_1{}^{-1}$$

$$\underline{4} + 0.\mathbf{365}230015 = b_1{}^{-1}$$

그리고 이와 달리 g를 V로 하고, M은 자연대수自然對數 log_e, C는 $x_u{}^{-1}$을 밑으로 한 $log_{0.5^{-1}}$, T는 10을 밑으로 하는 log_{10}에 비유할 수도 있다.

인생과 현실을 수리數理에 비유하여 말하면, 예컨대 V를 g(봄)라 하고, M을 log_e(가을), C를 $log_{0.5^{-1}}$(여름), T는 log_{10}(겨울)이라 할 수 있다. 이때 춘하추동이 한 번 회전하면 12개월이 되는 것처럼 12진법은 순환논리循環論理의 연산단위演算單位(rotation unit)이고, 어린아이가 태어나는 것은 인종에 관계없이 10개월인 것처럼 10진법은 발생(탄생)논리의 연산단위(nascent unit)로 고려할 수 있다.

그리고 지진이 발생하는 것도 10의 배수로 나타나므로, 비유적으로 12는 Klino의 단위, 10은 Kinesis의 단위로 해석할 수도 있다.

결국 매크로$_{macro}$ 측면에서 10진법과 12진법이 변환$_{transfomation}$을 통하여 다양한 물상을 포아송분포의 특성에 따라 생성$_{生成}$ 짓는다고 할 수 있다.

근원성$_{根源性}$의 관점에서 수치체계를 부연하면,

$$\frac{8^{-1}}{1 + 8^{-1}} = \frac{1}{9 + 0} = g \qquad \frac{2^{-1}}{1 + 2^{-1}} = \frac{1}{2 + 0} = 3g$$

여기서 g(= 9⁻¹)는 V에 대응시킨 바 있고, '8'이라는 상징수$_{象徵數}$와 관련됨을 알 수 있다. 특히 *KlinoKinesis* 기능이 가장 발달한 꿀벌$_{honey\ bee}$의 행동에서 유추해 볼 때, 이것은 우랄산맥 부근에서 해돋는 쪽으로 죽음을 무릅쓰고 이동해 온 배달족의 상징성도 고려해 볼 수 있다. 이 때

$$8 늑 e^{\frac{1}{\ln K}} = 7.989172265$$

와

$$\frac{1}{8} = \frac{1}{3 + 5}$$

이라는 관계에서 향후 다양한 해석도 가능한 것이다.

$$\left(\rho_m \cdot \pi_p\right)^{-1} = 0.213656062 = 4.680419505^{-1} \quad \text{(제 1장의 'Plank상수와 } \tfrac{1}{8} \text{건' 내용 참고)}$$

$$x_1 b_1 = 0.068073505$$
$$x_1 b_1 \cdot \pi_p{}^2 = 0.671809278 = (1.488517696)^{-1}$$

$$(8^{3g})^{-1} = 0.5 = 2^{-1}$$

$$\frac{1}{x_u} = 2 = (3-1)$$

$$b_0{}^{\zeta_0} = \left(\frac{8}{K}\right)^{\ln x_u}$$

특히 이 관계에서만 '나피아 e'가 본래적 의미로서 정확하다는 것은 중요한 결과이다. 즉 나피아 e 또한 수학적 무한을 가정한 어림수이므로, 근원성根源性 이론의 전개에서는 위와 같은 특수한 경우를 제외하고는 e 대신 σ = 2.71824859[1]) 및 다른 변형값을 이용한다.[5]

그리고 x_u 는 뇌파(μ파 또는 δ파)와 관계가 있고, 또한 매크로_{macro}적 Monas로서 피타고라스 직각삼각형의 90°(180°의 0.5)와, 마이크로_{micro}적 Monas로서 라이프니츠의 단자로單子論 _{Monadology}에서 언급한 $\varDelta$(델타)와 관계된다. 이들의 연역이 통계학에서 급내변동級內變動, 급간변동級間變動, strata, cluster로 표현 가능하다

즉, $(a+b)^2 + (a-b)^2 = 4ab^+$를 직교분해直交分解로 파악한다면, a와 b를각 각 $(a'+b')^2$와 $(a'-b')^2$으로 역시 직교분해 할 수 있기 때문이다. 이러한 표현에서 다음을 고려할 수 있다.

$$2ab = 2(x \cdot x)b = 2x(x-b) = 2a - 2xb = 2(a+b-x)$$

$$\text{참고} \,;\, \left(a = x_1{}^2, \quad b = \frac{x_1}{1+x_1}\,, \quad x_1 \cdot b = x_1 - b\right)$$

한편 이차방정식의 근의 공식 $\frac{1}{2}\left\{\left(-\frac{b}{a}\right) \pm \frac{\sqrt{b^2-4ac}}{a}\right\}$에서도 0.5$(= x_u)$가 기준이 되며, 제곱근_{square root} 또한 '0.5승'이다.

그리고 오늘날 정보공학이나 컴퓨터의 연산논리로서 'yes'와 'no'라는 형식의 이진법을 이용한다는 것은 수신과 발신에 따른 정보의 변환_{transformation}이라는 측

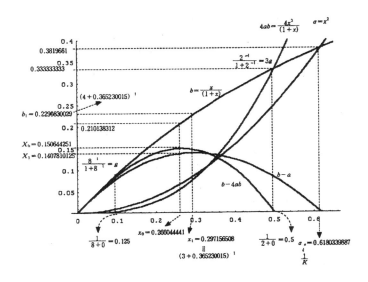

〈그림 11〉

면을 잘 보여준다고 할 수 있다.

　이상에서 살펴보았듯이 0.5는 수리구조상 계수係數라기보다는 변환의 변곡점
變曲點 또는 분산의 기초단위로서 고려하는 것이 유익하다.
　달리 말하면 각각의 사상事象 event이 0.5(중용中庸) 혹은 90°를 기준으로
어느 정도 분산되어 있는가 하는 것이고, 이것은 예컨대 노장철학老莊哲學의
근거로서 고려할 수도 있는 것이다.

해석학적으로 삼태극三太極에서 운운되는 원리를 마치 삼원색으로 상징하고, 또 그리스의 tripod로 상징했듯이, 이것을 변환시키면 90°를 조건으로 한 세 개의 선을 고려할 수 있다.

g는 다음과 같은 의미 있는 결과를 가져오기도 한다. 즉,

$$\frac{[\ln(1 + 0.0011111111)]^{-1} = 900.5 \\ -[\ln(1 + 0.0111111111)]^{-1} = \ \ 90.5}{81 \times 10} = \frac{10}{0.012345679012\cdots} = (0.11111111\cdots)^2$$

여기서 '81'은 건국이념-천부경 81(9 × 9)자의 개념으로 유추해 볼 수 있고, 이들 사이에는 대수관계對數關係 logarithm가 성립함을 알 수 있다.

그리고 9와 $\frac{1}{9}$은 태양 회전지구와 수소핵 회전전자에 비유 가능한 프랙탈fractal 관계로서 해석할 수 있다.

이상을 정리하면, 1절의 표와 같은 기초수치와 $V : M \cdot C \cdot T$ 구조를 기초로 다양한 변환變換 transformation이 가능하다.

이것을 근거로 현대까지 알려진 여러 가지 물상物象의 조건을 처음으로, 그리고 체계적으로 수용할 수 있게 된다.

가령 음(positive)과 양(active)이라는 의미에서, 독립적인 모델로서 상대성 모델과 사이버네틱스의 정보모델이 대수對數 · 지수指數의 변환관계에 있다는 것이 체계화된다면, 이것으로써 근원성 원리에 입각한 상대적 표상表象이 해석될 수 있게 된다.

나아가 페이너Fechner 법칙, 푸리에Fourier식, 마이컬슨-몰리의 실험식도 동일한 근원성 원리의 부연이라는 것을 알게 된다.

그럼으로써 이러한 각각의 부분적인 모델들이 공통의 근원성의 독립변수에

따라 나타나는 종속변수의 일환으로 간주될 때, 외적으로 경제상황의 헤징
hedging을 해결할 수 있는 예상의 탄력성을 갖출 수 있으며 이에 따른 이시異時의
대체代替를 통해 조속히 지구촌 경제사정이 안정될 수도 있을 것이다.

이처럼
초자연超自然적인 것을
직감적 '數卦수괘(수학과 괘)'로
피력할 수 있다는 것은
우연한 기적이다.

이 論文에 박사 홍성학 · 김흥재,
박사과정 이철우 · 이태희,
석사과정 박리혜 · 서윤정의 協硏이 있었음

誠 (言→成:創造) ： 信 · 義 · 業
　　(廣深久의 焦核)　　　(敬天)　　(愛人)　　(實地)

저자 후기後記

1997년 정년퇴임기념집 [성 : 신 의 업]의 후기後記이다. 이는 전기前期와 마찬가지로 원당선생이 직접 집필하신 내용이다.

1. 『계기契機』

지구민地球民의 실장實場 Real field은 다양, 속변해 가고 있다. 날로 사태화沙汰化 되어가는 정보 그리고 그의 지식은 역사적 인류의 근원을 더욱 더듬게 한다. 무수한 요소들은 본연本然을 향한 『創媒因子창매인자』를 찾고 있는 것이다.

만세래萬世來, 하늘을 섬기며, 사람을 사랑하며 일을 하며 참(양심과 진실)을 쌓아 온 인류사에는 **소박**素朴하고, **순박**淳朴하고, **예지**叡智로움이 깔려있어 스스로 떳떳하고, 그윽하고, 흐뭇한 희열喜悅(**찌집의 희열**囍涅)을 간직하게끔 되어왔다.

뿌리 깊은 양심은 격절장隔絶場(초절장超絶場)을 움터 정통正統을 뚫은 정통으로, 샘이 깊은 진실은 상대장相對場에서 시대를 뚫는 시대로 제 신토身土의 살(perversion : 도착倒錯)을 푼다(Auslösen : 해발解發).

이것은 「창매인자」를 닿는 **『촉새부리』**(seeding) 경우에 있다는 것이다. 곧 한국 역사상 고유 신토재가 참다운 창조로 맺히게 되는 낌새에 있다는 것이다.

> 예컨대 의약품의 경우 "페니실린"은 물질－인체에 집중
> 된 것(이를테면 신·의적 업(信·義的 業))으로도 볼 수 있
> 는 것)이었다. 예컨대 2차 대전 중 영국수상 처칠이 걸린
> 폐병에 던져진 영국 과학자의 「촉새부리」가 곧 "페니실린"
> 이었다. Mass(群)는 Group(집합)으로 집중되면서 본유(本
> 攸)의 Synergy가 발생하는 것이다. 이것은 르네상스의 경우
> 이태리는 「단테」의 「신곡」, 미국 산업의 경우는 테일러
> (Taylor, F.W.)의 경우이다. 21세기라는 내일의 새 시대의
> 발상도 그와 같을 것인 운기(運氣)가 스려오고 있다.

이것은 또 인류 앞에 나타난 극동極東의 양심과 진실이 현대적 의
미로 되살려질 건국이념－천부경建國理念－天符經의 구도構圖 paradigm에서
그러할 것이 발견해 진다. 수괘數卦에 있어 그 종속과 독립변수, 그
Peeling과 Piling 과정에서의 시간과 공간, 그 근본과 원천, 그 초점
과 핵심이 현시顯示(Päsentation : 십전상태+全狀態 Adäquatheit : 체험내용과
대상이 서로 완전 일치하여 자증적自證的 확증성確證性이 얻어진다 : 현상학現像學)
케 되어있다.

인간과 시공이 초핵을 잃고 병들어 가는 듯한 지금, 하늘의 본本
이 있어 확장되어 가는 그 균인菌因의 늪이 밝혀짐으로서 새로운 시
대의 조처가 다시 전개 되풀이 되고 있다. 농과학農科學의 열매들에
도 불구하고 천연농업에로 복귀해가는 것도 그렇다. 이와 같이 목
전의 과학의 장벽을 뚫어 천부도天符道를 찾으려는 뿌리 깊은 양심이
제 참다운 삶터에로 되살아나게 될 수도 있다.

그럼에도 세상世狀은 「초철超絶 없는 상대장의 대립」, 마치 나폴레옹

의 백일천하와 같은 것이 팽배하다. 곧 패권일 경우 경쟁사競爭史상의 최금권最金權의 무덤의 연속인 양 감안되어지고 있다. 한국의 근세사를 뉘우쳐 볼 때, 최고권층最高權層의 말로를 간주할 때 더욱 실감된다.

실제의 내일을 창조하는 것은 **소박**素朴 · **순박**淳朴 · **예지**叡智로운 아름다운 부족이 지닌 초절장에서의 상대적 분산에서이다. 이것은 원자 · 분자의 핵자력核子力과 전자력, 그 융합적 분열, 더욱이 태양의 융합적 분열에 비유된다.

초점을 감도는 핵심,
양심을 감도는 진실,
초절을 감도는 상대가
흔연欣然한 결실을 준다.

태어나 봉건잔해封建殘骸의 틀에서 자라다, 일제의 별도別道와 패도霸道의 미채迷彩에 비틀리고 그리고 해방의 갈등을 겪으며, 곧 서양사상을 판 6 · 25 살육장을 누비기도 하고 …, 그래서 동서東西의 극단을 부딪히기도 하고, 그리고 이상異狀적인 열등감도 되새기고, 또한 4 · 19의 와중에서 느끼고 5 · 16 군벌의 경직성에 누질리며 세출술世出術에로 얼룩진 지식의 현실의 와중에 허덕였다.

그러던 중 나는 당시 무언가를 절실하게 찾고 있었다. 맑은 공허(空虛)의 장(Kenōn)으로 되돌려지는 「제」(즉자 : An soi)와 「나」(향자 : Pour soi)였다. 그러던 차, (지금부터 40년 전) 어떤 날 꿈에서 충분히 큰 세계의 도서관을 찾아

나섰다. 거기서 안내하는 서양인 중년신사와 심부름하는 서양청년을 대했다. 중년신사에게 나는 무언가 간곡히 찾고 있는 책을 부탁했었다. 그는 그 책이 없다하며 도서관의 엄청난 책들 사이로 나를 인도했었다. 놀라웁게도 보여진 그 모든 책들은 누렇게 바래진 것들 뿐이었다. 실망으로 주저하며 머뭇거리던 나에게, 그 청년은 "이제 막 나온 책입니다."하며 그의 탁자 밑에서 넓이와 두께에서 전화번호부와 같은 녹색책을 내보였다. 그 책을 처음 넘길 때의 소리와 잉크향에 어리둥절했었다. 그 표지에는 『信·義·業』이라 쓰여져 있었는데 당시는 한글을 찾아 한자를 배격하던 시대이라 그 한자에 거부감이 들었다. 그 책 내용의 구성도 단편들로 되풀이 되며 깊어져가 산만하게 느껴졌다. 2/3 page를 넘어서면 수학의 장으로만 전개되어 내용과 그 체계도 이해하기 어려웠다. 그래서 와 닿지 않았다.

이 이전에는 대학에서 수학강의를 하기도 하고, 타기관에서 여러 외국어 통역도 하면서 때로는 이질적인 동서양의 생활에 젖기도 하고, 또 상처를 받기도 했다. 그 후 나름의 실實을 찾아 견습공으로, 또 발명가, 기술자로, 그리고 경영자로 일하기도 하다, 우연한 일로 30년 전 부터 건국대建國大에서 일해 왔다.

그러는 동안 거듭되는 군사관료軍事官僚등 이상풍토異常風土에서 누명陋名에 시달리기도 하고 여러 차례의 정正과 반反, 음陰과 양陽사이에서 마찰로 스스로의 갈등도 겪어 상처도 짙었다. 사회적 "폼"의 붕괴과정하의 군료群僚적 환상, 계급이라는 꺼져가는 거품 속에서 실속 있는 「자신」 그리고 나 스스로의 창조성(本性內본성내 溜晶유정의 沙晶섬정)을 간직, 키우게 되기란 어려운 것이라 자위自慰도 했다. 거기에는 **초절성**超絶性 **상대**相對냐, 혹은 **상대적**相對的 **상대**相對냐가 깔려있고, 그에 따라 긍정이냐 부정이냐, 혹은 결과냐 목적이냐, 그 대립의 늪은 날로 짙어갔었다. 이른 바의 원시적 자연의 생태 속의 유정장溜晶場(Gene－Kenōn)을 세련시켜 사람의 본성本性에 간직된 양심과 진실을 환경의 변화에 따라 탈바꿈해 가는 것이 진정한 희열이라 몰두해 왔다.

…… 4세 때부터 나를 놀라게 한 것은 잊을 수 없는 7색의 무지개였다. 그리고 앞으로 가는 기차의 바퀴가 반대방향으로 도는 것으로 보이기도 하는 장면의 감각이었다. 이러한 것을 모든 사람이 느끼는 기저감각基底感覺의 구조, 그리고 그 규칙, 거기에 더해 그것을 수식으로 처리해 보면 어떤 것이 될까 하는 의구심이 날로 짙게 간직되어 왔었다.

그 40년간 여러 차례 꿈에서 그 내용의 페이지가 날아들어 쌓이기도 했다. 쌓여진 원고의 글 맨 앞에는 붉은색의 한자 초서로 『信·義·業』이 세로로 쓰여진 원고집이 나타나 보이기도 했다.

세월이 쌓여진 지금, 우연한 일로 꿈속에서 찾던 그때의 절실한 책이 여기에 수록된 부분이 되었다. 건국대 학술지가 당시 녹색 전화번호부와 같은 것도 또한 그렇다. 또한 그래서 기적인 듯 했다. 회상컨대 그 동안 50%는 정확성이 있는 것이라 믿고 나름대로 탐구해온 책을 낸다. 그 동안 이상理想적으로 모여든 여섯 제자들이 협연協研으로 뒷받침되어 이룩한 것이 하늘의 고마음으로 되새겨진다. (홍성학, 김홍재, 이철우, 이태희, 박리혜, 서윤정－IQ·EQ·MQ로써도 의외였으며 또한 17년에서 4년간 정성을 다해 온 것이 기특했다.)

2. 『창매인자創媒因子』망網의 『촉새부리』(Seeding)

겨울을 조건으로 봄이 있고, 여름을 조건으로 가을이 있다. 풀(草)도 새(鳥)도 살아 왔었고 성자聖者도 현자賢者도 굶지 않았다. 그것은 믿음이나 사랑 이전의 먹이 – 업業에서이지만은, 그러나 그것만으로 삶의 조건이 채워진 것은 아니었다. 안정된 내일의 안정된 성장일까이다. 삶의 먹이를 싹트게 한 참다운 씨, 참다운 언들이 채워져야 한다.

성誠(참)은 신信과 의義가 있는 보이는 업業이며, 또한 업業이 있는 신信과 의義이다.

그리고 삶의 보람이라는 것도 또한 삶의 원천에서 찾기어 솟구치는 대원칙의 산물이다. 업, 그의 구체적인 체험, 체감과 체득은 태초의 말씀(誠 : Logos)에서 이어지는 것이다. 역사적 인류는 뿌리 깊은 양심으로, 샘이 깊은 진실로 행복에 수繡를 놓아왔던 것이다. 그것은 마치 단백, 지방과 당분이 주는 가시可視의 건강에 비유된다.

성언聖言, 성현聖賢적인 것과 현실사이에 업과 신과 의를 담는 것, 혹은 보이는 업 속에서 안 보이는 신과 의를 찾아내는 것, 그러한 실존적 자아실현이 부족했었다. 업적인 의에 소홀했다는 것은 생활 현실에서 Gene-nascence가 되지 못했다는 것을 의미한다. 더욱 최근에는 3S(Standardization, Specialization, Simplification) 중 Specialization만 강화됨으로써 종합적인 Simplification의 분산을 등한해 가고 있어 그 실현성은 점점 멀어져 가는 느낌이다.

양적으로 현대문화가 풍부하다 하더라도 그것이 미래적 불안을 안고 있는 경우에는, 양적인 것으로서는 질적인 초핵지향성焦核志向性을 감당할 수가 없게 된다. 초핵지향성이 결핍된 양은 **흥**興보다 **망**亡을 재촉하는 결과가 되기 마련이기 때문이다. 초핵감각焦核感覺이 흐트러지는 문명은 오늘날의 '그리스'나 '발칸반도'와 같이 옛날의 것을 되살리지 못하고 환란을 자초하기만 한다.

아득한 옛날부터 아득한 미래에 이르기까지 역사적 최대다수의 인류가 당면으로 찾고 있는 것은 생존조건의 해결이다. 가령 굶주려 죽어가는 사람은 자생할 수 있는 구체적인 조건, 병들어 죽어가는 사람은 회생될 수 있는 직접적인 조건이 필요하다. 직접적인 조건의 극한에서는 간접적인 유예가 주어지지 않는다.

성현들의 교양만이 필요한 것이 아니라 신信과 의義에 따른 참다운 업業의 계발啓發, 즉 인간 각개에게 주어진 실의 장real field에서의 실존적 자아실현이 긴요하다. 성현의 것을 직접적인 결실로 만들 수 있는 길이 있어야 한다.

Millenium-Cosmopolitan(천년세계)이라는 입장에서

가장 절실한 것은

성현聖賢이나 역사적인 평가에 있어서

신信과 의義가,

직접적으로 궁지에 다아가는

인류의 생존조건을 해결할 수 있도록 하는

패러다임의 계발이다.

그 기본 패러다임은

건국이념－천부경建國理念－天符經으로 밝혀질 것이라 본다.

광심구의 중심重心, 천인지의 중심을 향하는 본능(성誠의 외연 : denotation)이 무생물과 식물에게도 있고 동물과 사람에게도 있다. 본능 속에는 이를테면 중추신경과 교감신경, 부교감신경에 관련되어 움직이는 신경세포가 능률적인 활동을 할 수 있는 것이 된다. 무수종無數種의 DNA가 갖는 공인자共因子들의 분산, 그 구조와 기능은 날로 현상적인 차원의 능률로 나타난다. 최근 생명공학이나 인성공학으로 전개되어 가고 있다.

그것은 여섭與攝과 여건사이에서 자전하며 공전하는 질서의 중심重心을 지향志向한다. 중심이란 곧 시간의 초점이면서도 공간의 핵심인 것에 비유된다. 그리고 그 본질은 깊은 뿌리이고 깊은 샘터이다.

만물은 DNA와 기타의 공인자들을 Induct, Deduct(Production 기준 입출)하는 과정에서이다. 곧 여섭과 여건의 현상이 초핵인 근원을 되살림으로서 독자의 희열囍涅과 망라의 번영으로 나아가는 것이 되는 것으로 봐진다.

30만년의 진역震域(한반도 ; 한글사전)에서 살다 2만 5천 년 전(분자생물학 - 페터 포스터, 한국일보 97.2.3) 더욱 동쪽으로 달려, 광망한 옥토(미주美洲)를 헤쳤던 이른 바의 '아빠치(天천의 代理대리)족', '마야 -잉카 문명'이 지닌 선연先然의 소박성은 더럽혀지지 않았다.

극서極西의 근세, 막부적인 카리스마 아래서 어색했던 청교도들도 "로빈슨크루소"의 유토피아를 찾는 항해족인 냥 미대륙에 조운漕運되었다. 여기다 멀리서 온 아프리카의 부족을 더해 무수한 이민족도 얽혀 들었다. 그들의 공인자는 섞혀 새로운 청교도로 승화되었고 여기서 초절-공시태가 그래서 상대-통시태로 접합되어 최대의 창조성이 솟구치게 했다.

이것은 물상으로 보면 구심력이 원심력을 지키고 또한 중심重心이 중심中心들을 지키는 것과 같다. 이것은 그 후 사학자 토인비를 위시, "미국이여, 초기의 미국으로 돌아가라." 또 "너는 왜 로마 멸망의 과정을 그대로 따르느냐"라고 외쳐지기도 했던 것이었다. 그리고 "민주주의는 중우衆愚에 빠져들고 희열을 떠나 차츰 쾌락일변도로 치닫고 있다"라 비판하여 사형을 당한 "피타고라스", 그의 단자론적單子論的 초절지향성超絶志向性도 있었다.

초기의 미국산업을 솟구치게 한 것은 조부모계가 직접·간접의 청교도였던 테일러Taylor, W., 포드Ford, H., 에디슨Edison과 라이트Wright 형제들도 그리 했듯이 저지식인低知識人들 이었다. 이것은 기독 예수의 소박 저지식 모임인 그 제자들에 닮은 것이고, 또 민주에 계기를 주었던 소박 저지식인인 "루소"(자연으로 돌아가라, 민주주의 시발)와도 닮은 것이었다. 그럼에도 근원적 지식과 상대적 지식의 간극에서 슬로안Sloan, A.이나 드럭커Drucker, P.F. 등, 나름의 지식은 그 후의 산업을 뒷받침, 유익한 것이 되기도 할 정도이다.

　모든 것은 유가 있는 무의 장(空虛_{공허} : Kenōn)에서 움트는 Gene 에서 이다. −곧 맑디 맑은 유전자의 유정_{溜晶} 그리고 그 섬정_{渗晶}이 다. 천연이 낳은 자연의 생태를 존귀한 장으로 돌아가게끔 되게 함 으로써 참이 소생케 될 수 있는 것이다.

　테일러와 포드가 한 노사 공익을 상승시키는 작업의 표준은 오늘 날의 산업의 기틀이 되어 왔다. 테일러는 육체노동, 포드는 기계노 동을 통해 알력적 경쟁이 아닌 상보적인 상승을 가져다준 것이다. 이것은 인류사에도 유례없는 단시기의 성과로 나타났다. 슬로안은 다품종소량생산, 그리고 이를 위한 Block Building으로, 그리고 드 럭커는 고정비 상승압 하의 고객창조의 성과로 나타났다.

　산업에선 참다운 「신_信」과 「의_義」가 '안보이는 손'이 된다. 그것은 생산성은 신앙성과 인간성 그 동근거_{同根據}의 이형상_{異形狀}임으로이다. 공시태−통시태, 초절성−상대성, 근(뿌리)−원(샘), 시간−공간 사 이에 펼쳐진 것, 이것은 마치 회로기판의 정밀도나 나침반의 정확 도 아래 모든 행동이 시간의 농축_{濃縮}(Klino−Kinesis)을 잣대로 하 고 있음과 같다.

　칼칼하고 **말씬**하고 **활개**춤의 진역민_{震域民}의 **카마할**은 산업에 있어 서 Hard−ware로써는 **땅(地)**을 딛고, Gene−ware로써는 **발(足)**로 뛰는 고무신의 12종의 측정치(창조적 고유탄력성에 관한 研究(Ⅰ))로 나 타날 Cell 方式(Mini−cell)의 Bio−ware(Soft−ware)의 수용함이 유용하다.

<創造考창조고>

Opportunity fleeting, Experiment Uncertain and Judgement Difficult.

(기회는 찰라)   (실험은 불확실)   고로   **(판단은 어렵다.)**

Task of an investigator requires for it's success the **toughish** of soldier, **temper** of saint, **training** of scholar.   —David—

Love knows how to **reconcile the great discrepancy** and unite earth with heaven.   —Goethe—

Life is short, Art is long, **opportunity fleeting, experiment uncertain and judgement dfficult.**   —Hippocrates—

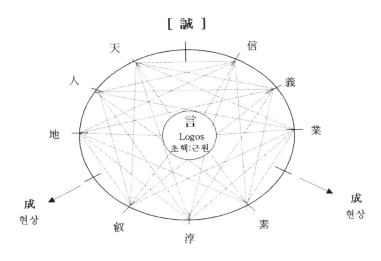

[誠]

< 사라바 圖 >

※사라바 : 百濟때의 중국 동남아(考證)

<그림 12>

誠 (言→成:創造) : 信 · 義 · 業
(廣深久의 焦核)   (敬天) (愛人) (實地)

참 고 문 헌

(1) 제 1장의 참고문헌

1. 李得熙, 倫理經營需壓과 開放體制實驗 Ⅰ, 建大學術紙, 제 12 집, 1971
2. 李得熙, 倫理經營需壓과 開放體制實驗 Ⅱ, 建大學術紙, 제 14 집, 1972
3. 李得熙, 倫理經營需壓과 開放體制實驗 Ⅲ, 建大學術紙, 제 17 집, 1974
4. 李得熙, 倫理經營需壓과 開放體制實驗 Ⅳ, 建國大學校 研究報告 制 8 輯, 1984
5. 源堂 李得熙 教授 華甲紀念論文集 - 建國理念-天符經의 數值實驗解析, 1991
6. 李得熙, 倫理經營需壓과 開放體制實驗 Ⅵ, 建國大學校 産業技術研究所 論文集, 第 17 輯, 1992
7. 鄭壹千 外 3人, 醫學用語辭典, 高文社, 1983
8. 李基白, 李基東 共著, 韓國史講座, 一潮閣, 1994
9. 김한곤, 한국의 불가사의, 새날, 1994
10. 리차드 레드삭 지음, 김현택 외 2인 역, 나의 뇌 뇌의 나 (Ⅱ), 예문지, 1994
11. 피터 톰킨스·크리스토퍼 버드, 황금용·황정민 옮김, 식물의 정신세계, 1995
12. 朴華述, 創造工學原論, 學文社, 1980
13. 金基禾, 景氣循環理論, 茶山出版社, 1994
14. 閔南基, 李憲用, 計測工學, 東逸出版社, 1986
15. 브라이스 워커 저, 라이프 지구 대발견-지진, 한국일보타임-라이프, 1985
16. 지성과 패기, 선경그룹 홍보실, 1994년 9-10월, pp.78-83
17. Leonard Shlain 지음, 김진엽 옮김, 美術과 物理의 만남 1, 2, 1995
18. 鈴木良次, 生物と機械の間-生物工學入門-, 創元社, 1980
19. 相良守次, 現代心理學の諸學說, 岩波書店, 1964
20. 井上 敏 外 3人, 理化學辭典, 岩波書店, 1958
21. 藤永保識 外編, 新版 心理學事典, 平凡社, 1981
22. 牧島象二, 創造への道標, 化學工業社, 1986
23. 哲學事典, 平凡社, 1993
24. Wiener,N., Cybernetics, 2th ed., The M.I.T. Press, 1961
25. Lewin,L., Principles of Topological Psychology, McGraw-Hill, 1936
26. Alcock,J., Animal Behavior, Sinauer A.I.P, 1975

27. Sale,K., Rebels aganist the Future, Addison—Wesley Pub., 1995
28. The Random House Dictionary of the English Language, 2th. 2d., Random House, 1987
29. 安世熙, 물리학의 현대적 이해, 청문각, 1995

(2) 제 2, 3, 4장의 참고문헌

1. 李得熙, 倫理經營需壓과 開放體制實驗 Ⅰ, 建大學術紙, 第 12 輯, 1971
2. 李得熙, 倫理經營需壓과 開放體制實驗 Ⅱ, 建大學術紙, 第 14 輯, 1972
3. 李得熙, 倫理經營需壓과 開放體制實驗 Ⅲ, 建大學術紙, 第 17 輯, 1974
4. 李得熙, 倫理經營需壓과 開放體制實驗 Ⅳ, 建國大學校 硏究報告 制 8 輯, 1984
5. 源堂 李得熙 教授 華甲紀念論文集 – 建國理念–天符經의 數値實驗解析, 1991
6. 李得熙, 倫理經營需壓과 開放體制實驗 Ⅵ, 建國大學校 産業技術硏究所 論文集, 第 17 輯, 1992
7. 李得熙, 創造的 固有 彈力性에 관한 硏究(Ⅰ), 建大學術誌, 第 40 輯(2), 1996
8. 강상균 외 2인 공편역, 매스매티카, 성안당, 1994
9. 柳道鈺, 黃土의 神秘, 행림출판, 1996
10. 칼 G. 융 외 지음, 이윤기 옮김, 인간과 상징, 열린책들, 1996
11. 相良守次, 現代心理學의 諸學說, 岩波書店, 1964
12. 오형근, 유식학입문, 불광출판사, 1995
13. 白邦善, 製品管理論, 貿易經營社, 1984
14. 로버트 쿡 디간著, 황현숙 譯, 인간게놈프로젝트, 민음사, 1994
15. 金基禾, 景氣循環理論, 茶山出版社, 1994
16. 成百能, 基礎物理學, 二友出版社, 1990
17. 藤永保識 外編, 新版 心理學事典, 平凡社, 1981
18. 이언 스튜어트 지음, 김동광 옮김, 자연의 수학적 본성, 동아출판刊, 1996
19. 哲學事典, 平凡社, 1993

誠 (言→成:創造) ： 信 · 義 · 業
(廣深久의 焦核)　　　(敬天)　(愛人)　(實地)

신문 기고

찌끔(身焦)의 희열(囍涅),
올터(土核)의 영채(映彩)

신토질(身土質)의 카마힐(칼칼, 말신, 활개)
─ 양심은 대륙의 지맥(地脈)·초(焦), 진실은 대양의 수맥(水脈)·핵(核) ─

〈2-2〉

원당 이득희선생

(건국대 명예교수)

**몇차례의 시련을 더 겪을 것인가.
지난 300년만이라도 길다.** 뿌리깊은
남근 바람에 아니 멜세…, 샘이 깊은
물은 가뭄에 아니 마를세…(용비어천
가)이다. 5대양 6대주의 수맥과 지맥,
그 진실과 양심을 거슬려서이다. 고유
신토질(身土質)을 두고 5장 6부의 내
장감각(內臟感覺, visceral sensation
: 心工)에 따른 내발적 동기(內發的 動
機, intrinsic motivation : 心工)를
되살려야 한다.

내장감각 따른
내발적(內發的) 동기

신토질(身土質)로 치면 독일의 경
우 칼날 만들기로도 유명하다. 지금
도 많은 물방아를 돌리며 4, 5대, 그
도 박사 자손들이 그 원시감각으로
이어가고 있다. 일본도 임란 때 건너
간 많은 장인들의 14대가 그 원시감
각을 살려 일하고 있다. 스칸디나비
아 반도에는 위험스런 반도체나 자
동차생산이 소규모적이나, 가령 색소,
기타 TiO_2(이산화 타이타늄) 등 고
유 무기물도 여러 대로 개발하고 있
다. 그것은 오랜 산업바탕의 안정도
이다.

우리나라는 희귀한 흙, 식물, 동물
성분들이 아직 잠자고 있다. 일본의
JIT(기계식 시간관리)가 보다 광심구
(廣深久)인 미국적 동기(動機)에 활

용되지 못한 경우 같이, 신토질에서 ~「도」는 축구로 치면 센터링을 찾아 열리고 ~「만」은 코너링으로 자폐된다.

그런데 고유의 인성과 토질은 역사를 역류하는 풍토에 묻힐 수 있다. 우리나라의 경우 원효를 위시, 이순신, 허준, 김정호 등의 인물, 그리고 동식물인 경우 희귀질이 많이 깔려있는데 왜 진흙에 묻힌 옥(玉埋塵土)을 모면하지 못 하는가이다. 그 수많은 보물이 왜 트지 못하는가. 미국의 경우는 링컨이나 에디슨 등등의 사람들이 발췌(拔萃)되어 본원(本源)을 계발

囍의 涅

몃몃하고 그윽하고 흐뭇한 희열(喜悅)이
이르러 가는 곳은 어딘가
소박(素朴)하고 순박(淳朴)한 예지(叡智)는
본래(本來)의 자연(Ergod)으로 이끌려 간다.
공시태(Synchronization)의 징검다리를 건너는
통시태(Diachronization)들은
드디어는 그 자아(Ich Kern)에
태초의 Message(通報(통보))를 싣고 있었다.
"내 가슴팍은 햇빛보다 맑다": (Lévi-Strauss)란
여운은 이것을 구성해간다.
넓고 깊고 오랜(廣深久) 것을 꿰뚫며 숨쉬는 하늘,
환인(桓因)이 준 천부인(天符印)에는
Wiener의 Cybernetics : $4ab$
Einstein의 상대원리(相對原理) : mC^2, 이들의 현상,
그 근거와 그 괘실(卦實)도 실려 있어 전한다
곧, $K^{(\ln K)^8}$, $K^{(\ln K)^{1.11111111}}$ $: K = 1.6180339$

(1997, 이득희, [誠 : 信 · 義 · 業], p.38)

「$(a + b)^2 - (a - b)^2 = 4ab$.

$H = K^{(\ln K)^8} = 1.00138460886891755074.$

$K^{(\ln K)^8} \cdot g = H \cdot g = 0.1112649564 = C_\rho = 10C_p{}^{-2}.$

$K^{(\ln K)^{1.11111111}} ≒ (1.11265024)^2 = \dfrac{100}{C_p{}^4}$

一始無始一, … , 一終無終一.

$g = 1.1111111 \cdots$. 」

(1997, 이득희, [誠 : 信 · 義 · 業], p.82, 270)

(啓發), 그 땅을 찬란케 했다.

『계통발생적 비교 (phylogenetic compare)를 통해 유전적 소인(素因)을 감별하여 행동을 분석 판별하는 것이 필요하다. 여기는 중판별분석법(multiple discrimination), 피셔(Fisher, R.A)의 우도비교(尤度比較)가 사용되기도 한다.』

찌끔 묻어온 허오지(虛傲支), 마도사(魔道史)

저지른 시모까바(시기 질투 깔치고 밟기), 곧 마도사(魔道史)의 풍토가 늪으로 깔려있기 때문이었다.

이것이 속과 밖이 비틀린 망국지사(亡國之史)이다. 지금도 허세의 폼을 부려 「높게 보이며 걸려들게 둘려치며 적나없는 우회술」, 그리고 개인적으로는 1. 부드러운 아첨으로 접근하며, 2. 비판 모략하고, 3. 그를 지배하게 되는 순으로 해 자기 세출(世出)을 위해 실제상 갈등과 대립을

찌끔의 囍涅(희열)을 트나게 하는 沴晶,
(溜畾 : Gene-duum)   (섬정 : Gene-nascence)
未然(미연)의 예측 · 예비 · 豫策(예책)이
내일의 효시이자 과녁

로마가 그 인구의 반 이상이 노비여서 망했듯이 한반도도 그랬던 셈이 된다. 거기에는 거시와 미시, 대승(大乘)과 소승(小乘) 간의 갈등이 숨겨있어서 였다. 그간 천년 우리의 찌끔을 묻어온 것은 총칼을 앞세운 금권(金權)의 패싸움이었다. 이것은 마치 로마네로 황제의 환상인 양, 이조 때의 양반인 양 되어 허세와 오만과 지배욕이

결과한다. 심지어 억울한 흑자도산의 그늘에서도 이 사악함들이 자라고 있다.

그리고 내일을 맡는 젊은이 고교생의 체질을 보면 10년전에 비해 4배로 나빠졌다(원시, 근시, 난시등). 그리고 키는 남녀학생이 3.8㎝, 2.9㎝ 더 컸고, 무게는 남녀가 보다 4.8㎏, 3.2㎏ 더 늘었다(조선일보'98. 2.2). 내일의 신체도 거품이

었다.

지금도 한강의 잘못된 기적을 팔면서도 건물이나 철도가 무너진 것도 뉘우치지 못하는 것 같다. 「죽고자 하는 자는 살고, 살고자 하는 자는 죽는다」는 말도 있다. 과절약이 쌓일 때는 소비가 미덕이다(케인즈). 그런데 오늘은 무모한 소비가 죽음을 불렀다. 곽에서 기어 나온 달팽이가 어언 두꺼비로 변해 이젠 되돌아 갈 수 없었다. 앉을 방석이 튼튼해야 했었다ー원해서가 아니라 다만 할 수 있기 때문이었다(Not where he would but he can : Homer). 고민하는 시대의 기형아, 지식인들도 이제 그 바탕의 본원을 계발하려 한다이다.

인성(人性)은 휴먼웨어 효과

어려운 고비를 겪어왔던 선진국들도 21C 앞에 다시 그들의 인성도야에 절실하고 있다. 인성이란 Gene−ware(찌끔, 溜晶(유정, Gene−duum))와 Hard−ware를 교호하는 Human−ware효과로 나타난다. 이것은 참다운 한강의 기적이란 것도 만드는 것이다.

선진대국의 역사의 흐름은 오랜 완행이었는데 우리는 짧은 급행, 아니 폭포였다. 설상가상 격랑을 누비다 어느 사이 새 세기 앞에 다가서 위태롭기도 하다. 5.16 후에도 내일을 팔며 그러나 자율을 차단한 생산성이었다. 선연(先然)의 체질로 나타나는 휴먼웨어가 스스로의 창조성과 생산성을 갖게 하는 것이다. 인성의 왜곡으로 나타난 기괴한 경제가 이성의 양화(良貨)를 차단해 왔던 것을 뉘우칠 때이다. 그러는 동안의 지나친 「부하(負荷)」와 차단, 그 왜곡된 「능력(能力)」은 이제 물결같이, 그 안개와 얼음의 둑에서 돌아와 스스로 출렁이려 한다. 상하좌우로 움직이는 탄성은 칼칼하고 말신한 활개춤의 것이 돼야 할 것이다.

그 구조기능은 스포츠−야구로 치면 1,2,3루와 내·외야수의 차원을 가진 원점 홈베이스에서 용솟음쳐 나오는 것이다. 원점의 In−duction과 De−duction의 교차발생은 피처와 케처의 고속 직속 스트라이크에서 누실(漏失)없는 시간의 농축(濃縮)이 된다. 상대 적의 홈런을 허용하지 않는 트난 구조이다. 원점의 홈베이스는 독립변수이고 차원의 구조는 종속변수가 된다.

모든 것은 광심구의 원점에서 발상한다. 정통(正統)을 뚫은 정통의 동기가 구조의 생명이다. 이것은 미국과 일본에서의 박찬호와 선동렬이 시사하는 바도 된다. 수메르 족에서 시작한 것으로 하면 생산이라는 자급과 소비라는 자족의 구조를 원점중심으로 물물교환하는 자본이 과녁과 효시(嚆矢)로 교차하는 피처와 케처 역할을 한다.

열매 탐하다 뿌리 놓친 시누(時漏)

역사에서 유속(流速)보다 인간의 조속(漕速)이 빠른 만치 번영한다. 이것은 사물의 경우 곧 무게심의 효과이다. '오늘날 지식과 정보가 당황하고 있는 것은 무엇일까. 그리고 헛된 급변사(急變死)의 속출은 무슨 탓인가'에서는 본원(本源)의 솟구침이 있어야 한다는 것이 된다. 그것은 언제나 꾸준한 미연(未然)의 샘이 되어 거침이 없는 것이다.

그런데 변절기 인간은 자칫 허세와 오만을 알지 못한다. 여기는 마도(魔道)의 문이 열려 시누(時漏)가 되어 선연(先然)의 겸손이나 검소를 비튼다.

오늘날의 선진국 경제 그 「기초회계」의 바탕에 반드시 강조된 것은 「정직과 진실」이었고 「군사」에는 그 기초 다짐이 거듭되는 「검소와 신뢰」였다. 이것은 여러 통계의 기초에는 「자기중심(ego-centrism)」과 「편견(prejudice)」, 「선입견(predilection)」등이 없어야 하는 다짐과도 같은 것이다. 이것이 그들의 발전사였다. ─그들은 오늘날 다시 이를 되새기고 있다. 부(富)란 참을 만끽하는데서 오는 것이다. 「경쟁은 하지마라」(H.Ford). 그러나 우리에게는 「낙타가 바늘구멍을 못 들어갈(성경)」 어려움이 되고 있다.

우리는 여러 차례 옐터의 물결을 안개로 날리고 얼음으로 차단해 왔다. 그 구비 구비에는 「시작이 반」, 「신바람 소비」도 있어 목적과 결과가 뒤바뀌고 있었다. 열매만을 탐하다 뿌리를 놓친 역사이다. 뿌리는 α(알파)이지만 미연의 끝엔 열매라는 ω(오메가)가 있다. 곧 「하늘의 뜻이 땅에 이루어지리다. 아멘(성경)」이다시피 세계는 지금 밀레니움─코스모폴리탄(Millenium─Cosmopolitan)─미레코스의 뿌리를 간추리고 있다.

그동안 우리에게는 애국(愛國)이라는 것도 뿌리 깊고 샘이 깊은 것이 아니라 충동이나 체력과 오기의 동원이라는 점도 있었다. 서양에서도 느슨한 슬로피(sloppie)족에 대립된 바쁘다 바빠의 여피(yuppie, 한국일보' 93.10.6)족이란 멸망사(滅亡史)를 대응 비판하기도 한다. 우리에게는 '젊은 놈' 혹은 '늙은 놈'으로 대응 깔보는 고려장의 탐욕이 있어왔다. 남녀는 각 특성을 갖고, 아동은 천진을 갖고, 노인은 체험을 틔우는 그릇이다.

병업경천(秉業敬天)
병업애인(秉業愛人)

역사에서 보면 줏은 아동을 왕으로 삼은 혁거세도 있고 민족을 통일한 선덕여왕 등등도 있었다. 처자(妻子)가 곧 임금인 넓은 가정이다. 우리의 1000년간은 힘과 칼만으로 해 한계가 있어왔다. 상하좌우를 갖추어 진지(眞摯)를 다하는 인생이 젊은이다. 그래서 실지적인 애인(愛人(義))이나 실지적인 경천(敬天(信))이 실지적인 창조의 일꾼인 것이다. 병업경천(秉業敬天), 병업애인(秉業愛人)이다.

풍부 속에는 자칫 신경세포의 경색(梗塞)이 쌓인다. 서(西)오리엔트에서 시작한 문화는 콜레스테롤 체질, 유전세포질로 되면서 미국에 이르는 화이트칼라로 되어왔다. 사실 되돌릴 수 없었다. 「미국이여 초기의 미국으로 돌아가라. 왜 로마 쇠퇴의 길을 가는가」이다. 인류사(人類史)를 위한 토인비의 말이다(서양문명의 실험). 우리에게도 건설은 길고 도산은 순식간이었다. 6.25도 미연없이 당했던 것이다. 그 후엔 성수대교에 이어 삼풍붕괴도, 괌섬(島)의 '쾅'에 이어 도산들의 속출도 그랬듯이, 상공으로 가는 장시간의 비행기라도 순식간의 추락은 차라리 지상차(地上車)보다 못하다이다.

복고 4대강국과
지구촌 수압(需壓)

지식정보의 사태 하에서는 파레토식인 로마의 ABC분석만이 길을 가늠하는 금은동(金銀銅)으로 알려져 있다. 찾은 씨를 트나오게 하는 영철(穎哲)이 마련될 수밖에 없다. 혼돈(渾沌)을 누비는 본질은 미연을 가늠케 하는 것이다. 그 과정이란 곧 "실험은 불확실하고 판단은 어렵다"(L. Avebury)이다.

어떤 행동은 장기적으로 세포를 경유해서 유전자에 영향을 준다. 과거라는 것은 세포와 유전자 변질을 거듭, 미래에 영향을 준다. 필연의 바탕에는 언제나 우연이 존재하고 과학의 바탕에는 언제나 초과학이 존재한다. 뱀장어의 수정란이 카피(copy)된 조상을 찾듯이('97년 발견) 인간도 마치 아담과 이브의 수정란에서 나온 것인 양 그 어버이를 상징, 새햇발을 찾아 이끌리는 민족사에 우리도 자라온 것이다. 그러나 또한 카인의 후예이기도 하다. 이제 그 와신상담(臥薪嘗膽 :장작에 누워 쓸개를 빨며 기다려 온 것)사(史)의 살을 풀어야 할 때가 다가왔다.

지난 30년대의 공황이 수습되어진 이론에 케인즈적 과녁과 효시(嚆矢)의 알맹이 즉, 거래적, 예비적, 투기적 동기가 유익된 것은 서양의 경직된 카리스마에서 튀쳐나온 청교도 바탕이였기 때문이다. **이제 찌끔(溜晶)을 트나오게 하는 汻晶(섬정)이 곧 우리의 嚆矢(효시)이자 과녁이 된다.**

토마스 아퀴나스 이상의 선연(先然)을 찾아 루소와 칸트에 이르는 경험이전의 사실, 선험(先驗, a – priori), 초절주의(超絶主義)로 대륙의 법적 사회를 간추리려면 자연법에는 「인간의 특성」, 「생명의 자유」, 「신체의 자유」, 「계약의 신성」 등의 운운으로도 실지(實地)의 사회윤리다시피 그 후 영국에서는 아담스미스, 벤담, 밀을 거쳐 「인자로운 충동」, 「비이기심」 등을 논하며 선연의 윤리를 대양의 경제에로 실현하려 한 것은 실지의 경제윤리, 그 수압(需壓 : 수요의 압력)의 연속이었다.

초절(超絶(선연))의 사회윤리 찾던 대륙(법제)와 대양(경제)

영국의 제본스(Jevons, W.S)는 오늘날 「엘니뇨」, 「라니냐」 현상하(現狀下)라고도 운운될 정도로 태양흑점의 11년 주기에 따른 경제현상을 그 바탕에서 논했다. 일본 나고야 실험의 경우 50년간의 경기가 기온에 비례했다는 데이터(한겨레,'98.2.2)도 있다. 그리고 최근은 동태평양 수온이 0.5℃ 하강한다고도 한다. 라니냐는 88년도 태풍을 일으킨 적도 있다(한겨레,'98.2.2, 2.12). 98년도는 우리에겐 위태로울 수 있다고도 한다. 5대양과 6대주에서 찾는 평화의 바탕은 인간 내의 본원과 그에 따른 사회적 창조의 윤리가 중세 훨씬 이전에서부터 닦이어 온 것이었다.

대륙(법제) – 대양(경제)의 이상이 르네상스에서 이어진 시민혁명이었던 것이나 현대에 이르는 본질의 혼돈에서 스스로 본연을 등져 물질에 치우쳤다. 민주, 공산주의도 물질의 노예란 것을 품게 되어져 버렸다. 그런데도 그 이면에는 언제나 그랬듯 또한 종교가 폭발하고 있다. 권력이냐 금력이냐의 극한 대립의 조건 하의 참된 꿈은 초절(超絶)의 논리 속에만 있다. 증오의 도구는 방사진(放射塵), 광우질(狂牛質) 기타로도 편리해 지고 공포가 되고 있고 정보기기도 이성마비에 일련될 수도 있다.

광심구(廣深久)의
원점(본원 – 공시태)서 발상되는 구조

빈부(貧富)도 지구회전과 같은 질서이지만 천인지(天人地) – 신의업(信義業)의 바탕에서 그 한계와 가능이 대중의 효용가차(效用價差)로 적절해야 할 것을 체험했다. 오늘날의 지식과 정보란 인간의 유효한 도구이지만은 우리의 그 바탕에는 선사 때의 알타이 몽고인의 신앙인 하늘, 사람, 땅이 자리하고 있다.

부귀와 빈천을 상승(相乘)케 하는 동기의 윤리가 병업경천(秉業敬天), 병업애인(秉業愛人)으로 기다린다. 뿌리끼가 솟구치는 구조와 체계이다. 곧

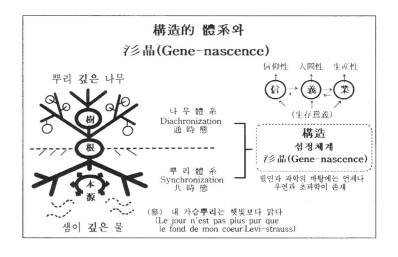

構造的 體系와
彡晶(Gene-nascence)

뿌리 깊은 나무

信仰性　人間性　生産性
信 → 義 → 業
(生存意義)

樹

根

나 무 體系
Diachronization
通 時 態

뿌리 體系
Synchronization
共 時 態

構造
섬정체계
彡晶(Gene-nascence)

필연과 과학의 바탕에는 언제나
우연과 초과학이 존재

本源

(參) 내 가슴 뿌리는 햇빛보다 맑다
(Le jour n'est pas plus pur que
le fond de mon coeur·Levi-strauss)

샘이 깊은 물

본원적인 것을 조건으로 한 시스템이 구조인 것이다. 구조는 공시태(共時態, synchronization)가 전제가 된 것이고 시스템은 일종의 통시태(通時態, diachronization)가 변형된 것이다. 뿌리있는 나무, 근원(根源)이 있는 조직이 구조이다. 공시태는 Innovation, 통시태는 Reshuffle 관계이다.

지금은 르네상스(Re-nascence)보다 「Gene-nascence」汐晶(섬정) 시대이다. 본원의 「찌끔세」란 여러 것으로 깨닫게 한다. 여기는 Necessary(필요)의 N과 Sufficiency(충분)의 S, 男女 호르몬의 엔드로겐(N), 에스트로겐(S), North(북)과 South(남), 그리고 정·동맥, Sinus Node(동결절(洞結節))의 N·S의 기호가 우연하듯 원점을 기준, N·S로 교차하여 또한 구조적 S·N들의 현실을 선진(旋進)한다. 그래서 오늘날은 하드웨어(Hardware)만에서 벗어나 진웨어(Gene-ware)적 시스템에서 교류하는 새로운 휴먼웨어(Human-ware)의 변수, 왈 Genetic Paradigm 하에 있다. 여러 내생과 외생변수의 조화성장이 우주의 별들이 정·동맥으로 새로워지는 화이트홀과 블랙홀 사이, 그 동결절(Sinus Node)에로 이끌리는 바의 인간의 묘향성(妙向性, Ciel-duction) 과정이 노골화되고 있다.

우주의 동결절(洞結節)
인간의 묘향성(妙向性)

그것은 이를테면 N·S의 균형으로 나타난다. S(♀)와 N(♂), 곧 유각자 무치(有角者無齒)에서 호치적 녹각(虎齒的 鹿角), 여질적 남질(女質的 男質)로, 그래서 이제 정착 있는 백마인(白馬人), 생산적 창조성을 다져 간추려 가는 듯하다. 실제 생활에서 "이상은 현실, 현실은 이상"(헤겔)의 실현이란 어렵다. 자칫 주관이나 이기에 편집되어 센터링 없는 코너링(축구)으로 액운을 맞이한다.

외생과 내생이 접촉하는 가운데 새 상태가 창조된다. 본원의 질서란 시간의 초점(焦點)을 둘러싼 공간의 핵심(核心)들, 고유(固有)의 Ergod(時-空) 상태, 그의 효시(嚆矢)와 과녁이다. 우·좌뇌, 암(♀), 수(♂) 특성을 교차 균형시키는 새로운 창조가 극동의 중소기업국에는 로마의 메세나(문예적 경영)에 비유될 새로운 산업이 탄생케끔 된다. 백두산 천지의 선연의 선녀, 그 옷을 숨긴 선남을 전설로 간직한 우리는 이 구단전(矩丹田)의 기(氣)에 따른 우·좌뇌 뇌량(腦梁)의 조화성장질(調和成長質)을 갖고 있다.(참고, 종신소욕불유구(從身所欲不踰矩) : 공자 70세)

호치적 녹각(虎齒的 鹿角)·
여질적 남질(女質的 男質)

금수강산, 이 올터에서 수놓았던 그 찌끔의 뿌리, 선연(先然)의 줄기는 동남아에서도 고전(古傳)되고 있다. 이것은 일본에서도 「사라바」(살아보아라)를 'Good bye'로 「사요나라」(싸기오너라)는 'See you again'이라는 뜻으로 불려지고 있다.

3.8선의 월남한 남한인 같이 그리는 도래인의 고향을 뜻하는 일본의 언어에서이고, 요양(遼陽)의 동경성(東京城 ; 새발성)으로 시작, 이름난 청나라의 누르하치의 성(姓) '愛新覺羅(아이신길로)'는 곧 '신라를 사랑하고 신라를 깨우쳐라'는 반세기전의 그 아비의 명이었다(역사적으로 극동(極東)에는 동경(東京)이 4개가 있다. 블라디보스톡 근처 만주에 동경이 최초이고 그 다음이 경주에 동경이 있었고 누르하치의 요양(遼陽)에 있었고 맨 마지막

에 일본 동경(시라기─사라바─새발의 뜻)이다).

일본노래에서는 왜 눈물이라는 단어가 계속 나오는 건가. 유전자속에 자리한 조선(祖先)을 찾는 그 찌끔의 위로인 것 같다.

'97년초 반도의 서쪽에서 신기한 하얀 까치가 날아들고 하얀 제비가 보이고, 기타 식물들의 길조도 있었다. 세계 유일한 초여름 피는 제주의 신동초 꽃이 97년 12월 겨울에 피는 길조도 있었다(YTN '97.12.27). 그리고 1억년전 한반도가 제일 살기 좋은 곳으로 해, 날개 크기 20m의 익룡(翼龍)의 발자국이 해남, 우황리에서 세계 유일로 발견되기도 했다(KBS1, '98.1.11). 6,500년전에 사라졌다고 하는 세계 희귀종 검은목두루미도 강원도 철원에 나타나기도 했다(SBS, '98.1.11). 최근에는 경주와 부산 사이의 6개 곳에서 많은 금이 매장되어 있는 금광이 발견되고 있다(중앙일보, '98.2.2).

고골리가 책 「왕중왕(王中王)」에서 썼지만은 호랑이 발생지가 퉁구스족의 시베리아이다. 여기가 곧 뿔(사슴)과 함께 이(호랑이)를 쓰며(有角者無齒), 우뇌와 함께 좌뇌를 쓰는 것, 야구로

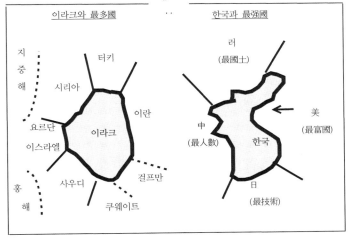

이라크와 最多國

한국과 最强國

러
(最國土)

지중해

터키

시리아

中
(最人數)

이란

美
(最富國)

요르단

이스라엘

이라크

한국

홍해

사우디

걸프만

日
(最技術)

쿠웨이트

치면 피처와 케처 사이의 균형감각의 발상지이다. 곧 시농(時濃 ; Klino－kinesis)이 이르른 곳이다. 내일은 본원에 따른 기준으로 동오리엔트의 메세나(mecenat)를 트내게 될 것이다. 구조적 경제란 또한 그와 같은 것이다.

최대다수의 맑은 찌끔이
신의업(信義業)의 능률

스키타이족과 같은 기마인은 여성다운 차분한 안주인(安住人)의 안정성이 적다. 그래서 오늘날의 위기는 남성에 치우친 확장경제(擴張經濟)에서 왔다. 산업에 있어서도 Klino(左的: potential)－

Kinesis(右的:kinetic)에서　Klino보다 Kinesis에 치우쳤던 것이다. 곧 호랑이 齒(이빨)보다 사슴 角(뿔)에 치우쳤다.

찌끔의 희열이란 맑고 짙은 시간의 농축꽃이다. 오늘날 놓인 곳은 복고하려는 4대강국, 금력(金力 ; 美), 기술(技術 ; 日), 국토(國土 ; 러), 인수(人數 ; 中) 틈이다. 그러나 지구촌은 지맥(地脈)과 수맥(水脈)의 초핵(焦核), 우리의 양심과 진실을 꿈틀거리게 하고 있다! 이제 생존의의(生存意義)는 썩는 처세술수속의 옥매진토(玉埋塵土)가 아니다. 자아의 인생경영, 그 현장이 기업이 되어가고 있다.

소박(素朴)하고 순박(淳朴)한 예지

(叡智)가 떳떳하고 그윽하고 흐뭇한 능률을 영할(穎割)한다. 곧 경천(敬天 : 信), 애인(愛人 : 義), 실지(實地 : 業)의 소생이다. 산업시대는 실지의 업(業)이 조건된 신(信)·의(義)이다. 즉 병업경천(秉業敬天)이며, 병업애인 (秉業愛人은 일월순(日月循)하는 것이다. 실천이란 광중협(廣中狹), 심중천(深中淺), 구중순(久中瞬)을 경유한다. 최대다수의 맑은 찌끔이 상승하는 무게심(中庸)이고 신의업(信義業)적 능률이다.

선연(先然)의 생리,
삼도(三到 ; 眼 舌 心)

최근의 속물성(俗物性), 그 허세나 오만, 지배욕은 날로 신뢰도를 떨어뜨려 기업을 위험에 빠뜨리고 있다(동아일보, '98.1.4)고 보도되어 신중한 충고로 나타나고 있다. 사실 천년 망국사(亡國史)의 마도(魔道)였다. 개체(個體)와 전체(全體), 독자(獨自)와 망라(網羅)가 교호상승(交互相乘 ; 핵자(核子) ↔ 분자(分子), 내생 ↔ 외생, Usage ↔ Schema)케 되는 뿌리는 무엇인가. 이것은 선연의 생리, 그 삼도(三到 ; 眼,舌,心)에서 시작, 트난다.

오늘날은 양화(良貨)와 악화(惡貨), 수요와 공급이 뒤범벅된 시대이다. 악화의 과잉은 양화의 성장을 기다린다. 보이는 손이 되어가는 양화가 악화로 보이는 과정도 겪는다. 비유컨데 3.8선 이남의 양화가 이북의 악화일 수 있고 또 이것은 봉건의 양심이 민주의 악일 수 있는 과정도 된다. 변천기의 칸칸이나 계단의 흐름에는 얼음같이 옹색해지는 둑에서 혹은 안개같이 퍼져버리는 벽 아래에서 스스로를 간추려야 하는 고통이 있다 ―IMF일 수도 있다. 우리의 카마할을 찾아 자아를 깨우치는 과정일 수밖에 없다.

세계는 이제 디플레이션 경쟁이 시작되었다고도 한다(라이시, FT). 본격적인 스테그플레이션(stagflation) 혼돈에 말려든다. 그 해법은 또한 새로운 문제가 되고 있다. 지난날은 시민혁명을 이어 공산주의도 겪었다. 유태인의 학살로 상징되는 2차대전도 겪었다. 이제 마지막 혼돈(渾沌)을 푸는 인류의 영철(穎哲)이 남았다. 우리는 적자생존(適者生存)의 미연에 투철했어야 했고, 그 예측·적응에 충실했어야 했다.

우리나라에서는 해방과 더불어 6.25, 4.19, 5.16의 혼돈 속에서 지도자의 악순(惡循)도 이어졌었다. 정책의 수립도, 실현도 어려웠다. 본원을 찾던 아득한 원효나 이순신 등등이 날로 파묻혀 찾겨지지 않았다. 오늘날은 유전자 감식 (discrimination analysis of gene)을 통해서라도 참 일꾼을 찾아야 하는 아쉬움이 있다. 근세 서양도 법제(대륙)나 경제(대양)를 통해 선연의 윤리를 찾아 허덕였다. 시대의 극한에 영할(穎割)된 영철(穎哲)은 선연(先然)을 통해 오는 하늘의 손이다.

영할(穎割)된 영철(穎哲), 선연(先然)통한 하늘손

「뜻 있는 곳에 길이 있다.」 이제 심불재(心不在)이면 시이불견(視而不見)이며 견물생심(見物生心)이다. 자아를 찾아 뚫어야할 위험과 기회, 그러나 그 바탕엔 찌끔(溜㿝)의 희열사(史)가 있다. 산맥으로 둘러쌓인 울아래 알을 낳는터(우랄알타이어계)에는 울을 나선 극동(極東)의 올터에서 맑은 찌끔의 샘터를 지키는 울을 간추려야 한다.

수 억 년 여러 부족을 누비면서도 한국민과 똑같은 체질과 모양이 울알인 양 최근 우랄산맥의 알타이족이 올터인 양 심신(心身)도 카피하다시피된 부족이 발견되기도 한다. …지금 우리들의 모든 가정에서 얼굴, 몸, 모양도 어쩌면 장남 장녀는 몽고인같이 광대뼈가 나왔고 둘째는 서양인 같고 셋째가 세계인 같은 것으로도 보여진다. 다만 미연에의 정성을 다할 때이다.

씨에서 트난 뿌리가 튼튼한 체계를 구성한다. 지금부터 한국에 있어서의 구조는 찌끔에 근거를 둔 형식이다. 내일의 세계엔 찌끔의 희열(囍涅)이 올터의 영채(映彩)로 빛날 것이다. 이제 예측과 예비, 그리고 예책(豫策)을 간추릴 때이다. 그래서 겨레의 윤리경영도 새로워진다. 곧 우리에게는 칼칼한 찌끔의 동기, 말신한 줄기의 구조, 활개의 열매가 자리한다.

호랑이(寅 : 五更)가 토끼(卯 : 六更, 韓半島)를 딛고 용(辰:七更)으로 둔갑해가는 올터의 찌끔시대 ─船馬氣(pneuma? 후네우마?) ─ 奇門遁甲(topsy − *Turtle*)이 온다. 새로워지자.
거북

찌끔(身焦)의 희열(囍涅),
올터(土核)의 영채(映彩)

신토질(身土質)의 카마할(칼칼, 말씬, 활개)

– 양심은 대륙의 지맥(地脈) · 초(焦), 진실은 대양의 수맥(水脈) · 핵(核) –

<2-1>

원당 이득희선생
(건국대 명예교수)

5대양 6대주같이 사람의 5장 6부에서 발생하는 내장감각(內臟感覺, visceral sensation : 心工)과 그 내발적 동기(內發的 動機, intrinsic motivation)는 본원적인 것에 수압(需壓)한다. 곧 인체의 불수의근(不隨意筋)의 효과이다. 이것은 땅에 이루어질 하늘의 기미인냥 무한 차원의 원점이 보다 정확히 보이게 한다.

올터의 묘향(妙向)
「카마할」

본원의 자연, 선연에는 개방이라는 진화의 변위(變位)가 흘어져 있다. 엉뚱해 보이는 시대의 대원칙은 경천(敬天), 애인(愛人) 그리고 실지(實地)의 경제이다. 흑백 및 황색종 인간, 그 중 또한 황색갈래 백의민족(白衣民族)이 살아온 지구촌의 이 올터에는 그 찌끔이 심기어져 있었다. 우주 속 그윽한 생명들이 쫓는 길은 이를테면 우주의 화이트 홀(white hole)과 블랙 홀(black hole) 사이 동결절(洞結節, sinus node, 심장부위)을 지향(志向)하는 묘향성(妙向性 ; Ceil-duction)이었다. 이는 이제 막다른 시대, 그의 경제를 가늠케 해야 하는 창벽을 맞이하고 있다. 우리의 경우 마치 멀리 우랄산맥에서 태

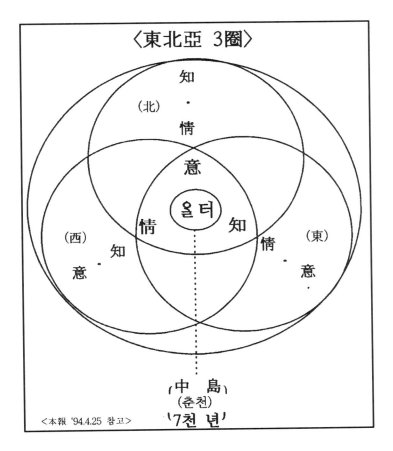

〈東北亞 3圈〉

知
(北)
·
情

意

올 터

情   知

(西)   (東)
知   情
意 ·   · 意

(中 島)
(춘천)
'7천 년'

<本報 '94.4.25 참고>

어난 고아가 어버이를 찾아가는 과정
인양 하다.

순환하는 본원의 생명은 본연(本然)
의 溜晶(유정) – 생명의 프리즘 갈래로
비치며 진화해 왔다. 식물, 동물뿐만
아니라 인간도 무생물속의 탄소(C),
질소(N) 혹은 이산화탄소(CO_2)와 칼
슘(Ca)이 대양의 산소(O_2)를 매개로

해, 산호가 되어 석회암으로 되는 순
서로 출발, 그래서 세포(cell)로 된 것
이라고도 한다.

병업경천(秉業敬天)
병업애인(秉業愛人)

대원칙은 성(誠 : 言→成)을 본원

(本源)으로 찌꿈이 생명프리즘이 되어 信·義·業의 현상으로 나타나는 것이다. 더 깊고 넓은 뜻으로는 성(誠)은 창조적인 로고스다. 이는 시대에 따른 집중적인 하나가 필요조건이 되고 나머지가 충분조건이 된다.

근세래 미래는 성(誠)을 무게심(重心)으로 한 필요조건이 「실지(實地)의 업(業)」이다. 그 충분조건이 信·義이다. 곧 경제 중심 시대에는 실지를 조건으로 한 경천(신앙)·애인(문화)이 실현성 있는 것이 된다. 서양의 고대(그리스)는 문화(애인)가 중심조건이

첫 중세기의 계급사회를 강조하게 된다. 오늘날 소유와 경영의 분리를 출발시킨 베브렌(미국 제도학파) 또 그의 말에 따른 인간의 공장본능(工匠本能)이나 바르와 민즈의 그 '소유와 경영 분리' 구체화도 본원에 따른, 이를테면 청교도들의 信·義를 바탕으로 하고 있다. 이제 기법 등의 단편만을 강조할 수 없다.

역사의 소용돌이를 누빌 때 인간은 시간을 농축(濃縮) 혹은 누실(漏失)해 왔다. 때로는 생산성에 더한 창조성, 조화에 더한 성장성을 나타내는 시농

대원칙은 창조적 로고스 誠(言→成)을 본원으로 찌꿈이 생명프리즘이 되어 信·義·業으로 트나야

된 경천과 실지였고, 중세에는 경천이 조건이 된 애인과 실지(業)였다. 곧 병업경천(秉業敬天), 병업애인(秉業愛人)은 일월순(日月循), 해와 달과 같이 돈다 이다. 모든 것의 필수조건은 성(誠)이고 각 信·義·業은 필수적 충분조건이다.

오늘날은 실지의 업이 중심조건이다. 그렇지 않을 때의 경천·애인은 자

(時濃 ; klino-kinesis)의 인생은 주어진 생존의 임계(臨界 criteria, 心工)를 벗어나기도 했다. 가령 상위(上位)에 찬 권(權)이나 금(金), 부나 귀가 몰락하더라도 그 생리는 내적으로 하강하기 어렵다. 하방경직성의 세포이기 때문이다. 안 보이는 오만과 지배욕이더라도 그 세포에는 누적되어 중독된 마약같이 고지방질도 더분다.

여러 상황에서 그 기축(基軸)을 되찾는다는 것이 언제나 쉬운 것은 아니였다.

그러나 인류는 생존의 최단 가능해(最短 可能解 shortest feasible solution)를 찾아, 유정(溜晶)의 섬정(沍晶)으로, 곧 본성(本性)의 영채(映彩)로 나타나기도 하여 왔다. 정통(正統)을 뚫은 정통에는 고유의 신토질(身土質)이라는 거름이 있었다. 그것은 우리의 황토, 봉삼, 징코민들로도 그 예가 된다. 이것은 선사(先史)에서 흘러온 기틀의 육각형으로 알려진 시농(時濃)의 체질이 특징짓는다. 이것은 꿀벌이 그 집과 꿀, 그리고 짚신벌레(paramecium)가 가령 폭우 속에서도 새햇발을 찾아 지향하는 시간의 농축(klino-kinesis, 心工)등도 그러한 것이다.

올터의 진역민(震域民 : korea(한글사전))은 그 찌끔의 그 고유값(eigen value)을 짙게 해 왔었다.

뇌생리상으로는 우뇌가 큰 특징을 가진다(한국인만이 우뇌가 큰 것으로 증명됐다). 그 질서는 이를테면 석가가 부모 처자도 왕궁도 버렸듯이, 예수도 그런 류(類) 만치 마치 버려진 고아가 어버이를 찾아가는 길과 같았다. 진화과정의 많은 변위(變位) 앞에 찌끔은 그 시공(時空)을 가로 지르는 길의 나자반(羅自盤, 眞向性)을 갖고 있다. 이것이 곧 묘향(妙向)하는 미발(未發)을 품은 것이었다(희노애락지미발, 위지중(喜怒哀樂之未發, 謂之中 : 중용)).

공중집합(共重集合)서 트는 실지(實地) 동기

이는 모든 차원의 원점을 갖는 것, 이 원점 지향발상(志向發祥)적인 것을 칸트에 이르는 자연주의자들은 선연(先然 ; A-priori)-에머슨(Emerson, R.W.(미국))은 초절(超絶 ; Transcendentalism)로, 레비스트로스(구조주의)는 공시태(共時態 ; Synchronization)로, 훗설의 현상학은 잔여(殘餘 ; Resi-Duum)로 각기 전개했다.

천부경(天符經)에서 「일시무시일(一始無始一), … 일종무종일(一終無終一)」이 수학적으로 풀이 되는 것, 여기서 파생된 식인 것이 노버트 위너(Wiener. N)의 「사이버네틱스(Cybernetics)」로 풀렸다. 결국 천부경에서 뜻하는 초절범위(超絶範圍), 차원의 원점범주(原點範疇)는 사이버네틱스의 뜻과 동일한 것도 있다. 그것은 논리적으로 찌끔이 내포(內包)한 본원이다. 여기서 찌끔은 프리즘의 시농(時濃)과 시누(時漏)에서 가늠되는 기준(基準 ; Criteria)이 된다.

예컨대 좌표에서 X, Y, Z대 라고 한다면 그것은 각기 상대적인 것으로, 구조주의에서의 통시태(通時態 Dia-chronization)가 또 그렇다. 상대적인 모든 차원이 대대(待對)적 구조·기능을 하는 데는 초절, 즉 원점집합이 그 전제가 되어 상보(相補 com-plemental)의 기능으로 상승효과(케인즈)를 가진다. 여기서 각 차원은 충분조건이어서 원점이 필수조건이 된다.

그래서 양화(良貨)가 존재했을 때만이 악화(惡貨)라는 것도 대대(待對), 시농효과(時濃效果)를 가져온다. 곧 악화, 양화의 수급효과(需給效果)가 된다. 시농효과란 「(산업가치)産業價値」, 곧 생산성×창조성이다.

시농효과(時濃效果)
= 생산성×창조성

후진중소기업국에는 선진대기업국에 비해 창조성을 더 발생케 해야 하므로 생산성보다 앞선다. 그러나 문제는 징검다리로 도사린 위험을 디뎌서만이 기회가 창출되어진다는 것이다. 그래서 원점을 전제로 한 상보적인 구조라야 한다는 것이다. 여러 현상들의 공중집합(共重集合)에서는 실지의 동기들이 발생되는데 이것은 곧 선연적인 것 즉, 본원적 자연을 전제로 한 시농효과(산업가치)를 갖는 질점활동이 된다.

물의 경우 한계선을 우체고 밀세면 안개가 아니면 얼음이 된다. 그 사이 가늠대의 최대한의 기준은 고도의 널

옹아리의 삶

새햇발에 움터온
모감주 나무(桓因) 결이 있다.
옹이로 아로 새기며
거기 옹골차온 겨레가
너울거린다.

한많이 바란 수풀(권 - 금 - 명)은
맑은 물결의 마음을 밀어 간다.
조상도 하늘도 흐뭇한 모개(구비)에선
파고드는 나의 얼은 아늑하다.
('96.5.11 - ㅇ.ㄷ.ㅎ.)

뛰기와 같은 탄력성의 출렁이는 물이다. 이것은 또한 말탄자의 건전한 말안장(saddle field)에 비유된다. 이 마(馬)안장은 탄 사람과 말(馬)의 대대(待對)적인 여건(輿件)을 갖는 생산성과 창조성의 겹이다. 이것은 곧 가중된 공집합이어서, 신기한 우발현상까지도 그 무게심을 갖는다.

인간행동이나 경제현상도 원점의 찌끔(溜晶)을 중심으로 한, 구조적 기능이다.(사람의 인성 자체가 물결처럼 파동치기 때문에 로마식 파레토 즉 PERT/CPM 처럼 ±ABC로 좌우 포아송(poisson분포)으로 번간다.)

상하, 좌우로 솟구치며 흐르는 것은 최대다수가 물로 치면 4℃를 무게심으로 하여 공진(共振)하고 있기 때문이다. 안개 같은 과잉과 얼음 같은 동결의 두 둑 사이를 4℃를 중심으로 함께 넘실거리는 것이 본유(本攸)의 경제와 문화와 종교이다. 곧 안개와 어름이라는 강뚝을 붕괴시키며 우체고 밑세는 행동은 위험하다.

진역민(震域民), 큰 우뇌의 창조성

인간 생활의 지나친 고저(高低)는 가령 아첨, 탄압 혹은 시기, 질투 등의 풍토가 되어 파탄한다. 그것은 허영과 오만과 지배욕을 품은 속물(俗物) 때문이다. **대표적으로 타국에 비해 124배의 모략적 고소가 하는 산업과 그렇지 않은 124명과 생산성이 동일하다는 엉뚱한 전제가 IMF의 위기도 만든 것이다. 그리고 인성(人性)도 운운하면서 엉뚱하게도 가정적 산업에서 여성 개성의 활용이 전혀 없이도 가능하다는 전제도 있다. 여성활용이 세계 139등으로 낮다.** 그런데 반면 실지조건의 인생이란 언제나 참된 제도나 환경을 붕아(崩芽)하는 경천과 애인이다. 르네상스이며 내일은 즈네상스(Gene-nascence), 沙晶(섬정)이다.

금수강산−녹색의 올터족(族)(震域民)은 원래 우랄산맥을 거쳤다. 그 후 풍요로 이름난 것으로 오늘의 경영학의 출발이 되었던 수메르족 지역(그 우르지방, 메소포타미아는 아브라함 탄생지)에서도 안주하기 싫었다 …. 묘향성(妙向性)으로 새햇발의 땅을 찾았다. 그들을 당시 중국어로 진민(辰民 ;

새벽민)이라 불렸던 것, 이것은 오늘날 알려진 스키타이족의 조선(祖先)이 달렸던 것으로도 상징된다. 한반도에서 사슴뿔 왕관등의 유물들과 들판무덤들도 완전 일치한다는 것은 신기하다.

올터에 머문 백마인(白馬人－그 피로 동지(冬至)차례)은 그러나 묘향의 갈증을 지닌다. 그들의 '살'을 풀기란 곧 태양이 솟는 곳, 하늘의 천끼(天끼)를 따르려는 간절함이었다. 이것은 때로 우울한 홧병을 풀듯 '살풀이춤'으로 나타나기도 한다. 예컨대 악성(樂聖) 슈베르트를 운동의 마라톤케 하는 데는 선연(先然)의 음악 풍토에서는 가능성이 없지 않는 것과 같다.

올터민(民)의 경제장(經濟場)일 때는 선연장(先然場)의 반음(半音)으로 연결되는 「양산도」, 「아리랑」 등이 그렇듯이 민요장(場)였는 것 같다. 여기에 안주인(安住人)과 다른 백마인(白馬人)의 특성이었을 것이다. 오늘날 이러한 류의 예술이 왜국(倭國)땅이나 남미(南美)의 땅에도 반음을 중심 12～20음계, 황토색 중심 12～20색이상의 채색미술(彩色美術)이 펼쳐져 있기도 하다.

클래식 음악은 20이상의 음계이며 그와 같이 명화도 다색조(多色調)이다. : 클래식음악에 고개든 식물은 3배로 커지고, 락음악(단음계)에서는 고개를 돌려도 썩었다는 실험이 있다－선연의 질서가 아닌가? 폐쇄의 우뇌는 그러다가는 마치 얼음이 안개로 변질되어 이성도 퍼져버리는 불행이 있다.

사람은 대부분 흘러온 언어와 그 음악 등의 예술장(藝術場)에서 태어나

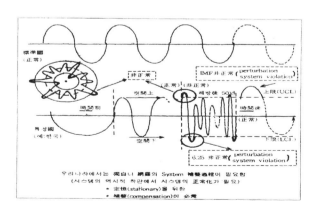

거기서 산다. 의외에도 바탕에 삼원색이 균형 있게 조화된 나라는 한국밖에 없다는 것(한국경제, 97.6.5), 한국인의 우뇌가 그렇듯이 세계의 장에서 발표되었다. 그런데도 우리나라의 현성(顯性)의 음악, 미술은 음계나 색깔이 단순하여 폐쇄적 '코너'를 개방적 '센터링'시하는 하는 느낌을 준다. 그래서 세계적 명곡화(名曲畵)에 풀어드는 데는 착란이 있다. 기재성(基在性)에서 반음의 민요, 삼원색의 균형, 더 큰 우뇌는 우리뿐인데 왜 그럴까? 그 동안 상처간 잠재의식(潛在意識)의 기준, 흠짓난 좌우뇌의 뇌량(腦梁)이 아닐까. 원점을 되살려야 한다. 가시단편(可視斷片)은 다차원의 원점에서 파생된 것이다.

음악에서도 최근 번역된 일본어 교육용 책에 나온 「新妻鏡」(니이쯔마가가미, 이상기 저)을 보면 음계가 18단계이고 잘 알려진 「影慕」(가게오 시타이데) 등 노래도 18계이다. 그런데 우리나라 노래는 대체로 10계 이내이다. 그럴 경우에 18계의 무게심에 비해 10계의 무게심은 자음자독(自音自讀)에 병들기 쉽다. 그래서 일제하 우리 독립군가도 일본 것이 많다는 것이다(중앙일보, '97.6.10). 오늘날 청년들

의 백색차(白色車) 선택일변도 또한 공포감마저 준다.

기재(基在) 균형감각 비튼
폐쇄시계(閉鎖視界)

폐쇄적 시계에서는 쉽게 「십리도 못가서 발병난다 …」, 「… 역겨워 가실 때는 죽어도 아니 눈물 …」등과 앙갚음감(感) 등의 「피를 바쳐서 …」「뼈를 깎는 …」, 「살아남기 위해 …」, 「허리띠 …」 그리고 자주 쓰는 야단치는 말 「그럼에도 불구하고」, 「… 사실이다」 그리고 「… 놈」, 「… 새끼」자(字)등 너무 많은 극단적인 용어생활에 곁들여, 영상에도 한숨이나 싸움을 거듭하는 것 등은 사람의 오기를 자극, 외골수로 기울게 하여 허세와 오만과 지배욕 등 속물적 마도(魔道)의 강조로 점철된 것 마저 못느끼는 신드롬이 있다.

랩춤도 180°가 아니라 80°이내이다. 지나칠 정도로 폭이 좁다. 가령 국어사전도 외래 한자어가 놀라울 정도로 너무 많다. 글자도 바이오리듬(biorhythm)이 무시되어 기계적인 편협감을 준다. 이런 것들이 사회압(社會壓)의 풍토일 수밖에 없어 급기야는 넓고 깊은 우리의 판단력을 비틀게 했

다. 그러나 정통을 뚫은 정통은 사람을 걸른다. 필수 인재를 발췌(拔萃 ; epi－tome)한다. 선진국에서는 에디슨, 라이트 형제가 뽑히듯 신기인(新奇人)의 출추(出抽)가 부럽다.

초절적 대대(超絶的 待對)·
본원윤리(本源倫理)의 수압(需壓)

IMF 때, 수많은 도산과 실업 그리고 공무원 봉급을 1할 줄이는 마당에 대중의 이웃돕기는 예년보다 30－40% 이상 향상, 그리고 금모으기도 그렇듯이 역설적인 민족이다. 우리 바탕의 찌끔에 있는 유일한 것(반음, 삼원색, 큰 우뇌), 본원을 찾아 계발(啓發)하게끔 되는 계기에 왔다. 다만 교량(橋梁)이나 괭굴에서와 같이 「백지장도 맞들면 …」이 되어갈 수밖에, 곧 초절적인 대대(待對)의 치밀한 윤리가 수압(需壓)된다.

우리의 아득한 선사시대, 모난 기호(한글식(式))를 쓰며 극서(極西)에서 극동(極東)으로 마치 어버이 찾는 고아마냥 달리던 우랄 올터족이 옛날 자라 같은 이 반도에 머물렀던 것을 다짐할 때이다. 그 후 수메르에 머물고 영어의 조상인 도리아족, 동으로 달렸

던 스키타이족, 이미 그 훨씬 이전 우리는 마치 오늘날의 집시의 낭만인 양 선사시대의 지구를 누볐던 것이다.

경제에서 옛날의 로마가 메세나(Mecenat)의 문화적 경제를 꽃피었던 것을 보면 우리의 특이한 찌끔의 올터족에는 이를테면 돈「만」이 아니었고 받드는 것, 돈「도」였다. 그 기성(基性)에 깔린 묘향성(妙向性)의 운율(韻律)을 보아도 그러하다시피 「처용가」, 「정읍사」, 「서동요」 등은 세계어가 발굴해야 할 가장 깊이 있는 옹아리의 선연적 발음의 언어(이두문)로 되어있다. 역사란 애기의 맑음이 삼도(三到 : 眼, 舌, 心)로 이어지는 흐름이다. '수풀속의 길을 목동에게 물어야 한다'이다. 죽은 나무나 플라스틱 길은 혼돈을 준다.(Holz weg und Walt weg : F.Hölderlin).

身土質 (신토질)의
유전자 감식

지구촌의 받드는 업(業) 앞에 선 동북아민(東北亞民)은 생명공학의 오늘날 유전자 감식을 통해서 이룩해야 할 바가 절실하다. 이것은 미연(未然)의 대비에 필수적이다. 역사는 날로

인간이라는 지고(至高) 탄력체(彈力體)를 부활, 더욱더 한 극소(極小)와 극대(極大)의 뚝 안을 출렁케 되는 것이다. 이제 권(權), 금(金), 위(威)의 지배라는 착란에 머물러서는 내일이 없다. 생명공학, 심리공학, 인성공학이니 하는 시대에 있어서는 궤변으로 알려진 국가나 민족이 기만술로 이용될 수도 있다. 사실 우울증이나 자폐증을 일으키는 유전자가 발견된 것도 감안해야 한다('98.1.12 YTN, 선데이 타임즈). 사상이라는 것도 역사래(歷史來) 남하(南下)운동의 유물론적 궤변이나 처세술이다. 최근 태국에서 온 「훈」할머니('97)의 유전자 감식의 엉뚱한 결과에 모두가 승복했다. 이것은 언어, 풍습, 지역, 역사도 처세적 궤변이 될 수 있다는 진정한 혈족의 증명이다.

그래서 첫째로는 묘향성의 과녁이지만은 그 과정의 진향성(眞向性 : Gene‒duction)이 있어, 이것은 씨의 과녁을 뿌리를 통해 찾아가는 나자반(羅自盤)의 경로가 된다. 곧 網羅(망라)‒獨自(독자)에서 본원의 자연, 선연을 누비던 것이 보여 진 것은 세계에서 그 혈족만이 갖는 카마할(칼칼한 맛, 말신한 신, 활개춤)이라는 외연(外延)이 품고 있는 그 내포(內包)의 씨와 뿌리이다.

뇌생리상으로는 좌뇌의 논리적 생산을 갖는 안주성인(安住性人)과 달리 우뇌의 지감적(知感的) 창조, 그 계발성(啓發性)으로 특징지어 진다. 들판을 누벼온 진화과정, 그 꾸준한 효시(嚆矢)란 고아롭게 닦여진 갈증의 찌끔(溜晶)이다.

콤팩트 시농(時濃)이 풀 혼돈(渾沌)

올터의 지역은 그래서 대내, 대외적으로 안주(安住) 좌뇌성인(左腦性人)의 도전을 받아오기도 했다. 여기 종속된 얼빠진 것 같은 것, 그래서 권금(權金)의 갈등, 그 살육전에 거의 체력과 용기만으로 대응해온 허구성이 있어왔다. 그러나 녹색의 올터인 만이 갖는 콤팩트(compact)한 시농(時濃 : klino‒kinesis)이 오늘날의 단편경제의 혼돈장(渾沌場)에서는 다시 최근의 1000년의 역사가 되풀이 되지 않으려 믿는다. 이제 대원칙에 의한 구조가 유정(溜晶)의 섬정(汆晶)을 원점으로 하기 때문이다. 인간의 안이비설신 지정의 영(9갑, $1/9=0.11111\cdots$, 一始無始一 및 一終無

終一 : 천부경 적용)이 콤팩트된 것의 종합시대이다.

이제 인성이나 신인도(信認度)의 측정기도 개발되어지려 한다. 올터의 특유 신토질(身土質)의 인자(因子)도 밝혀지고 있다. 信(신)·義(의)·業(업)의 역사적 농축(濃縮)이 그 울로서 가늠케 된다는 것이다. 천인지(天人地) 지향(志向)의 「찌끔」이 터나 광심구(廣深久)로 엉클리(tele, 心工)는 길이 터여지는 압력이다. 그 요체가 인성공학, 심리공학 등으로 되살리게 된다.

비약된 논리나 과장된 조직은 하드웨어 일변도의 과학이었다. 큰 우뇌로 좌뇌와 균형하려는 것은 시대창조의 과정이 된다. 「뿔을 잘 쓰면 이를 못쓴다」(유각자무치(有角者無齒))라는 말로 좌뇌의 논리와 더부는 자신을 냉철히 부활시킬 때다. 예컨대 스키타이족의 사슴뿔 금관과 호랑이 이빨이다.

내장 감각과 내발적 동기

『이것은 인간행동의 기본동인인 Erg(心工)와 파생한 Meta-erg로 나타내진다』(erg는 지각 정동 도구 요구 등이며, meta-erg는 사회문화적

환경 틀이다). 이 發生의 根本因子인 「氣質」(temperamental trait)은 시계열(통계학)하의 생득(生得 Angeboren : Tinbergen. N)적인 것이고 환경변화에 무관, 독립적이다. 그리고 기질의 그 체질특성(體質特性 : Constitutional trait)은 신체내부의 조건에 따른 구성으로 유전적인 환경을 포함한 외생적인 조건인 것이다. 모든 요소들은 내외생(內外生)의 교차탄력성(交叉彈力性)을 중심으로 엮여 그것은 그 체질적 시공(時空)에 따라 특이하다. 이것은 동기 발생상 **내장감각(內臟感覺** visceral sensation)에 따른 **내발적 동기(內發的 動機** intrinsic motivation)로 나타나는 것이다.』

내장감각의 내발적 동기를 공중집합으로 편리케 도시하면 A : 인간, B : 동물, C : 식물, D : 무생물로 나낼 수 있다(그림 참조). 그 외는 동·식·무생물의 집합이다(本報 '97.12.15日字참고).

세벼리, 정항(定恒) 보정(補整)의 구조

사람의 기질과 체질의 특성은 언어운율로도 나타나고, 크게는 그 고유성

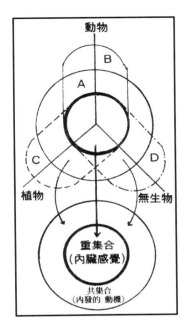

動物

B

A

C

D

植物　　　　　　無生物

重集合
(內臟感覺)

共集合
(內發的 動機)

(固有性), 정동성(靜動性), 풍토성(風土性)을 지닌다. 독립, 우열, 적자생존(진화론 : 다윈) 그리고 항성(恒性), 운동, 작·반작용(역학 : 뉴턴)에서도 그 질서는 동일하다.

그래서 信·義·業의 「업」도 그 기질, 체질 그리고 역학적 환경에 따른 작동요소로 나타나는 것이다. 올터의 질로 치면 이를테면 황토와 봉삼, 징코민 외에, 잘 보는 동물로는 진돗개, 삽살개 등에서도 그 근원성의 특질(source trait : Cattell, 心工)이 발견된다.

우리 올터의 북쪽은 「意」·知·情적이고 서쪽은 「情」·知·意적이고 또 동쪽은 「知」·情·意적인 세 벼리(三綱)로운 것, 그 특성을 갖고 있다. 이 귀연(貴緣)은 마치 3화음이나 3원색인양 조화되어 문화문명의 기틀로 빛나왔다. 이 세 벼리로 표현되는 9감의 그물은 그 조아(藻雅)로 더불어 표면특성(surface trait, 心工)을 매개, 근원성을 조화 성장, 창조를 거듭한다. 그래서 날로 복잡 날카로워지며 사태되어 가는 지식정보 시대에 강조될 것은 「너 자신을 알라」－사실상 「나 자신을 찾아라」이다.

몇차례의 시련을 더 겪을 것인가. 지난 300년 만이라도 길다.

I'M a Flower. No, Shit. I'M a
Form. 「Ah～」.

녹색일기 1998년 1월 15일(목)

〈원당선생의 수치실험해석 친필 원고 중에서〉

보이는 손(Visible hand), 양화(良貨)
미연(未然)은 끝이 반이다

- 망라(網羅)와 독자(獨自)의 나자반(羅自盤) 효시와 과녁의 영할(穎割) -

원당 이득희선생(건국대 명예교수)

역사와 인류가 시공(時空)으로 일치해 가는 현실이 전개되고 있다(시공의 중첩(重疊), Ergod化). 루소의 '자연으로 돌아가라'는 민주의 삼권을 징검다리로 해 더 넓고 깊고 오랜 정통(正統)의 인자(因子)를 트나게 하려는 꿈이었다. 그는 피어나 퍼질 그 인자를 보론테 제네랄(Volonté Générale, 동양에서는 이것을 일반의지(一般意志)라는 현재성(顯在性)으로 번역했다)이라 일컬었다.

역사·인류의 시공(時空)일치

그것은 아퀴나스의 진리를 중세말의 혼돈 속에서 환골탈태케 하려는 휴고 그로티우스(Hugo Grotius), 푸펜도르프(Pufendorf), 그래서 루소에 이르렀던 것이고 이것은 칸트에 의해 오직 한번 시간을 어길 정도로 감동으로 다가가 펼치게도 됐다(A priori). (그러나 현실성의 미비는 2차대전 직전의 독일에서 바이마르헌법의 와해로 되고 그리고 자연법의 계몽주의는 죄형법정의 응보주의(포이에르바하)−실정주의 정립으로 되어졌다.) 실지는 선연(先然)을 함께할 때 그만치 잘된다. 인간사회에서의 내생과 외생의 균형은 언제나 시공의 초핵(焦核)을 지향(志向)하는 것이다.

시대가 변동하는 와중에서는 언제나 약육강식의 탐욕이 깃든 궤변의 과학 등이 신선한 본연의 뿌리를 흔들어 온 것이었다. 전근세가 태동하면서 혼탁한 풍토를 쇄신해가지 못한 기슭에는 이를테면 선한 카리스마도 악한 것으로 변질되는 정도였다. 대륙에서 '빵 아니면 죽음을 달라'가 상징하듯 비용경제의 이론 위에는 유물론이 펼쳐질 정도였지만 그러나 지중해에서 전개됐던 서양문명, 그 대서양의 한복판에서 영국은 찬란한 산업혁명을 터뜨렸다.

탐욕의 미연(未然) 혼돈장(渾沌場)

새로이 이는 선연의 소용돌이는 항상 언제나 낭만이 휴머니즘의 뒷받침으로 되풀이 된다. 로빈슨크루소니 모어의 유토피아니 등도 그랬다. 근대와 현대가 부딪치던 틈바구니에서 선연(先然)의 퓨리탄(Puritan)을 바탕으로 육체노동에서 노사공익(勞使共益)을 성공시킨 테일러의 표준이나 그 기계작동의 포드의 표준, 그 시스템이 꽃을 피기 시작했다. 그리고 에디슨은 자연의 흐르는 물로 전등불을 켰다. 그런데 아담 스미스의 보이지 않는 손을 오용한 화려일변도의 탐욕적인 경제는 세계적 공황을 몰고 급기야는 2차 대전을 일으키는 동기도 됐다. 그렇지만 그 뿌리에서는 참다운 하늘의 손인 양

선연(先然)스러운 인간의 심리를 바탕으로 한 케인즈혁명이라는 정태경제가 자라고 있었다.

그러나 그 이후 경제왕국을 상징하여 뒷받침하려했던 것. 슘페터 등에 의해서 태두 한 동태경제는 뜻밖의 탐욕을 부추기게 되었었다. 이것은 또한 당시에 싹트던 지식과 정보, 나름의 지구촌의 교통도 뒷받침되어 현대의 생활장은 혼돈(渾沌)의 광장이었다. 자본이나 기술만의 산발적 제국주의인 양 들떠왔다.

2차대전초의 그 제2의 낭만에서 노동자들도 자기의 경제왕국의 건설에로 치우치기도 했다. 사무엘슨 등의 동태경제의 부분도 그 탐욕에 핑계가 될 정도였다. 이 혼돈 속에서 빵의 평등을 뜻하던 마르크스의 낙원도 그 화려한 현실 앞에 퇴색되어졌다.

자연을 판 민주아래 인간의 양심이나 진실은 그 궁지에서 꿈틀거려 올뿐이다.

이제는 자연을 판 생활장, 그 통계장에서도 인간은 그 편견이나 선입견 그리고 편집성(偏執性) 마저 정당화시켜지고 있다.

우연·필연,
시(時)·공(空)의 착각

인간은 식사와 수면을 필수하는 조건의 존재이다. 수십 억 년이라는 진화사(進化史)에도 각기 별거해 온 흑·백·황인종이라 하더라도 각 수명이 100세 이하라는 필수조건이 있었다. 과학이나 의사도 그 벽을 넘지 못한다. 또 담배, 술, 커피 등등을 하지 않는 특정 종교라 하더라도 암이나 치매증을 겪는다. 농약적 생산의 우연한 강조도 우연한 지하 오물로 역효과 되고, 개발된 석유도 심지어 하늘의 오존층으로 덮었고 그 대책의 발견도 하늘의 득(得), 우연이었다.

과학도 그 내려진 장벽 앞에는 부동이다. 나폴레옹의 말도 '내 사전에는 가능한 것이 적다'가 된다. 지금도 실업자나 아사(餓死)자도 변화 없이 늘어가고 있다.

본원성 초절(本源性 超絶)의
영할(穎割)

그러나 지구는 언제나 일정한 속도로 돌며 태양과의 거리도 일정하다. 인간의 혼매(昏昧)속에는 과학의

벽을 넘는 종교가 오히려 번져간다. 그래서 그 기슭에 신앙성과 인간성을 조건으로한 생산성이 실(實)을 기해가는 역사가 있다. 꿈과 동시 미연의 불안을 찾는 인류는 보이지 않는 하늘의 손짓에 허덕인다. 이제는 아담 스미스나 세이의 경제법칙이 깔고 있는 안보이는 손이 보여져 가는 시대이다.

그래서 천명(天命)을 따라 도(道)를 찾는 교(敎)가 있는 것이다(참고 中庸 : 天命之謂性(先然) 率性之謂道, 修道之謂敎). 망라(網羅)와 독자(獨自)사이의 인간, 전체(全體)와 개체(個體)사이의 물질, 그리고 빈과 부, 천과 귀사이 그 단편과 체계들의 상대장(相對場)에는 이제 본원의 초절(超絶)이 영할(穎割)되려하고 있는 것이다.

오늘날의 산업장에서는 소비와 공급 사이를 자본이 매개한다. 그 활동의 바탕에는 인간의 삶의 보람, 생존의의(生存意義)가 자리하여왔다. 그 성과는 또한 곧 시농(時濃 : 시간의 농축)의 열매였다.

이것은 계곡과 바다사이 항해하는 배(船)와 같이 전생(前生)과 후생(後生)을 잇는다. 공간을 누비는 시농(時

濃)의 열매는 그 효시와 과녁을 지른 성과이다. 여러 기회도 위험도 누빈다.

를 다스리던 유비가 산골의 제갈을 찾은 것도 곧 효시와 과녁에 굶주려서이

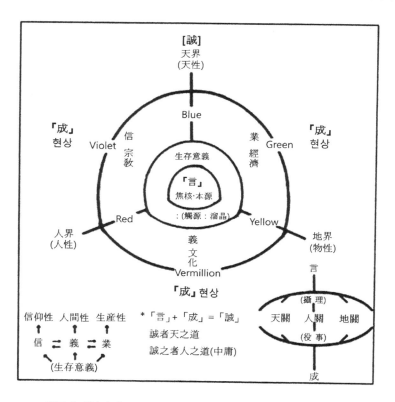

생존의의(生存意義)
-시농(時濃)의 산업

역사의 흔적을 볼 때 그리스 당시의 민주(民主 : 헬레니즘)를 외치며 천하를 다스리던 알렉산더가 통속의 거지 디오게네스를 찾았고, 또한 천하

다. 근세의 미국에서는 빈민굴에서 커온 링컨이 있었고, 당시 IMF 구제하의 영국에서는 빈민 소녀-기술계의 대처가 선출되기도 하였다. 최근의 중국에서도 기술자 출신의 지도자를 갖추어 가고 있다. 자칫 기술제국주의의 위험도 도사린다.

독자 · 망라의 효시와 과녁

사람이란 나무의 잎 성분, 꽃 성분을 통해 과일을 맺는 것과 같은 식물과 동물의 속성을 공집합(共集合)한 존재이며 시한부의 생명이다. 그의 음과 광도(光度)가 적정할 때 능률적인 것이 된다. 그러나 지나친 충동이나 지나친 침체에는 꺾여진다. 식물에서 족되는 것이다.

이것은 또한 계곡에서 바다로 흐르며 악천하(惡天下)의 풍랑도 꿰뚫어지는 시너지(Synergy)의 창달(暢達)이다. 곧 식물, 동물성의 공분모를 바탕으로 한 본원(本源)의 영할(穎割)이다.

오늘날의 혼돈을 사회문화적인 경우로 뉘우치면 2차 대전 전에는 체력

맑은 素 · 淳 · 叡(소박 · 순박 · 예지) 속의 맑은 「올터」찌끔(觸源 : 動機誘發體 : 溜晶)이 되살아나는 信 · 義 · 業 시대

도 특이한 감각이 있다. 보다 상징적인 것은 이를테면 서울 통의동의 백송이 일제 36년간 전혀 자라지 않았다는 측정의 결과('94)도 있다. 전체적 망라와 개체적 독자사이의 생존장(生存場)에서는 인간의 생존의의(生存意義), 그 교호(交互)가 창조를 맺게 한다. 이것은 선연의 본원이 트나옴으로써이다.

산업도 노사간, 생산과 고객간의 표준성(標準性), 이를테면 그 나자반(羅自盤)의 효시와 과녁이 교호, 상승 흡

단련이나 시합, 그리고 교양과 인성도 야였던 것이 전후의 아프레게르(après –guerre) 물결을 타고 엉뚱하게도 「생존경쟁」「약육강식」(다윈), 더 나아가 「살육전」(춘추전국)을 방불케 하는 「살아남기」라는 용어가 팽배해졌다. 아동교육에서도 시기 질투 멸시 나아가 학원 폭력이라는 것까지 이르게 되었다.

타나토스(Thanatos, 심리학)라는 살육본성의 일환인 깔쳐서 밟는다는 등의 풍토가 짙어진 것도 그간의 동태

경제의 오해에 편승한 것이었다. 이제는 타나토스에 교차하여 「Eros」적 성폭력의 결합도 예사가 되었을 정도다.

판단은 진과 위, 정과 반을 전도(顚倒)키도 한다. 어느 사이 우리의 기재성(基在性)에 자리한 「떳떳하고」「그윽하고」「흐뭇한」정통(素, 淳, 叡)마저 매몰케 되는 듯하다. 조상 유물의 도굴, 희귀 동식물의 세계적 사냥 등 목전의 금권(金權), 그 충동은 스스로의 내행(內幸)과 외복(外福)마저 갈등케 한다. 그래서 뇌생리상의 균형감각인 뇌량(腦梁)도 비틀릴 정도이다.

최근은 먼 미국에서도 재벌이 도산도 되고, 아프리카의 빈곤에서도 싸우다 차라리 아사(餓死)도 한다. 우리도 해방 후 50년 엉뚱한 사상을 팔아 야생적 대립을 일삼아온 현실을 뉘우칠 수밖에 없게 되어간다. 지금은 지역감정과 지구감정의 착란 속에서도 내일이 강조되어 진다.

보이는 손, 암호해득시대

우리는 아직도 좁은 것을 넓은 것인 양하고 얕은 것을 깊은 것인 양 착각하는 음악이나 언어습성, 미술 등등도 이제는 뉘우칠 자아의 찌끔(觸源 : 動機誘發體 : 溜晶), 이것을 맑힐 때이다 (예: 음계도 12이상, 색깔도 12이상).

우리의 5천년중 후기의 천년이 왜국사(倭國史)에 비해 뒤지어 온 것은 본래의 생존의의가 스스로 억압되어 잘못되어진 결과이기도 하다. 민족을 판 강식자들이 엮은 신분계급의 강조는 원나라, 명, 중, 왜 등의 힘겨룸, 그 격란에 따른 「올티」(韓魂), 항해선의 뒤집 힘이었다.

이제 대양에 충격한 그 배는 본원을 되살리게끔 그 「올티」찌끔이 강제(强制)되고 있다. 그야말로 역(逆) 또한 진(眞)의 경우를 뉘우쳐간다. 3.8선을 상징하는 폐쇄적 상대대립들도 새로워질 수밖에 없다. 현실적으로 동포의 무고가 타국에 비해 124배이고 ('97) 남녀차별이 세계 139등째라는 것도 자업자득으로 부딪힌다. 이제 하늘의 손은 보이기 시작한다. 하늘손의 암호와 대화할 때가 오고 있다. 예술은 하늘의 암호를 해득한다고 한다(야스퍼스). 예술도 언어도 그 바탕의 옹아리(Usage)를 찾아야할 때이다.

IMF의 구제신청도 제2의 을사(乙巳)조약인 양 이제 정축(丁丑)보호조약('97)감을 준다. 사실 우리는 매사에 낙천을 거듭하고 기슭에 우울증을 쌓아왔다. 그것은 위태로운 미래에 도피하려는 증후군이기도 하다. 우리는 그 수백 년 미연(未然)을 두고 단편의 끝만 거듭했다.

지금의 선진국들이 수백 년 기다리던 시베리아의 천연가스가 이제 세계로 향해 집중되고 있다. 과연 한반도가 태평양가의 나루터가 되어버린다. 여기서의 혼돈은 가능성 있는 미연으로 창조적인 희망일 수도 있다. 세계인이 노리는 기상천외(奇想天外)의 것이 탄생될 수 있는 것이다. 그야말로 녹색의 마음, 그 종합이 새로운 GDP로 나타난다. 이곳이 참다운 자연에로 돌아오게끔 하는 그 수요의 압력 하에 있다는 것이다.

시간적 차원의 사건들은 끝이 없다. 그러나 위험을 필요조건으로 하는 곳에는 기회라는 충분조건이 존재하는 법이다. 다만 능동과 피동 사이에서 어떤 창조가 될 것이냐 하는 그 가능은 끝이 없다. '소 잃고 외양간 고침'의 불안은 끝이 반인 것이다.

찌끔, 생명의 프리즘

이제는 써도 삼키고 달아도 뱉을 수 있게끔 되는 본원이 되살아 나야한

다. 그리고 약하면 밟고 강하면 빌붙는 질서의 종말이 보이는 현실이다. 여기에 자연과 인간, 망라와 독자사이의 고유 나자반(羅自盤)은 영할(穎割)케 될 수밖에 없다. 맑은 素·淳·叡(소박, 순박, 예지)속의 맑은 찌끔(觸源 ; 動機誘發體 : 溜晶)이 되살아나는 信·義·業의 시대이다.

찌끔이란 여러 현상으로 나타낼 생명의 프리즘, 그리고 그 분석의 스펙트럼이다. 즉 생명이란 빛이 찌끔이란 프리즘을 통해 신·의·업이라는 3원색의 조화, 그래서 12색의 조화를 바탕으로 한 영채(映彩)로 나타나야 한다.

초연(超然)이나 선연(先然)은 변하지 않는 촉원(觸源)의 터(場)이다. 그를 둘러싼 인간의 9감(眼, 耳, 鼻, 舌, 身, 靈, 知, 情, 意)도 그 그늘에 정돈되는 계기가 된다. 이것은 사람 몸에서 디아스타제(효소)가 전분으로 하여금 당분케하는 것과 같다. 백금흑(Pt black)은 변동 없는데 둘러싼 수소와 산소라는 공기가 물로 변하는 이치다.

그와 같이 본자연을 역행하는 인간은 환원(還元)될 시련을 누빈다. 이것은 마치 서양의 시멘트가 우리 나라의 황토의 과학으로 돌아오려고 하는 현

대적 과정과 같은 것이다. 선연, 그 초
절성(超絶性)은 대립하는 상대(相對)의
철벽에서 대대(待對)에로 환원케 하는
것, 원수도 친구가 될 수밖에 없는 정
통을 뚫은 정통의 본원이 싹터가야 한
다는 것이다.

마지막 역사의 장벽 앞에 아, 신은
손짓한다. – : 울밑에선 「**봉삼**화」야··
폭풍한설 찬바람에·· 너의 「**魂**」은 예
있으니·· (봉선화歌 중에서)

녹색신문 1997년 12월 15일(월)

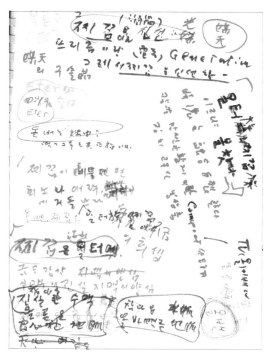

〈원당선생의 친필 원고 중에서〉

그 자연(自然)에서는 돌아오라

혼돈(渾沌)은 영철(穎哲)로 푼다

원당 이득희선생
(건국대 명예교수)

참다운 자연의 인간은 언제나 창조된다. 그 시간의 질서는 언제나 현실 속에서 트나게 한다. 무수한 종류와 종자로 얽혀진 환경에서 생명은 자아핵(自我核)으로 그들 간에 교류케 된다. 여러 생명의 유전자들이 갖가지 특색을 나타낸다. 농축된 역사적 시간, 인류적 공간은 뿌리 깊은 샘을 갖고 보람을 준다. 그래서 여러 생명은 선연(先然)을 되새기며 작용-반작용의 환경을 가로 질러 파종(播種)되어진다.

선연성 배반한 위(僞)자연

넓고 깊고 오랜 것(廣·深·久)의 뿌리는 뻗쳐져 가는 것이 된다. 그러나 어떤 시대나 그 지역이 어떤 논리나 감정에 치우쳐 선연성을 어겼을 때 그것은 부자연한 것이 되고 그 그늘에서는 상대적 배반이 갈등하게 된다. 편법이 치우쳤을 때는 본원(本源)의 초절(超絶)이 막히게 된다. 그래서 본래적 질서의 휴먼웨어(Human-ware)가 뒤엉켜 산업의 가치성도 그 목적과 결과가 뒤바뀌게 되고 결국 그 삶의 보람도 역사의 흐름에서 버려진다.

더욱더는 그 재앙이 여러 가지로 보여진다. 자연과학이 우연히나마 이를테면 하늘의 오존층의 파괴를 막지 못했다던가, 지하에 채여 가는 독극물들, 기타 전자파들이나 동식물들의 세포를 변질시키는 것을 아직 발견하지 못했다면 어떻게 되었을까. 인간에게 기이한 병균을, 그리고 우울증 마저 더불며 비틀려 가는 패악(悖惡)들은 선진국이라 해서 예외는 아니다.

제 길 버린 인간성, 소비형태의 비리들은 내일에 공포를 느끼게 한다. 인간관계도 개인이나 사회의 그 본원 구조(本源構造)가 어긋난 만치 그 인생의 시간도 헛되어지고 있다. 풍부한 가운데 허덕이는 우울증으로 고이고 있다. 이러한 내적인 고통(心苦)들은 지금까지의 생산성이나 손익계산서에는 없었던 것이다.

자칫 사람은 자기가 만든 구조에 스스로를 말살시키고 있는 것이 아닌가 하는 우려도 갖는 사건들도 쌓여간다. 시간에 쫓기면서도 그러나 떳떳하고 그윽하고 흐뭇한 희열(喜悅)이 농

때때로 '날아가는 새들을 보라. 들에 핀 국화꽃을 보라.'라고 하는 성경의 글귀를 떠올릴 때도 됐다.

첨단기술 하에서도 아사(餓死)나 실업자 그리고 병자들이 줄어들고 있지 않는 통계를 보면서 이제 인간은 본원을 더듬어 자아를 찾으려 하는 경향이다. 우리나라의 경우 40을 전후한 급사병, 짙어가는 화병(우울증), 전자파 아래서 기형병(奇形病)들을 보며 오염되어가는 환경을 두려워하고 있다.

더욱더 공포스러운 것은 우리의 30년 전에 비할만치 100배로 커갈 중국 공업화의 영향이다. 한반도에만이 몰아닥칠 암담을 대체해 가야할 내일이다. 경제도 그렇다. 인류시대, 실질화 되어 가는 그 산업 앞에 지난날의 거품과 허상 경제의 발버둥이다. 더욱

정통의 溜晶(유정)이 渗晶(섬정)되는
(Gene - duum)　　(Gene - nascence)
계기가 곧 21세기

축(濃縮)되는 시간은 어떤 것인가? 그리고 인생이란 정말 동물보다도 식물보다도 나은 것일까. 돈 있는 자의 자살까지 짙어간다. 갈급한 시간 속에서

대중국의 공산경제의 홍콩을 효시로 하는 자유시장의 갈등은 한국의 경우 내일을 더 암담하게 한다. 그것은 부륜(負倫)의 변위가 아니라 정륜(正倫)

을 향한 수압(需壓)이다.

시간은 10년이 1년으로, 또 1년이 한 달로 단축되는 현상이 노골화되고 있다. 산업환경은 또한 극한에 다다르고 있다. 마지막에 남은 것은 보이지 않는 것으로 오염된 정통성(正統性)의 마음뿐이다. 그리고 갈 곳은 민족도 초월한 차원의 구조적인 내일이고 더욱 이것은 내·외생의 본원구조(本源構造)만이 해결케 한다.

영철(穎哲)서 트는 예지(叡智)

정통(正統)을 뚫는 그 민족의 영철(穎哲)만이 시대의 예지(叡智)로 트나오게 될 뿐이다. 그야말로 인간 본원의 생존계기(生存契機)이다. 근대의 혼돈(渾沌)은 한국에 집중되어 왔다. 그것은 6.25도 88도 그러하듯이 마치 내일의 세계가 대륙의 나루터인 한국에 기대다시피 되어가면서 지구촌의 새싹을 바라는 듯 하다.

그러므로 이제 과거의 선진국에 의존할 수도 없다. 민족이든 국가이든 간에 이 지역에서는 그 본원의 독창성(獨創性)을 발현(發顯)할 수밖에 없다. 마치 춘추(春秋)의 룰(rule)로써 선연(先然)의 하동(夏冬)을 풀어야 하는 경우이다. 물질의 세계에서 그 유전자가 고유성(固有性)을 발휘해야할 경우이다. 환경과 인간의 교류는 넓고, 깊고, 장구(廣深久)한 것의 씨앗을 기다린다.

근대 우리의 찬란한 문명에서는 오늘날의 '주의', '사상'이나 '지식'과 '정보'없이도 38선도 6.25도 없던 것이었다. 환경은 인간의 부분적인 것이다. 이제 기계적인 것으로 왜곡시켜온 인간의 본연(本然)은 구조적 동인(構造的 動因)이 되어 가는 본원(本源)을 찾고 있다. 이를테면 쓰레기 문제가 원자낙진 문제로, 필연은 우연으로, 우연은 더한 우연으로 기울어지는 시대에서는 자연을 판 과학의 근시안도 인간차원을 거역하는 한계에 달하고 있다.

과학은 시간의 흐름을 정지할 수 없다. 그리고 천재지변(天災地變) 뿐 아니라 극단으로 나타나는 이상세균들에 관한 것도 과학을 판 우연에 의지하고 있다. 오늘날의 산업의 가치라는 것도 본원에 따른 상승이라기보다 부분적인 경험만의 지식, 그 단편들의 착란(錯亂)들이라고 말하여 지고 있다. 심지어는 자아의 착란을 유도하는 자본론적 혹은 유물론적 치우친 그 부(富)와 귀(貴) 지향이라 말하여지고 있다.

우리나라의 경우 군사적으로 산업의 부하(負荷, Load)와 인간 능력(能力, Ability)의 갭(gap)을 메꾸어 온 것도 부(富)라는 이름하에 양심을 부정해 온 것이 된다. 문민(文民)시대에는 이 부하와 능력의 갭을 메꿀 수 없게 되어 버렸다. 선연의 양심, 그 초절성이 자라지 못한 것이다. 군사력에만 의존하던 유형생산은 이제 하강하고 자율성에 따른 판단역사(判斷歷史), 그에 따른 시너지(synergy)는 차츰 기회를 상실케 한다. 이제는 아세아에도 한국만이 강제에 의존해 자유를 약화시켜온 터이어서 공해도 요령으로 대처하고 있다.

이제 과잉으로 공급되어온 악화(惡貨)의 그늘에서 초절적 양화(良貨)의 수요가 채워지고 있다. 극한에 다다른 그레샴(Gresham,T)의 악화는 오히려 양화가 구축(驅逐)하고 있다. '자연으로 돌아가라'는 루소(Rousseau,J.J)의 그늘아래 과잉으로 공급돼 온 기계적 과학은 원래의 루소의 꿈의 선연(先然)에로 되돌려 지고 있는 것이다. 광심구(廣深久)가 아니라 협천순(狹淺瞬)의 기계적 논리로써 유린해 온 것이다.

신뢰성마저 타락되어 버린 이중 악에서 인류의 부와 귀가 인류의 것으로 부활(賦活)되게끔 하는 일이 21세기의 현실이다. 지배자의 작은 부정의 악화도 단계적으로 부정되어 그야말로 '용의 눈물'이 되고 있는 것이 한국의 증세이다. 양화의 희소가치(稀少價値)가 높아지고 있기 때문이다.

역사 이래 처음 겪는 악랄한 패륜(悖倫)들마저 공해와 더불어 선연의 자연으로 되돌려진다. 상대성으로 대립되어 도구화된 것이 거짓으로 드러난다. 정통을 뚫은 정통이 되살아나는 것은 역사적 실험의 원칙이다. 폭좁은 민심(民心)이 천심(天心)이 아니라 천심이 인류심(人類心)이 되어 돌아오라는 것이다. 그 영철(穎哲)영철(穎哲)의 소생이 곧 본원(本源)의 윤리(倫理)의 소생이다.

양화(良貨) 희소가치의 수압(需壓)

진정한 산업개발이란 내행(內幸)을 바탕으로 한 외복(外福)이다. 그래서 참다운 윤리의 산물은 곧 양화이다. 다만 그 기준은 영철(穎哲)의 예지에서 간추려진다.

그래서 지구촌 시대의 산업은 르네상스가 아니라 이제 본원적인 선연의 속지 않는 즈네상스(Gene-nascence)

290 [성 : 신 의 업]총서 제3권

이다. 이것은 다중다양한 자연과 인간의 공집합 속에 움트는 것이 된다. 이것은 지식만으로 만들어진 '주의'나 '사상'과는 다르다. 내일의 현실 그 자체는 유전자가 시도(示導)하는 산업으로 나타난다.

인간의 여러 기능 중에 지식만이 미비했던 시대, 그리스의 헬레니즘이나 이스라엘의 헤브라이즘은 그 동안 필요한 것이었으나 충분한 것으로 채우지 못했다. 다시 말해 시간의 초점과 공간의 핵심, 그 초핵(焦核)을 벗어난 지향성일 때는 유전자가 가진 본원성(本源性)만이 성현(聖賢)을 따르게 된다. 이것이 곧 즈네상스이다. 지(知)란 眼, 耳, 鼻, 舌, 身, 靈, 知, 情, 意(안, 이, 비, 설, 신, 영, 지, 정, 의) 그 9감 중의 하나이다. 그럼으로써 생명의 탄력성은 되살아난다.

남은 것은 21세기의 조건들이다. 나무도 씨를 터나온 생명이 뿌리를 갖출 때 큰다. '한민족의 고유의 씨를 어떻게 뿌리로 트나오게 할 것인가' 이것이 내일의 양화가 빛과 물과 잎으로 무성케 될 기초이다. 그리고 내생·외생의 인간의 쌓여가는 독극물도 헤쳐간다.

미국 경제를 키운 학설, 케인즈 (Keynes,J.M)의 유동성 선호의 투기적, 거래적, 예비적 동기란 궁극적으로 인간 스스로가 그 내행과 외복을 열게 한 지향점을 명시했다. 시간의 초점에 조화될 공간의 핵심(時空 Ergod)을 찾는 것이 순리(順理)이다. 그래서 아프리카에 닮은 넓은 미국이 커온 원리가 그것이다. 그들 청교도의 순결했던 뿌리는 오늘을 갖게 했다.

염려가 있다면 식민(植民)을 이어온 국민들의 후유증이다. 부와 빈, 귀와 천 그 계급과 신분에 길들여진 비열한 과시, 지배 출세욕 등이다. 더 나아가 이념을 핑계한 그것의 갈등이다. 우리나라 5천년, 그 4천년 후부터 약해져 4대강국의 간섭을 천 년간 받아왔다. 그래서 해방 후 귀국한 위대한 독립투사들, 김구, 여운형, 이승만 등등도 서로의 죽음이 있었다. 그리고 38선의 동족 살육도 있었다.

상대(相對)는 초절(超絶)의 대대(待對)로

그러나 정통을 뚫은 정통의 옥(玉)은 뻘 속에 묻혀있다. 즉 옥매진토(玉埋塵土)이다. 그래서 예지의 윤리는 산업의 이중구조(二重構造)를 창조적으로 조화케 한다. 그런데 특히 사태화 되어 가는 오늘날 지식정보도 영철이 아니면 산란케 되어 위태로운 모가 있다. 공해문제도 구조적 본원의 방향성 이 공집합적으로 뚜렷해야한다. 그래

서 그 유정(遺精)−溜晶(유정, Gene −duum)이 전통을 뚫고 섬정(閃精) −汄晶(섬정, Gene−nascence)되는 계기가 곧 21세기이다.

참다운 창조란 시공 현상 속에서 현상

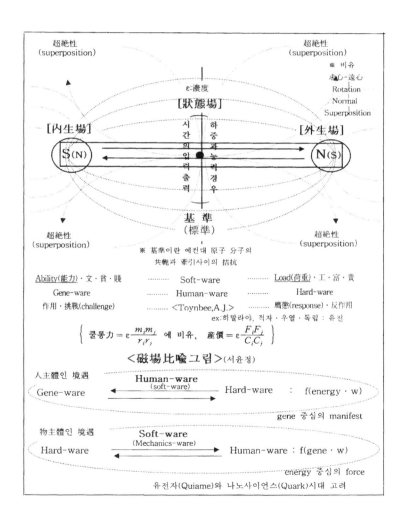

학(現象學)적으로 치면(훗설 : Husserl, E) ①현상학적 환원→ ②형상적환원→ ③잔여(Resi‒duum)에로 교번(交番)되면서 그 잔여(殘餘 Gene‒duum)속의 초절성이 피어나게끔 되어 이룩된다. 어렵지만 파레토(Pareto, V.)가 제시한 방식에 의해 잔기(殘基, Résidus : 溜晶)를 A,B,C급으로 교차 파생(派生, Derivation : 섬정(汐晶)하고 또한 그 유정(遺精)이 단자(單子 : 모노스)적으로 섬정(閃精)토록 하는 것, 자기 속에 칸트(Kant,I)식 초절(a‒priori)이나, 그리고 미국의 초절주의(transcendentalism)를 싹틔움으로써 이룩되는 것이 된다.

그러나 파생만을 강조하던지 어떤 것의 목전만에 치우치면 위험하다. 상대성 이론이나 사이버네틱스원리도 그의 독립방정식을 찾아내야 한다는 것이 된다. 사실 이들 종속방정식만에 의존, 혼돈의 원인이 되기도 한다. 이 경우 우리나라의 건국이념‒천부경(建國理念‒天符經)에서 찾을 수 있다.

하드웨어(Hard‒ware)의 현대문명은 유전자의 진웨어(Gene‒ware)를 확보 교호하게 됨으로써 진토(塵土) 속에서도 옥을 케 낼 수 있다. 지금 지구촌은 '뿌리 깊은 양심'과 '샘이 깊은 진실'을 갈구하고 있다. 그 속에서도 한반도가 그에 절실하다.

세한연후 지송백지후조야
(歲寒然後 知松柏之後凋也)

'세초의 모진 바람을 겪은 후에라야 소나무나 박달나무가 떨어지는지 않는지를 알 수 있다(歲寒然後 知松柏之後凋也)'라는 말이 있다. 일찍 그 영철(穎哲)을 트는 슬기가 곧 내일의 꽃이라는 것이다. 이제 한반도와 지구촌 사이 대대(待對)한 갱굴에서 선연의 초절이 움틀 수 있을 것이다. 이 효시는 망라(網羅 macro)적 측면에서는 信·義·業(신의업, 본 신문 前題)으로 나타나고 독자(獨自 micro)적인 것으로는 素·淳·叡(소순예)가 모여 信·義·業이 된다.

노자(老子)의 선연, 오(奧)의 본체에서 발생되는 초절이 사상적으로는 최대다수의 대대(待對)적인 협업(協業)을 유발한다 할 수 있다. 폐쇄(閉鎖)된 과학이나 상대화된 사실상의 위(僞)자연으로부터 선연(先然)의 '무위자연(無爲自然)'에로 복귀해야 하는 시대이다. 로마로 통하는 모든 길처럼 모든 길은 선연의 초절에로 복귀한다는 것이 된다.

녹색신문 1998년 1월 15일(목)

〈신문 기고 원본 사진〉

녹색은 마음의 거울

- 倫理經營의 正立

원당 이득희선생
(건국대 명예교수)

하늘과 인류를 더부는 물질 앞에 나와 우리의 심신(心身)과 예지(叡智)가 얼마만큼 떳떳하고 그윽하고 흐뭇한 것이 될까? 이것은 마치 원자핵 그것이 상징하듯 이 연구를 위해 동원되었던 사람들을 생각게 한다. 이것은 결과적으로 현실 속에 사는 인간 신뢰성과 그 성과인 셈이 된다. 또한 현실 속에 싹튼 뿌리 깊은 인간의 양심(良心)과 진실(眞實)을 느끼게 한다.

오늘날 역사 이래 처음 겪는 공해의 만연, 그 극한은 자연을 운운하는 과학으로 하여금 참다운 자연 – 선연

(先然)에로 돌아올 것을 요청한다. 이것은 상대성이 내포하는 초절성(超絶性)을 트게 하며 그래서 크는 산업은 현실적인 여건에서도 간절한 정성의 산물로 나타나는 인간의 열매인 것이다.

선연(先然)이 내포하는 초절(超絶)

우리나라의 경우를 돌이켜 볼 때 청자나 백자의 장인(匠人)들은 당시 어떤 양심과 진실이었으며 그래서 어떠한 그 어울림이었을까? 더 올라가 황룡사를 지을 때는 더욱 넓고 깊은 의미의 양심과 진실이 아니었을까? 오랜 역사를 가지고 주변의 강대국과 대등하게 360°의 활개춤을 추며 살던 때의 뿌리 깊고 샘이 깊었던 그것은 무엇일까? 어떤 정성일까?

서양사에서 애굽이나 로마도 그랬거니와 초기의 미국도 어떤 바탕에서

컸을까? 초절성에 따라 서로 일하는 것의 상승효과(相乘效果)는 다중다양(多重多樣)한 공집합(共集合)의 인자(因子), 또 공집합의 환경이 서로 접근하는 기능에서 나타나는 것이 된다. 그러나 우리가 맞이하는 오늘날의 현실은 그 인간 양심의 반극한(反極限)와 반대로 경직한 경쟁은 살육의 내일에로 치닫게 한다. 그래서 상승효과와 상쇄효과를 거듭해온 것이 산업의 역사이다.

이를테면 산업공해와 대중공해의 발생도 본연의 원점적인 구조가 일그러지고 그 인성과 생활사이의 분열에

역사를 뒤돌아볼 때 사람은 하늘을 숭배(信:敬天)하고 인간을 사랑(義:愛人)하고 땅을 가꾸(業:實地)며 그래서 떳떳하고 그윽하고 흐뭇한 희열로 살아왔다.

또 그 산업 환경의 반극한에 닿고 있는 듯하다.

어느 시대고 커가는 경제가 맞닥뜨리게 되는 그 시대의 각 문물은 상승(相乘)하느냐 그렇지 않으면 상쇄되느냐 하는 장벽에 부딪혀 그것을 판별하는 경쟁을 겪는다. 선연성에 흡연(洽然)된 경쟁이냐 혹은 살육으로 치닫는 경쟁인가 하는 심판의 역사이다. 여기서 그 경쟁의 탄력성이 높은 자유도를 가지면 어울려 상승에로 협력하고 그서 비롯된 것으로 자칫 내일의 비능률을 내포하고 있다는 것이 된다. 21세기를 앞둔 현대의 한극(限極)에는 여러 가지가 구조적 모양과 특징으로 노출되고 있다.

녹색이란 마음의 거울이고 그래서 금수강산도 정통사의 모습이다.

사람의 수정란 속의 Gene-duum이 발상되어야 한다. 언어로서는 옹아리 속의 바벨론(Babylangue)으로 어법을 정화(淨化)해 가야 한다.

사람의 생활계에는 상층과 하층, 동과 서, 전과 후가 간직해온 초절성의 발로로 창조적인 승수효과(乘數效果로)로 나타나는 것이지만 갈등, 상쇄 내지는 살육으로 치닫는 수도 있어 온 것이다.

본원경영(本源經營)의 수압(需壓)

지금은 생산윤리(生産倫理)의 정립(正立)이 절실히 요청되는 시대이다. 선연의 윤리의 긴박한 수요 앞에 서 있고 지구촌 인류의 개방체제(開放體制)는 목전에 닿고 있다.

현대의 생산활동은 기업이라는 시스템을 매개로 생활환경과 형태의 전반에 대단한 영향력을 미친다. 그 가운데 물질적 풍요라는 긍정적 측면도 있지만 방향성을 상실하여 구심력과 원심력이 비틀린, 가령 소비형태의 비리, 인간성 상실, 그리고 공해와 오염에 의한 자연환경의 파괴를 초래하는 등의 부정적 측면도 있다.

따라서 생산과 이에 관련된 활동에 대한 본원의 경영 – 윤리경영의 참이 절실해지고 있다. 이것은 바로 시대적 윤리경영의 절실한 수요(需要)의 압력(壓力)이다. 즉 지구촌 인류가 지향하는 본원성과 시대성을 담고 있는 윤리를 찾고 양화(良貨)의 고탄력성(高彈力性)을 갈구하고 있는 인류의 수요의 압력이다. 이 발생의 동기가 짙어져 가고 있다.

현대인은 긴박한 시간 속에 살면서 그 그늘에서는 나름의 가치 있는 시간이 없어져 가고 있는 현실에 있다. 인간관계도 개인이나 사회의 본원구조가 어긋나 비창조적이고 비생산적인 방향이 강조되어 가고 있는 상태이다. 사람들은 풍부한 가운데 허덕이며 여러 착란을 우울로 다지고 있다.

인간이 태어난 이후에 사회가 존재해오다시피 진실과 양심의 깊은 샘과 깊은 뿌리가 나무의 가지와 잎을 자라게 하는 것처럼 조직이라는 것도 고유 진실과 양심의 효율화를 위해 존재하는 것이다.

효용가치곡선의
상·중·하위의 균형

인간의 양심이 사회적 조직에 의존하게 되면 내용이 없는 역작용이 된다. 참된 국력이라는 것도 그 나라의 고유한 양심과 진실의 넓이와 깊이를 갖는 것이다. 다만 가지와 잎은 그 샘과 뿌리를 튼튼하게 기르고 피어나게 하는 역할을 하는 것이다.

다. 복고의 갱굴을 뚫어야 하는 오늘날의 입장에서 보면 오히려 미래를

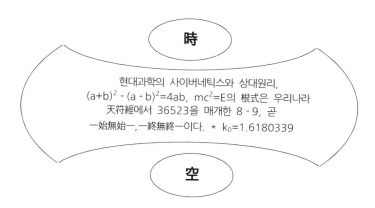

현대과학의 사이버네틱스와 상대원리,
$(a+b)^2 - (a-b)^2 = 4ab$, $mc^2 = E$의 根式은 우리나라 天符經에서 36523을 매개한 8 - 9, 곧 一始無始一, 一終無終一이다. ＊ $k_0 = 1.6180339$

그런데 오늘날 개인의 인성이나 혹은 양심이나 진실은 날로 둔한해 지고 사회적 계급에 도취되어 가는 이러한 경향은 교육에 있어서나 사회활동에 있어서도 적지 않게 나타나고 있다.

동족간의 우·열과 애·증의 갈등, 그러므로 출세와 멸시(蔑視), 아첨(阿諂)의 증세는 내일의 능률을 위해 파악, 치유되어야 한다. 이것은 정확한 미래예측과 그 대책을 위해서도이다.

오늘날 시대에는 그야말로 그 민족의 고유탄력성(固有彈力性)을 되살려야 할 때이다. 그런데 기존의 사람들은 오히려 비생산적인 복고(復古)를 구가하는 경향이 농후해 가고 있

불안케 한다.

1920년 공황이후 경제는 정태(靜態)를 경유한 「전후파」식 동태(動態)에로 급속히 기울어져 왔는데 체계적으로는 하드웨어가 경제를 강조하여 왔다. 그 그늘에서 본연의 인간의 내생적인 것과 외생적인 특질사이에 두터운 장벽이 구축되어 왔다. 치우쳐진 지식과 그 산업의 신장은 지나치게 빨랐고 이 기슭에서 개인의 내적인 행(幸)과 외적인 복(福)사이에 큰 장벽이 높아졌다. 산업적으로는 고정비와 변동비의 장벽이, 내면으로서는 삶의 구애(拘礙)가 그래서 높아진 것이다.

이제 기술 및 정보의 발달은 지구촌화라 일컬어질 정도로 대중 인류화되어 지고 자동기와 제품에 치우쳐진 발달, 노동조합의 강화와 더부는 하드웨어의 고정비 상승, 그리고 날로 단축화 되어 가는 제품수명주기(PLC : Product Life Cycle)의 상황과 생존 조건을 이탈할 정도의 보수장벽은 스스로 기존 기업을 위협한다.

반면 지구촌 사회의 대부분의 인류가 이제 필수품에서 벗어나 문화품 그리고 사치품으로 치우쳐가는 다중다양해가는 산업의 미래를 현재적 인간의 이성으로는 수습해 가기 힘들게 되었다.

시대는 부하(負荷)를 급증시키고 블루칼라는 능력을 상실하는 가운데서 오늘날은 단순히 신제품의 개발, 그보다 신지구촌의 실현의 현상에 초점을 맞추어가는 바탕과 그 구조를 찾고 있다.

수백 년 미국이나 일본이 커온 것은 맑은 기독교 정신과 맑은 불교 정신을 가꿔온 댓가이다. 일본에 비해 우리가 1000년간 비교 뒤져온 것은 한국 민족의 고유 양심과 고유 진실을 등한하고 권력과 금력과 출세를 탐한 갈등의 역사였고 그래서 폐쇄국(閉鎖國)일 수밖에 없었기 때문이다. 이런 의미에서 서양의 실존주의와 그에 따른 미국의 프레그머티즘도 우리에게는 간추려봐야 할 때가 온 것이다.

오늘날의 철학, 사상, 경제의 상징으로 공해를 들 수 있다. 공해는 외적인 현상 즉 현대인의 맘의 옷가지이고 그래서 내생적 인성 현상의 무게는 날로 무거워지고 있다는 것이 된다. 환경의 문제라 하더라도 처리기법이라든가 오물처리도 중요하지만 여기에 인간의 내면적 경향이 더욱 심각하게 곁들여져 가야 된다.

구조적 기능의 원점지향

요즈음의 경제나 이성의 비정상적인 현상은 근본적으로 인성의 고유무게가 붕괴되고 본원에의 유의성(誘意性)과 그 초점지향성(焦核志向性)이 약해져 비롯되었기 때문이다. 이것은 곧 사람들이 날로 의의(意義)있는 생존(生存)을 찾아 가지 않는데 그 원인이 있다.

따라서 내생적 오염과 외생적 오염을 뚫고 선연의 얼로 하나가 되어 가는 길을 모색하는 것이 커다란 과제가 되어가고 있다. 보이지 않는 인성, 진실, 양심은 보이는 녹색을 상징해서 나타난다. 이런 의미에서 이제 모든 현상도 이원적일 수밖에 없게 되어 간다. 다른 현상과 마찬가지로 환경공해도 날로 구조적인 현상으로 펼쳐진다. 구조적 기능(構造的 機能)의 원점을 구축하고 다지면서 목전의 공해를 수습해가야 실현성이 믿어진다는 것이다. 의식, 정치, 경제 및 환경의 사상(事象)에 있어서 본원의 지향성을 전제로 한 종속적인 해법이 날로 더 요구되고 있는 것이다.

Gene : 유전자들의 외생적인 현상, 사회조직현상 등을 구성시키는 것은 각 고유(固有) DNA의 내생적 결과가 된다.

오늘날 과소비라는 풍토로 나타나는 충격과 화이트칼라화 되어 가는 사회는 효용가치곡선(效用價値曲線)으로 예시하면, 효용가치곡선상의 상위의 장에 위치하는데, 결국 그 저변의 효용가치곡선의 하위바탕이 희박상실 되어 감을 의미한다. 그래서 하위, 중위, 상위는 소비에 있어서도 필수품, 문화품, 사치품으로 나타나 기초적 생존수준(subsistencial level)의 것은 건물로 치면 그 초석이 등한되어 있다는 것이 된다. 효용가치곡선에서 지나치게 그 상위에나 하위에 놓이게 되면 원심으로써의 하드웨어나 구심으로서

의 진웨어(Gene-ware)로 지나치게 기울게 되어 내생과 외생의 필수·충분 조건과 독립변수와 종속변수의 질서가 붕괴되든지 침체되든지 즉 상위나 하위에 치우쳐 몰락하게 된다.

그래서 서(西)오리엔트 문명의 화이트칼라가 블루칼라에로 교체를 거듭하면서 미국에로 이르고, 이제 태평양을 건너 동(東)오리엔트로 둔갑(遁甲)되어 가는 아시아 시대의 거품적 화이트칼라는 땀흘리는 블루칼라-효용곡선의 상위를 결코 잊어서는 안되는 것은 막다른 지구촌 시대의 충격의 문이 열리지기 때문이다. 탄력성으로 치면 효용가치곡선상 하위라는 것은 교차탄력도를 낮게 한다는 것을 의미한다. 모든 창조의 진전과정은 구심력과 원심력이 교체 되풀이 되어 가는 과정에서이다.

하드웨어(Hard-ware)가 내포하고 있는 것은 메카니즘이고 휴먼웨어(Human-ware)가 내포하고 있는 것은 인간의 소프트웨어(Soft-ware)이고 진웨어(Gene-ware)가 내포하고 있는 것은 초절주의(超絶主義)이다. 언어학적으로 말하면 옹아리의 유사지(Usage)가 Gene-ware이고 공식용어의 셰마(Schema)가 Hard-ware, 그리고 정상감각의 노름(Norm)이 Humanware라 구상할 수 있다. 이 세 가지는 여러 개성의 인간에게 공통적으로 들어 있다.

시농(時濃) 향한 물적 인간적 신앙적 발굴이 중요

다만 인간이 물질적 풍요 속에서 본원적인 것 보다는 응용적인 편법에로 기울어지게 되면 초절성이 희박해지고 유전자속의 Gene-ware가 차단되어 감으로써 시대가 기울어진다. 결과적으로 인간행동의 상한(UCL : Upper Control Limit)과 하한(LCL : Lower Control Limit)사이는 좁아져 쉽게 우체고 밑세게 즉 물의 경우 김이 되고 얼음이 되어버리게 된다. 원래적 휴먼웨어의 균형과 산업가치성(産業價値性)이 확고하지 못하게 되고 역사의 유속(流速)에 인간의 조속(漕速)이 뒤지게 된다.

따라서 상한과 하한의 범위를 지키면서 Gene-ware와 하드웨어 사이를 완벽하게 접근해가는 것이 시농(時濃(시간농축) : Klino-Kinesis)인데 이는 흙을 구슬로 만들 듯 생존의의(生存意義)를 짙게 한다. 시간도 질량도 보존한다. 그래서 현재와 같이 상

위에 기울어져 있는 경우에는 효용가치곡선상의 하위의 고유무게를 찾아 Gene-ware와 하드웨어의 균형을 유지시키는 휴먼웨어(Human-ware)의 노력이 필요하다.

이러한 균형은 신앙성(信仰性)과 인간성(人間性)과 생산성(生産性), 이 셋이 겹쳐진 전제에서 이루어진다. 따라서 이를 위한 물적 Mining(발굴)뿐만 아니라 인간적 Mining, 신앙적 Mining이 필요하다. 그리고 새로운 블루칼라를 찾는 노력이 요구된다.

이러한 노력은 곧 지난날의 성현(聖賢)을 현대에 되살리는 셈이 된다. 성현들의 삶과 말씀에는 '信·義·業'이라는 교집합 속의 요소가 담겨져 있는 것이다. 이러한 '신·의·업'이라는 교집합의 요소는 천년 전이나 이후에도 변함이 없는 것이 된다. 이에 반해 민주주의, 공산주의, 제국주의 등 이념이나 사상들도 그를 위한 연장이나 옷에 지나지 않았다. 민주, 공산이전에 인간은 자연과 양심, 즉 선연이 살아 있음으로서 행복하게 되는 것이다. 인간의 행복도 다중다양한 공집합속의 요소들의 가늠만이 내적인 행이요 외적인 복인 것이다. 그리고 이런 가운데 인류는 생산성과 창조성 서로의 향상을 가

져오게 되고 이를 통한 산업가치(産業價値)의 향상이 지구 위에 펼쳐지게 되는 것이다.

그래서 여러 가지의 현상의 사건이 정항(定恒)상태를 유지하는 조건을 갖고 있는 역사의 유속(流速)에 인간의 조속(漕速)이 따라갈 수 있다. 결국 본원의 세기를 되돌리는 것이 된다. 이것이 곧 오늘날 말하는 심리적 의미의 시너지 발상인 것이다. 진정한 선연의 자아를 찾아 인성이 터나오게 한다는 것은 곧 그 국가나 인류촌의 내일을 가져오게 할 수 있다는 것이다.

이제 모든 상황들은 시간 누실(漏失)에서 깨우쳐 시농(時濃)에로 변성되어야 하며 교육 또한 더욱 그러하다. 참윤리에 의존해야 할 내일이 가로 막고 있기 때문이다.

뿌리 깊은 양심
샘이 깊은 진실

그동안 생산 활동을 주도했던 현대기업은 선연(先然)의 윤리(倫理)에 대한 긴박한 수요의 압력 앞에서 역사적 인류의 도전을 받고 있다고 봐야 한다. 이것은 현대기업은 역사적 생존의의(生存意義)의 그 대표적인 지표가 되

고 있다. 오늘날은 기업이 인류를 이용할 것인가 혹은 인류를 위해 기업이 존재해야 하는가?를 결정해야 하는 기로에 놓여 있는 것이 된다.

역사적 인류의 과정의 도전을 헤쳐나가기 위해서, 지구촌의 장벽에서 Glocalization(Global+Local)을 지향하는 안정적 성장, 번영을 확대해나가기 위해서도 각각의 독재적 개체가 아닌 독자(獨自)가 '생존의의'에 근거함으로서 기계적 전체가 아닌 망라(網羅)가 같이 호흡하게 되는 것이다. 여기서 독자와 망라는 사실상 생존의의에 근거하고 있는 것임으로이다. 생산윤리(生産倫理)의 정립(正立)을 요청하고 있는 시대는 **샘이 「깊」은 진실, 뿌리 「깊」은 양심**을 만끽하는 자세, 정성을 다하는 자세를 짚으면서 일하는 기틀이 필요하다. 시대란 정통의 윤리를 닦으며 가꾸어온 것이어야 한다.

진정한 윤리는
미(美)의 발상

그러므로 진정한 윤리는 진정한 미의 발상이다. 정통을 뚫은 정통이 간직하고 있는 그릇이 곧 진실이다. 다시 말해 초점(時)이라는 양심은 핵심

(쏟)이라는 진실에서 우러나오는 에르고드(Ergod : 時쏟)이다. 진실의 샘에서 양심의 뿌리가 튼튼히 클 때 상황은 질서를 잡아간다. 진실의 본원성은 많은 사람들로 하여금 정통을 뚫은 정통으로 하늘(信)을 우러르며 인류(義)를 사랑하며 또 물질(業)을 일으키는 기반이 된다.

사람은 누구라도 하늘을 향한 종교와 인류를 향한 문화와 물질을 향한 경제의 터전에서 참다운 내생(內生) – 행(幸)과 외생(外生) – 복(福), 그리고 희열(喜悅)을 간직하게 되는 것이다.

녹색신문 1998년 2월 28일(토)

새로운 경제는 인류적 간접 자본을 고려한 것이어야 한다

최근세까지의 학술의 전통은 폐쇄적 지식에 바탕을 두고 있다. 그것은 안티 글로벌(anti-global)적 학문의 폐쇄성을 지니고 있다. 과거 미국의 생산과잉으로 전세계적인 공황이 팽배됨으로서 기존의 폐쇄적 지식에 바탕을 둔 경제 앞에 글로벌적 차원에서의 문제 해결의 접근은 전개되기 시작했다고 볼 수 있다.

이러한 절대적 생산과잉에 대한 문제해결의 방법으로서 등장된 것이 케인즈의 정태경제학적 차원에서의 유동성선호이다. 이것은 경제행위의 투기·거래·예비라는 제반 심리적 동기가 결과적으로 경제성장을 결정하게 된다는 실증적 결과를 보여 준 것이다.

이것은 새로운 경제의 바탕에 입각하여 다른 차원으로 전환을 요구하는 계기가 되었다고 할 수 있다. 심리학자 햅(Hebb D.O.)의 편호성(偏好性 preference)과 가치심리학자 워랜 (Warren H.C.)이 말하는 바를 고려해 보더라도 짐작할 수 있을 것이다.

글로벌 시대, 개방경제 불가피

더욱이 정보, 교통, 통신이 극도로 발전해 가는 시대에 있어서 개방경제는 불가피한 것이고 자연히 폐쇄적 지식경제는 경제현상의 접근 및 해결에 있어서 인류적 입장에로의 전환은 현실적으로 고려될 수밖에 없다는 것이다.

이른바 하드웨어에서 소프트웨어로 전환한다는 토플러의 권력이동이라는 개념도 부분적이기는 하나 그러한 변화를 시사한다고 할 수 있다. 즉 교통, 통신, 무역의 발달과 정보과학의 발전은 국부적인 폐쇄경제의 전통에 충격을 가했던 것이다.

케인즈적인 유동성 선호의 심리적

동기는 오늘날을 대하는 입장에선 글로벌적, 인류적 경제행위의 심리동기로 급전환, 전개할 수밖에 없게 되어 있다. 이것은 과거의 폐쇄적 지식이 원해서라기보다는 폐쇄적 지식의 극한적 경쟁으로 인해 과학이 발전된 우연한 결과라고 볼 수도 있다. 그러나 폐쇄적 경제지식의 타성을 벗어나기 힘든 것이 또한 오늘날의 현실이며 그러한 글로벌한 경제동기를 수습하기에는 현대의 지식의 폐쇄성은 심각하다고 할 수 있다.

세계적 인류와
세계적 지배집단의 갈등

한편 이러한 상황이 전개되어 가는 가운데 두 가지의 폐쇄적 아성이 무너져 가고 있다. 한 가지는 폐쇄적 권력체계가 붕괴된 것이고 또 다른 한 가지는 여러 지역의 공통적인 속성을 가진 세계적 지배집단의 권력자체도 붕괴된 것이다. 즉 폐쇄에서 개방으로 횡적으로 보아 전통적인 권력집단의 아성이 붕괴되는 동시에 또한 입체적으로 세계적 인류와 세계적 지배집단의 갈등이 발생하게 된 것이다. 이것은 원하든 원치 않든지 간에 전통적

폐쇄집단의 지배지식이 인류적 요구에 부응하지 않을 수 없게 된 것을 말한다.

사실상 부(富)의 축적은 전통적 폐쇄집단의 아성을 유지하는데 필수적인 요건이었다. 이것은 과거 지역 분쟁이 격심했기 때문이다. 횡적인 지배층과 종적인 세계적인 지배층의 입장에서 보면 기본적 생존수준 이상으로 부를 축적함으로서 분쟁의 보상수단을 충족시켜야 했던 것이다. 그러므로 기초적인 생존수단은 등한시되고 횡·종적인 갈등을 위하여 어떤 모로 불필요한 투쟁도구로써 부가 등장되어 강조되어 온 셈이 된다.

이것이 현대사회이다. 다시 말하자면 물질이 기초적 생존수단이 아니라 메카니즘의 마찰에 대항하여 이길 수 있는 수단으로 돼버렸고 또한 횡적·종적인 방어에 필요한 도구로서 현대까지의 경제가 존재해온 것이 아닌가 하는 점도 고려해 보아야 될 문제인 것이다. 그러나 한편으로는 경쟁의 극한으로 몰고 가는 교통·통신은 의외로 이것을 쉽게 분해시켜 나감으로써 부국들이 누적시켜 온 공해를 비롯한 환경문제의 증상들이 충동적으로 가산되어 왔다.

경제는 최대다수의 인류의 심리적
선호(偏好)방향에로

지금부터의 경제는 최대다수의 인류의 심리적 선호(偏好)방향에로 이동하게 된다. 그러나 이것의 실현성 문제가 인류 앞에 초조하게 된다. 전세계적으로 현재의 인류는 횡적으로 원시적 민족주의를 핑계하면서 일어나는 민족, 종족간의 갈등과 분쟁, 예컨대 최근의 발칸반도에서 일어나는 현상은 대표적인 예라고 할 수 있는데 사실상 그러한 횡적인 자족보호정책(自族保護政策)은 잠정적이라고 할 수 있다. 그것은 앞으로 서서히 종적인 인류적 대중의 심리적 선호에 대한 공명의 방향으로 전개되어 갈 것이다. 즉 그것은 산업과 문화 및 여타의 모든 문제를 포괄하는 새로운 역사적 계기를 암시하는 사건으로 볼 수 있다.

왜냐하면, 과거 인류의 역사 가운데 그러한 예가 있었기 때문이다. 고대 그리스의 마케도니아에서 시작된 헬레니즘의 전개에 따른 이른바 1차적인 산업 르네상스(Industrial Renaissance)에서 보았듯이 당시의 원시적 민족성을 초월한 횡적인 권력의 붕괴와 종적인 인류대중의 공통적인 욕구를 충족시켜 나갔던 것이다. 또한 근세사에 있어서는 13개 지역으로 분할되어 갈등하던 이태리에서의 문예부흥운동과 알프스를 넘는 나폴레옹을 기치로 해서 인류적 반향을 향한 프랑스의 민주화 봉기가 있었다. 그런데 나폴레옹이 비교적 쉽게 왕정복귀를 할 수 있었던 것은 사실상 그 당시에는 환경공해가 심하지 않았고 교통 통신이 첨단적으로 발달되지 않았기 때문이다.

최근에 이르러서는 2차 대전을 전후로 지배층이 스스로 요구한 교통 통신, 그리고 정보과학의 발달로 인하여 자체의 권력체계가 무너지는 상황을 맞고 있다. 대표적으로 최근의 미국의 선거에서 나타난 현상이 있었다. 즉 「미국 국민들은 더 이상 민주제도에 속지 않겠다」고 선언하겠다는 정도의 국민의식이 확대되어 가는 징후가 보이고 있는 바 이는 원래적 인간본연으로 되돌아가려는 새로운 인류적 요청을 암시하고 있다고 보아야 할 것이다.

그러므로 오늘날은 세계적 지배층의 횡적인 갈등과 세계적 인류의 종적인 갈등을 동시에 해결해야만 하는 잠재장벽(Potential Barrier)이 인류 앞에 놓여 있는 것이다. 이것은 역사적 사실로서 등장되는 엄연한 현상인 것이다.

농축된 인류의 선망, 한반도

앞으로의 시대는 새로운 계기를 요청하고 있는데, 현재의 상황 하에서는 그 계기는 엥겔 계수가 높으면서 능력 있는 아시아를 중심으로 하고 있고, 그 중에서도 한반도가 신비스런 특성을 찾으려는 경향마저 있다. 역사적으로 봐서 인류적 주목을 끌고 있는 지역에서 이른바 빅뱅(Big Bang)이 발생하고 있다. 원자핵 물리학적 용어로서 말하자면 터널효과(Tunnel Effect)가 요청되고 있다. 이것은 농축된 인류의 선망을 터뜨리는 시간적 공간적 위치가 한반도가 될 수밖에 없다고 보아지는 증후군이 나타나기 때문이다.

예컨대 최근에 문민정부가 태두 되면서 실시된 사정(司正)의 문제를 보더라도 과거 장개석 정권이 대만으로 이동한 후 실시한 사정혁명도 있었으며, 최근까지 있었던 싱가포르의 사정혁명, 또한 이태리에서 있었던 사정혁명 등 여러 나라에서 있었음에도 한국의 문민정부가 실시한 사정혁명이 인류적 주목을 끌 수 있었던 것은 시간 공간적인 전세계적 수압(需壓)과 내부

적인 압박의 현상이라고 볼 수 있다.

즉 과거 자본주의와 공산주의라는 이데올로기의 대립이 6.25라는 전쟁으로 한반도에서 있었고, 자본·공산의 대결이 팽팽하게 전개되는 상황에서 외적으로는 원자탄의 공포와 내적으로는 빈부의 격차, 지배와 피지배의 위기상황에서 새로운 화합의 장을 펼쳤던 88올림픽이 또한 한반도에서 일어났던 것이다.

최근에 있어서는 새로운 종족분쟁의 갈등이 심화되어 가고 자원의 고갈, 오존층 파괴 및 지하수 오염이라는 어쩌면 또 다른 세계적 위기의 상황에로 접근해 가고 있는 인류 앞에 그 해방로가 비교적 오염이 덜되고 미개척지인 시베리아와 그곳으로 올라가는 길목, 더욱이 남의 나라를 침략한 역사를 갖고 있지 않으면서 오랜 지성의 역사를 가지면서도 엥겔계수가 높은 한반도를 중심으로 한 아시아가 새로운 계기로 등장되는 것이다.

그러므로 자연히 한국의 문민정부의 일거수 일투족은 세계적 지배층을 뚫고 직접적으로 인류적 선망과 공명을 형성시키는 과정에 있다고 보아야 할 것이며 더욱기 새로운 글로벌 경제(Global Economics)의 방향으로 이

끄는 선도성(Leardership)을 지니고 있는 것이다.

따라서 각 나라의 전통적인 폐쇄적 경제지식은 피동적으로나마 그러한 충격을 맞게 되는데 이것은 케인즈 경제학적인 새로운 유동성 선호인 것이다. 또한 이것은 각 개인의 경제동기에 충격을 주게 된다. 더욱이 그 실현성이 눈앞에 다급해지고 있다. 세계 경제 앞에 각 지역 경제가 다가가는 글로벌적 현상에로 접근하는 바탕에는 이른

한국, 인류 앞에서 장벽을 뚫어낼 수 있는가 하는 시험대

더욱이 21세기를 앞둔 시점에 있어서 이런 의미의 효시가 된 한국에 있어서의 상황 전개는 한반도 내부의 갈등의 해결을 위해서라도 역사적인 입장에서 4대강국(四大强國)의 잠재장벽(Potential Barrier)을 헤쳐 나가는 일에 있어서도 다급한 것이다. 한국은 인류 앞에서 장벽을 뚫어낼 수 있는가

이른바 노장(老莊)의 도(道)는 천부경에서 유도되는 0.5 또는 180/2 = 90°에서 태초(太初) 수학(數學)적 정확도를 통해서 미래를 위해 이해해야 한다. 중용(中庸)도 바로 그러한 것이다.

바 유동성 선호에 비유되는 심리적 동기로써 분산되어 가기 마련인 것이다. 이러한 새로운 심리적 상황위에서 각 지역의 개별적 경제를 심어 나가야 실현성이 있게 된다.

하는 시험대가 되고 있다.

'92년도의 한국의 선거를 볼 때, 비지식층들은 어쩌면 기존의 지식지배층들의 의지와는 반대방향으로 리더쉽(Leadership)을 선출했다는 것은 그만큼 인류적 유동성 선호에 한국의 비지식층들이 선도적으로 공명한 현상이라고 봐야 한다. 여기에 장애가 되는 것이 전통적 폐쇄체제에 안주하고자는

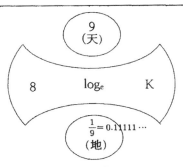

天符經의 理解

물상 창조의 근원식과 실측치
(정보과학과 상대성원리의 예)

(1) 一始無始一 … 一終無終一

$$[\log_e(1+0.0011111111)]^{-1} = 900.5$$
$$-[\log_e(1+0.0111111111)]^{-1} = 90.5$$

$$81 \times 10 = \frac{10}{0.012345679012^0} = (0.1111111\cdots)^2$$

* 建國理念 天符經 81字의 의미 -- 9×9
  그리고 對數關係($\log_e$)
  五角形(Pentagon)과 별(星)

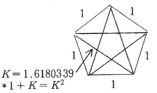

$K = 1.6180339$
*$1 + K = K^2$

① $E = mC^2$ 의 C^2 에서
   $\frac{10}{9} = 1.11111\cdots$, $C = 2.997924162$

② $K^{(\ln K)^*} \times 1.11111\cdots = \frac{10}{C^2}$

③ $K^{(\ln K)^{1.111111}} = (1.112650211)^2 = \frac{100}{C^4}$

(2) 相對性과 Cybernetics

9와 1/9는 상호 프랙탈 관계이다.

즉, 太陽回轉地球와

水素核回轉電子에 비유

0.1111° = 1/9 및 기타 天符經 數理에

의하여 4차원과 사이버네틱스 세계를

보완할 필요성이 있을 것 같다.

$$Cyber\ x_p = \frac{11.111111}{0.111111111} \cdot x_p$$

$$= 28.622338371$$

$$\rightarrow \tau^{-28.622338371} = K^{(\ln K)^{10}}$$

(3) Logos와 現象

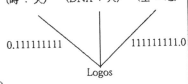

春夏秋冬　　A·G·C·T　　東西南北
(時 : 天)　　(DNA : 人)　　(空 : 地)

0.111111111　　　　　111111111.0

Logos

배달의 유전인자성을 고려

지식지배층들의 각성이다.

세계적으로 전통적 지식집단의 방황은 날로 심각해지고 있다. 인류적인 대중은 이제는 그들이 가지고 있는 이기(利器)인 선거권을 통해서 의사표시가 실현될 수 있도록 되어 가고 있다. 그 만큼 인류적 대중의 기본적인 생활이 자리를 잡아가고 있기 때문이다. 여기에서 점차 소외되어 가고 있는 것이 지역적 지배층과 세계적 지배층인 것이다.

역사적으로 보아 전통적 문화유산의 찬란한 바탕을 갖고 있는 아시아에 있어서 예컨대 일본 엔화와 또한 유럽에서의 독일의 마르크화는 국제적인 사회간접자본의 영향 하에서 GNP라는 입장에서 본다면 경제적 3면등가의 법칙이 깨어진지 오래다. 대체적으로 대부분의 각 나라는 GNP가 GDP를 앞서가고 있다. 그러나 예컨대 엔화나 마르크화는 GDP가 GNP를 앞서고 있다. 이것은 인류적 유동성 선호에 반대되는 기미를 지닌 증상이라고 봐도 된다. 과거 공산주의와 자본주의를 내걸고 대결장이 되었던 한반도에서 이제는 세계적으로 봐서 GNP와 GDP의 각축장의 분지가 되어 가고 있다.

이상한 현상은, 그 미래적 실현성이 다른 차원으로 전개되고 있는 감을 주는 상황도 전개되고 있다. 엔화나 마르크화의 그늘에서 신음하던 달러나 프랑스화가 한반도를 둘러싸고 집결되어가고 있는 조짐이 보이고 있다는 것이다.

가령 미국은 먼로주의 후예답게 우루과이 라운드를 점차 축소해가고 있고, 유럽의 프랑스의 경우 독일에 비해서, 훨씬 고정적인 가치가 높은 TGV의 첨단 기술, 이른바 비용(cost)와 기술적인 장래를 위해서도 그렇거니와 실제적인 한반도와 TGV와의 교류에 나타나는 프랑스화의 희생을 감수, 즉 상상외의 저렴한 비용(Low Cost)을 감안하면서 한국을 매개로 하여 클린턴 행정부와 교류하게 된 것으로 보이는 것은 과거의 경제 상황과는 다른 이상적인 현상으로 보이고 있다.

즉 새로운 미국, 구라파 경제의 Leadership을 어쩌면 한국을 매개로 해서 인류적 대중의 경제를 앞서서 문을 열려고 하는 색채를 짙게 지니고 있다. 그러므로 앞으로의 우리 경제정책은 이러한 새로운 입장에서 그 동태적 현상을 넓고, 깊고, 장구성 있게 고려한 바탕위에서 집행되어야 할 것이다.

인류적 대중심리의 유동성 선호를 고려한 지식경제 필요

여기서는 우선적으로 인류적 대중심리의 유동성 선호를 고려한 위에서 공명되어 가는 지식경제로 선회하지 않으면 안 된다.

동시에 인류적 대중이 잠재적으로 기대하는 바대로 정통의 정통을 뚫은 한국의 얼(혼)이 팽배되어야 할 것이다. 다시 말해서 인류대중의 심리적 선호성, 경제학적으로 유동성 선호를 공명하는 전제 위에서 살아남기 위한 한국의 정통성이 시대적 정보와 교통과 통신을 수용해 나가야 하는 것이 대전제가 되어야 한다.

이러한 의미에서 앞으로 전개될 지식을 중심으로 한 초과학시대에 있어서 우리나라에게만 있음직한 전통적인 이성논리를 포괄하고 있는 건국이념, 천부경의 발굴이 우선될 필요성이 있다. 이것은 종교 문화 경제의 원점을 체계화시켜 새로운 경제를 태두 시킬 수 있는 가능성이 있는, 하늘이 부여한 계기인 듯 일말의 소망스러운 것을

암시하고 있다. 이러한 전반적인 바탕하에서 새로운 입장에서 전개될 한국의 중소기업의 자세의 방향이 구도화되어야 한다.

더우기 최근에 정부에서 실시해 가는 정책에 있어서도 어쩌면 당초의 목표는 근본적인 중소기업의 육성이라고 할 수 있는데 오히려 그 실시과정에 있어서 중소기업이 희생된 감을 주는 것은 불안한 느낌을 준다. 그러나 대체적으로 성공할 수 있었던 것은 그 정책이 우수했다기 보다는 국내외적인 성원의 성과라고 봐도 괜찮을 것이다.

지난날의 정권에서 실시했던 경제정책의 관례를 감안해 보면 가히 기적적인 성공이라는 측면이 있다는 것도 고려해야 될 것이다. 과거 4.19 학생운동이후 자유당이 몰락하고 민주정권이 수립될 무렵에도 학생들의 데모가 더욱 과격해진 적이 있을 때 여러 신문사에서 건설적인 시위를 파괴적인 것으로 이끌지 말라는 기사를 내기도 했다. H신문사는 1면 머릿기사로 실어서 대대적으로 학생들을 칭찬했다. 그런데 그 성과는 대단히 컸었다. 이런 의미에서 지나간 그러한 예도 현재의 메스컴에서 참작할 필요도 있을 것이다. 다시 말해서 문제는 판단의 균

형감각이 미발달되어 있는 상태에 있어서 메스컴이 해야 될 지원도 중요하다는 것이다.

중소기업의 육성도 새로운 창조적 가치가 바탕이 되어야 하는 것이므로 시간적 공간적 균형 속에서 지속적 발전이 가능한 것이다. 현재 어떤 중소기업이 소망스럽게 해낸다 하더라도 그 미래가 의심스럽지 않겠는가. 예를 들어 엔화나 마르크화의 현재의 사정과 그 미래를 고려해 볼 때 경험이 많은 중소기업들에게는 두려움이 있는 것이다. 왜냐하면 다른 화폐에 비해서 엔화나 마르크화는 스스로의 힘에 의해서 그 가치를 조절할 수 있기 때문이다. 보이지 않는 그 속에는 극우적인 민족주의가 도사리고 있다고 보는 것이 타당할 것이다. 그렇다면 장차 엔화가 떨어질 경우 – 엔고하에서도 화폐 품질 그리고 그 가격이 급격히 인하될 때를 생각하면 미래를 두려워 한 나머지 현재의 소망스러운 기업도 투자확대를 꺼려하는 것은 당연한 일이 아닌가.

예컨대 이와 같은 것을 극복할 수 있을 정도의 우리 나름대로의 독특한 특화산업과 연구개발을 밀도 있게 해나가야 된다고 본다. 일본의 경우 젓가락질을 남의 나라 사람보다 독특하게 잘하는 특성을 살려 반도체 산업이 도입되었을 때 세계적으로 앞장설 수 있었던 실례도 고려해 볼 문제이다.

21C 세계경제의 특징은 국제적 패권 지식층과 Global 인류가 서서히 배반되어 가고 있다는 것과 패권 지식층 속에서도 봉권적 신분의 환상이 붕괴되어 가고 있다는 것이다.

그러므로 국가 이전에 다수의 자연스런 인간이 무게를 더해가고 있다. 그에 따라 간접자본의 형성이 GDP보다 GNP를 뒷받침하는 격이 된다.

한편으로는 그러한 인류적 자연인은 그들의 바람직한 지도자를 선망한다. 어쩌면 이것은 국가 이전의 것이다. 이것이 새로운 인류적 간접자본을 선호하는 새 유동성 선호의 방향이라 할 수 있지 않을까.

그러한 자연인이 경제적으로 능력 있고 엥겔계수가 많은 지역을 찾는 것 같지만 보다 21C를 전개시키는 태두라는 입장에서는 한국적 바탕에 특성을 더욱이 천부경으로 닦아진 한국적 특성을 찾는 이상이 있다.

녹색신문 1994년 2월 28일(월)

$\boxed{\text{21세기}}$ 양화(良貨)의 수요가 넘치는 고(高)탄력성의 시대

해당국가에 기(氣)의 센터가 있다고 하면, 그 나라의 종교나 교육 그리고 문화와 어울려 그 나라 중심의 기를 더 맑게 우러나게 함으로써 그 시대와 역사에 신선한 것을 흘러 보내야 한다. 미국의 경우는 기독교와 프래그머티즘(Pragmatism) 등이 그 나라를 맑고 살찌게 한 것이고 일본의 경우는 한국에서 흘러간 불교와 교육이 맑히고 살찌게 한 것이다. 그러나 우리나라는 그에 비해 외세에 의해 오염되었던 적이 여러 차례이다.

오늘날의 글로벌(Global)인류는 봉건말기에 갈구해 왔던 인간다운 자연, 자연스러운 인간을 찾고자 하지만, 여기에는 민주주의도 공산주의도 흡족한 것이 되지 못했다. 더욱이 오늘날 동서좌우로 나뉘어진 다양한 '주의(主義)'와 '사상(思想)'의 틈바구니에서 원래적 인간을 되돌리려고 하는 움직임이 여러 곳에서 나타나고 있는 것을 본다.

중세부터 인류가 찾고 있던 '인간다운 인간의 희소가치'

이러한 상황 하에서 오늘날 중세기에서부터 인류가 찾고 있던 '인간다운 인간의 희소가치'가 이 한반도에서 소생될 수 있을까?

공산·자본주의를 불신하는 현대 인류들은 이제 신문을 볼 수 있을 정도로 고도의 정보교환을 하면서 공산주의나 자본주의에 아랑곳없이 세계적 유목민족의 정착촌에 접근해 오고 있다. 이것은 인류적 필요조건을 등한시한 국제력(國際力)과는 서서히 본격적인 마찰로 들어서는 것 같다. 최근의 리보(LIBO)금리도 지난달(1994년 3월)부터 상승하고, 국제적 비정상적인 경제적 수요의 과열현상을 보더라도, 오늘의 국제적 상황은 과거 미국 케네디 대통령 당시의 금(金)파동을 연상케 할 정도이다. 결국 각 나라마다 국채발행은 많아질 것이고, 그에 따른

지역간의 금융질서는(call loan, call money) 흔들리게 될 것이며, 스스로

되었을 때 그들의 고도기술은 어떤 결과를 나을까. 그 뿐만 아니라 중국과

인류인(人類人)이 된 노동자, 소비자, 투자자는 대음무성(大音無聲), 대방무각(大方無角), 순천자존(順天者存)의 시대로

의 민간투자는 어려움을 겪게 될 것이다(crowding out effect).

이러한 의미에서 창조적 가치에 따르는 이른바 대중의 선호성(選好性)과 경제적 선호성을 고려한 입장에서 파생증권처리간의 교류발전도 고려해야 하고, 거듭되는 국제적 난관을 헤쳐 나가기 위해서는 정태적(靜態的) 선물거래나 옵션(option)을 동태화(動態化)시키면서 재무와 금융에 대한 새로운 공학적(工學的) 접근도 필요하다.

대외적으로는 가까운 일본이 엔고(円高)하에서도 연구개발에 총력을 기울이고 있는 이 때, 그 화폐가치가 다시 하강하여 국제화로 나간다면 한국은 위태로운 걸림돌을 만나게 된다. 그럴 수밖에 없는 것이 현재도 부품이나 원료도입의 대일 무역역조가 심화되어가고 있으므로, 그 엔고가 정상화

러시아의 각축마저 고려한다면 글로벌 시대에 임하는 우리의 대안은 쉬운 것이 아니다.

오늘날의 인류는 내일을 위해 '칼칼한 한국의 얼'에 접근

정보과학을 배경으로 연구개발시대라고 일컬을 수 있는 인류적 바탕에선 오늘날의 인류는 분명히 내일을 위해 '칼칼한 한국의 얼'을 향해 접근해 오고 있다. 내일에 결정해야 하는 것은 고유 희소가치(固有 稀少價値)의 발생과 창조이다. 우리는 인류가 필요조건으로 하는 무형(無形)의 희소가치와 그에 따른 유형(有形)의 희소가치를 발생시키고 창조해 가야 한다. 가령 산업에 있어서 유형의 희소가치를 기업이나 기술이라고 한다면, 무형의

희소가치는 태도(attitude)라고 할 수 있다. 이러한 인류적 차원의 필요조건을 우리나라가 가지고 있음직한 것은 가끔 우리나라 사람에게서 나타나는 유목민적 성격과 고도지식의 후예같은 소질이 발휘되기 때문이다.

즉, 본유(本攸)의 탄력성(彈力性)에

준이 표적이었다. 1920년대부터는 본격적으로 빈익빈 부익부를 위한 갈등으로 세계가 흔들려 왔다. 그래서 2차 대전도 발생한 것이다. 그것은 국제적 정부관여에 따른 금(金)파동의 수습으로 원만해진 것 같지만, 경제적 패권층들은 어차피 최대다수의 인류가 찾

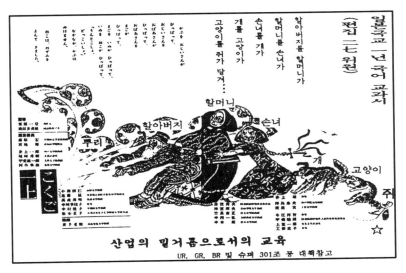

서 발현되는 예상(豫想) 탄력성과 이것을 통한 이시적 대체의 확보라는 점을 고려할 때, 본연의 탄력성을 어느 정도 확보했는가 하는 것이 중요한 점이다. 이미 이것은 수학적 관계로서 계측할 수도 있다.

맑스 경제가 상징하듯이 근세의 경제사는 빵 아니면 죽음이라는 생존수

고 있는 인간다운 인간의 필수조건을 고려할 처지가 아니었었다.

참신한 인도주의를 찾는
인류들의 움직임

그러나 미래의 글로벌 인류는 그에 대응해서 칼칼한 문화의 희소가치와

그에 따른 칼칼한 문명을 요구하고 있다. 정보화가 진전됨에 따라 인류의 힘은 날로 강해지고 있다. 그만큼 진부한 국제적인 패권력은 날로 파동을 일으킬 것이다. 패권자들이 찾는 충분조건의 극단과, 그 문명 하에서 참신한 인도주의를 찾고자 하는 인류들의 움직임 또한 극한에 다다르고 있다. 오늘날까지의 증후대를 한반도에서 그들의 갈증을 승화시키려고 한다면, 이 지역민들은 자기가 살고, 인류를 흡족하게 하기 위해서 무엇을 해야 하는가.

그럴 경우 한국이 가능성이 있겠는가. 기초적 가능성은 우연하나마 기대할 만하다. 선사시대의 한반도를 고려해 볼 때, 우리는 창조와 개발이라는 입장에서 좌뇌보다 우뇌가 유전적으로 크다는 것과, 다윈(C.Dawin)의 진화론적 독립유전(獨立遺傳)의 법칙이 저변에 흐르고 있다는 점이다.

다만 문제점은 시대적인 흐름가운데서 한국민족의 근세사를 보았을 때, 바탕과 방법론의 준비가 전혀 없는 가운데 국제적인 조류가 엄습해오기 때문에 당황한다는 것이다. 전술한 바와 같이, 우리 역사는 고려시대부터 천여 년 동안 오염되어서, 예컨대 수평적으로는 가족이나 이웃 간의 교류가 차단

되어 온 것을 오히려 가치가 높은 것으로 평가하고, 수직적으로는 노소(老少)간의 교류 또한 왜곡되어 나타나기도 한다.

가령, 역사적으로 많은 나라를 지배해 왔던 중국의 경우, 피지배국에 대한 식민지 고착을 위해서라도, 남녀노소간의 자연스런 교류를 차단해야 했고, 지나칠 정도로 계급의식을 강화하여 심리적 도착(倒錯)증세에 빠지도록 만들고자 할 수도 있었기 때문이다. 그렇지 않으면 피지배국 국민들의 창조적 저력이 발휘되기 때문이다. 이른바 선진국의 언어는 남녀노소의 자연스런 본성을 전달하기 쉬운 반면, 우리는 각 지방간의 의사소통이 안 될 때도 있었다. 더욱이 장유유서(長幼有序)를 교류의 차단도구로써 해석하기도 했었고, 남녀유별(男女有別)을 교류의 차단방법으로 왜곡하는 도착(倒錯)증세가 누적되어 왔음을 반성해야 할 때도 된 것이다.

오늘날 우리는 세계화의 개방화를 지향하면서도, 선진국들이 자랄 때 축적해 온 바탕보다는, 그와 반대적인 외적 소비성향만을 배운 경우가 많았고, 타인을 대할 때도 우의와 협력을 바탕으로 하기보다는 경쟁적 적대심을

느끼게 하는 경우가 많았다.

소비(消費)는 미덕(美德)이지만, 과소비(過消費)는 추태(醜態)인 것이다. 그리고 경쟁(競爭)은 힘의 상쇄(相殺)를 가져오지 않는다는 조건을 전제로 해야 한다. 이것이 어렵다. 더욱이 살아남기 위한 것일 때는 힘의 상잔(相殘)에 주목해야 한다. 결국 이것은 살아남기 위해서 서울을 불바다로 만들 수 없다는 것과도 통한다.

그러나 깊이 있는 뿌리에 비하여 라가 당황하고 있는 것은 아닌지.

인류문화사를 헤브라이즘과 헬레니즘의 교차현상으로 본다면, 가령 메시아를 기다리던 유태의 경우, 오히려 메시아가 왔기 때문에 유태의 멸망을 촉진시켰다고 볼 수 있고, 또 고대사회의 마케도니아의 경우를 보더라도 신성로마제국이 펼쳐질 때까지 실제로 그와 같은 헬레니즘의 전통은 그 지역에서는 오히려 소멸되었다는 역사를 고려해 보아야 할 것이다. 예루살렘이

정통을 뚫은 "칼칼한 (생기)生氣"가 탄력성.
'미(美)의 실존(實存)'이
기독교와 어떻게 결부되었는가.
소승도(小乘道)로서의 노장사상(老莊思想)을
살려가는 것이 "길"

정보과학의 발달과 더불어 수습할 수 없을 정도로 국제적 환경이 급습하고 있다. 물론 글로벌 인류의 보이지 않는 바램도 있지만, 국제적인 패권층들의 압력이 있기도 할 것이다. 그러나 그와 동시에 작용에 대한 반작용적인 창조하는 의미에서 본다면 특수한 유전자성(遺傳子性)이 폭발할 수도 있다는 것이다. 이러한 갈림길에서 우리나 마케도니아는 생각하지 않더라도, 최근에 부정척결을 단행했던 이탈리아는 과거 마피아로 상징되다시피 한 나라였다. 한편 덴마크나 스위스까지 포함해서 바이킹의 왕국이었던 스칸디나비아 반도 일대의 나라들이 오늘날 갑작스럽게 지상낙원이라고 일컬어지고 있다는 사실과, 소외된 섬나라로서의 영국이 이루어 낸 산업혁명 등도 충분

히 고려해야 한다.

가령, 스칸디나비아 반도에 있어서의 키에르케고르(S. Kierkegaard)의 미(美)의 실존(實存)이라는 철학이 어떻게 기독교와 결부되었는가하는 문제, 그리고 어떻게 해서 정반대의 국가로 발전할 수 있었는가 하는 것을 깊이 고려해야 한다. 여기서 간과해서는 안 되는 것이 미국의 경우이다. 청교도 사상이 영국과 구라파에서 태동되어, 당시의 무모한 이단자들이라는 비난 속에서도 우연이라고만은 볼 수 없을 정도로, 오늘의 미국을 건설한 뿌리의 정신이 되었던 것이다.

주지하듯이 이스라엘의 헤브라이즘이 청교도로 계승되어 생산적(生産的)으로 나타났고, 마케도니아의 헬레니즘의 의식적인 제도, 가령 민주주의로 탄생될 수 있었던 것을 충분히 고려해야 하는 것이 우리의 입장이다. 그렇다면 과연 오늘날의 한국은 그러한 인류적 여망에 부응(副應)하여 정통을 뚫은 정통의 진수(眞髓)를 현실화시킬 수 있겠는가?

가까운 과거사를 보더라도, "왜놈"이라고 놀렸던 일본보다는 해방 후 우리가 더 잘살았어야 옳았다. 우리의 감정은 반일(反日)의 극치를 달렸지만,

실제로는 생산의 모든 원료와 부품을 일본에 의존하는, 극단적으로 말해서 새로운 식민지적 성격을 띠고 있다고 세계는 평가한다. 표리부동한 이러한 현상은 고려이후부터 지금까지의 우리 역사가 목적(目的)과 결과(結果)가 배치되어 왔던 흔적을 뜻한다. 그러나 더 이상 갈등이라는 낭만 속에 머물 수는 없는 것이 다급한 현실이다. 아무튼 다른 나라는 고려하지 않더라도 기술왕국으로 부상한 일본, 나름의 산업혁명도 일으키는 중국, 재기하는 러시아 앞에 다시 시행착오를 거듭할 수는 없는 것이다.

韓민족 얼은 금력이나 권력 지식에 종속되는 것이 아니다

우리의 정통을 뚫은 정통이 되살아난다는 것은 일견(一見) 엉뚱한 것이라야 한다. 다시 말해서 기적적인 것이어야 한다. 한민족의 얼은 금력이나 권력 혹은 지식에 종속되는 것이 아니기 때문이다. 살아야 하고 숨을 터야 할 사람들에게만 있음직한 것, 즉 차원을 달리한 것이라야 싹이 터날 수 있는 것이다. 과거의 권위주의나 오늘날의 새로운 권위주의, 그리고 금권이

나 명예가 이제는 더 이상 독립변수로 존속될 수 없다는 것이다.

한국인의 개성이 인류 앞에 엉뚱하게 보일 때가 나타나리라고 기대하던 은유(隱喩)와, 전세계 앞에 질가(質價) 이상으로 평가되는 한국의 민속놀이, 한국 올림픽이 그러한 사실을 보여주는 것이다. 그리고 문민정부의 사정(司正)으로 인한 세계적 여론이 싱가포르나 대만의 실례보다 앞서는 것이라고 평하는 뒤안에는, 세계인들의 새로운 흐름도 영향이 되고 있다.

오늘날 세계는 로마 때의 삼두정치처럼 EC와 NAFTA 그리고 APEC 등으로 나뉘어졌지만, 이것도 역시 잠정

적인 세계적인 패권지도자들의 대안에 불과하다. 아무튼 90년대부터 시작되는 것은 인류가 인간다운 산업개발을 지향하고 있다는 것이다. 과거 냉전시기에는 세계적 질서가 횡적(橫的)으로 공산체제와 자본체제로 나뉘어진 갈등의 시대였으나, 이제는 그 차원이 변동하여 과거적 지배층과 현재적 인류라는 종적(縱的)대립으로 그것도 급격히 변곡(變曲)되어 가고 있다. 이제 세계적 인류는 정보과학의 발달에 힘입어 최소한도의 지성을 갖출 수 있게 되었다. 산업도 시장이 생산을 주도하는 방향으로 전환되고 있다. 다시 말해서 수평시대의 산업이 겉으로는 시

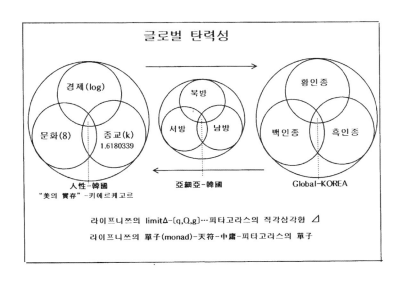

글로벌 탄력성

경제(log)

문화(8)　종교(k)
1.6180339

북방

서방　남방

황인종

백인종　흑인종

人性-韓國
"美의 實存"-키에르케고르

亞細亞-韓國

Global-KOREA

라이프니쯔의 limitΔ-[q,Q,g]···피타고라스의 직각삼각형 △
라이프니쯔의 單子(monad)-天符-中庸-피타고라스의 單子

장지향성을 외치면서도 실제로는 생산지향적이었다는 것이 이제는 인류적 대중 앞에 탄로가 난 것이다.

정보화시대에 있어서 노동자(labor)란 집단의 소경영자를 의미한다. 특히 노동조합은 단순한 기업내부의 분열을 의미하는 것이 아닌 소경영자와 대경영자들의 갈등을 의미하는 것이다. 그러므로 오늘날의 기업은 대중적 지향성에 종속될 수밖에 없다. 즉, 새로운 형태의 적자생존(適者生存)이라는 논리에 부응할 수밖에 없는 것이다.

새로운 시대적 적응을 위한 양화개발(良貨開發)

그렇다면 이러한 상황에서 기업이 그 존속을 위해 가야할 방향은, 계속적인 악화(惡貨)에 머물러 보수적 사고에서 고립될 것인가, 아니면 새로운 시대적 적응을 위한 양화개발(良貨開發)을 구체화할 것인가 하는 기로에 놓인 것이다.

일찍이 바르(Adolf Augustus Berle)와 민즈(Gardiner C. Means)는 경영자 독재시대를 예견했지만, 오늘날은 변화의 속도가 너무 빠르기 때문에, 언제 어떻게 그 경영자 독재시대가 지나

갈지도 감지하지 못할 정도이다. 대기업은 노동자를 새로운 의미로서의 경영자로 선택할 수밖에 없다. 최근의 대기업이 회피하고자 하는 것은 오히려 허영스럽고, 오만하고, 지배욕이 많은 사원들이라는 것도 고려해야 하는 것이다. 애매하나마 각 기업은 미래적 의미에서 예지가 있으면서도 겸허하고 소박한 인간을 찾고 있다. 이것이 미래기업의 방향을 알 수 있는 가장 중요한 열쇠인 것이다.

이러한 측면에서 과거 독점적 기업 측면을 강조했던 슘페터 학설보다는 아담 스미스나 마샬을 현실적으로 새롭게 재구축해야 하는 것이 중요하다. 새로운 시대의 양화(良貨)개발을 위해서는, 대중들의 지향성을 찾고자 애썼던 케인즈의 유동성선호(liquidity preference)에 대한 새로운 모색과 접근을 통해 새로운 시대의 양화적인 것을 창조할 것인가가 가장 절실한 문제이고, 그러한 가운데 어떻게 하면 위험(Risk)를 회피하면서 안정(安定)을 기하고, 기회(opportunity)를 포착하여 성장(成長)을 가져올 수 있겠는가 하는 것이 중요하다.

생리학적 측면에서 살펴보면, 인간의 우뇌(右腦)는 창의적인 특성을 지

니고 있고, 좌뇌는 논리적 특성을 지니고 있다. 그러므로 우뇌는 미래적 기회(opportunity)를 포착할 수 있는 능력을 지니고 있다고 할 수 있고, 좌뇌는 위험(risk)을 회피할 수 있는 능력이 있으므로, 새로운 시대적 상황을 맞이한 기업으로서는 적자생존적 상황 구조를 극복해 나가기 위하여 이들 간의 긴밀한 교류가 필요하다고 할 수 있다.

소박성과 겸허함, 예지력을 갖춘 인간의 양성

그 실현의 근거는 미래적 의미로서의 소박성과 겸허함 그리고 예지력을 갖춘, 균형감각 있는 인간의 양성인 것이고, 인류는 이에 부응해 나갈 수밖에 없는 상황에 직면한 것이다. 그리고 이러한 미래지향적 추구과정과 방법을 통해서만 진정한 재창조(re-structuring)는 가능하리라 본다. 이 사이에서 대기업들은 신음하고 있다. 이제는 동양은 서양의 원심적(efferent) 접근이 필요하고, 서양은 동양의 구심적(afferent)접근을 통한 새로운 체제구축이 새로운 미래에 절실하다.

'극에는 반극(反極)이 있고 반극에는 극이 있다'는 말이 자연스럽게 부각될 정도로, 오늘날은 악화의 극한 시대이다. 극과 극 사이에 존재하는 것이 인간이기 때문에 인간은 극의 한계를 넘어설 수는 없는 것 같다. 따라서 과거 양화에서 악화의 극으로 치달았던 인간은, 다시 악화에서 양화의 극으로 회귀하고 있다. 이것은 심지어 도둑이나 강도들도 이제는 그들만의 집단 내에서라도 성인다운 성인을 찾을 수밖에 없다는 것이다. 왜냐하면 그렇게 하는 것만이 새로운 시대에 대한 대응을 가능하게 만들어 줄 수 있기 때문이다.

우리의 경우, 권력과 금력이 연계된 악화의 숲 속에서 이제 서서히 중소기업이 소생하는 움직임을 보여주고 있다. 대기업이 오히려 중소기업의 납품업자가 되는 현상도 보인다. 경영학(經營學)의 태동을 공룡의 기근사에서부터 찾는다면, 오늘날 대기업과 같은 공룡은 빙하기, 즉 무한한 다양성을 전제로 하는 오늘날과 같은 소비환경에서는 살아남지 못할 위험을 안고 있다. 공룡이 생존을 위하여 먹을 수 있는 것은 이미 다 소진되었다. 오늘날 이러한 자극을 더욱 가속시키는 것은 이른바 제품수명주기(Product Life Cycle)의 단축과 정보과학의 급속한 발달이다. 대중들끼리 지식과 정보를 자유로이 교류하게 됨으로써, 과대한 몸집의 공룡들은 단기화(短期化)된 PLC에 적응하기 힘들게 되었고, 그 결과 굶주림을 겪을 수밖에 없다고들 한다. 그러므로 대기업들은 이제 글로벌 인류의 자율적 협력을 얻지 못하면 그 미래가 어둡게 된다.

이러한 시대적 상황에 즈음하여, 최

있지, 중간정도의 규모로서는 불가능할 지도 모른다.

문화와 윤리가
경제행위와 동시에 존립해야

비근한 사실로서 불란서의 '소피아 안티플러스 연구소'에서 '메세나(Mecenat) 운동'이 전개되어 이제는 유럽 전역으로 확산되고 있는 실정이다. 문화와 윤리가 경제행위와 동시에 존립할 수

새로운 Global화 과정은
국제적(國際的) 강자(强者)의 점거(占據)나,
국제적 약자의 폐쇄(閉鎖)를 허문다

근의 미국에서는 Mini National Plant(MNP)가 확산되고 있다. 이것은 최근 소위 'X세대' 라는 새로운 용어가 상징하다시피, 탈규칙적, 탈제도적이라 할 정도로 다양해지는 소비자의 구매욕구에 대기업들이 기존의 공룡으로만 계속 존속하려고 해서는 대처하기 어렵다는 것을 말해주는 것이다. 그러나 잠정적으로 Mini National Plant가 확대된다고 하더라도, 그것이 초미니(super mimi)라야 가능성이

있도록 노력하는 이들의 운동도, 우리나라에서는 해석상 많은 문제점을 보여주고 있다. 즉, 관료적이고 지식 패권층적인 해석이 그것이다. 원래적 동기로서의 메세나는 기업자체가, 성스러움을 추구하는 존재임을 바탕으로 하고 있으므로, 부당한 행위에 의한 수익금으로 문화운동을 전개한다는 뜻이 아니기 때문이다.

이러한 의미에서, 현대기업은 대중들의 다양한 지향성을 어느 정도 흡수

할 수 있는가 하는 것이 문제점으로 부각되고 있다. 즉, 양화를 얼마나 개발할 수 있겠는가 하는 것이다. 이제 거대한 몸집의 공룡을 예컨대 개(狗)나 소(牛)로 스스로 해체해야 한다. 특히, 오늘날은 정보화의 속도가 지나칠 정도로 빠르기 때문에, 어쩌면 잠정적 과도기의 혼란은 가속화될 수밖에 없는 것이 실정이기도 하다.

역사적 성스러움을 현실화시키는 것이 기업

그러므로 생활자체가 기업이어야 하고, 역사적 성스러움을 현실화시키는 것이 기업이 되어 갈 수밖에 없다. 이것을 실현했던 나라가 초기의 미국이었다. 이러한 과정이 진정한 의미의 재창조인 것이다. 자극적 효과를 위한 '살아남기'나 '무한경쟁 '은 자칫 단순 충동화되어 엄밀한 의미에서 재창조와는 거리가 먼 것이 될 수도 있다. 잘못하면 목적과 결과를 전도시킬지도 모른다. 이제는 자연 속의 참다운 인간으로 돌아가서 경제에 있어서도 재창조를 이루어야 한다.

우리는 목적(目的)과 결과(結果)가 상반(相反)되지 않도록 최종의 결실이 이루어지는 다짐이 필요하다. 이를 위해 장인정신(匠道)을 펼쳐야 산다.

글로벌 인류는 인간다운 인간이 하는 시장주도적 생산을 요구하고 있다. 이것의 기슭에는 이색적인 거대한 메커니즘을 동원하는 메스컴이 그 힘을 강화시키고 있는 것이다. 정치권력학자 라스웰(H.Lasswell)이 앞으로는 메스컴이 새로운 파시스트로 등장될 것이라고 지적한 것과, 소유와 경영이 본격적으로 분리되는 시대에 있어서 경영자라는 새로운 파시스트가 등장할 것이라고 한 바르와 민즈의 견해도 고려해야 할 때도 되었다. 그것도 결국 시대의 흐름이 가속화되는 시점에서는 잠정적 현상처럼 보인다. 왜냐하면, 인류나 그 당해지역은 우선적으로 목적과 결과를 접근시키는 행동으로 나아갈 길이기 때문이다. 서구 어디서 언제(Wohin und Wenn) 새로운 출발을 할 것인가라고 외친 슈펭글러의 말도 새삼 새겨야 할 때가 온 것이다.

이처럼 미래를 갖추지 않으면 안 될 때가 급습한 오늘날, 세계에서 유일하면서 신비스러움을 지니고 있는 우리나라의 천부경(天符經)을 파고드는 것은 유익할 것 같다.

실험은 필요하지만 근원적 이치를 무시한 단순한 실험사실에만 의존한다면 심각한 상황에 직면하게 된다. 만일 오존층이 파괴된 것을 늦게 발견했다면 어떻게 되었을까?

아찔한 위기감마저 든다. 눈에 보이는 석유나 프레온 가스가 문명의 자랑이라고 외치며, 그것을 캐내지 못한 조상들을 경시했던 오늘날의 인류들에게 닥친 무서운 결과는 죽은 뒤에야 어떻게 죽는지를 안다고 하는 것이고, 지구가 파괴된 후에야 지구가 파괴되지 않는 방법을 발견했다고 하는 식의 현대수학이 초래한 엄청난 과오인 것이다. 수많은 세월과 연구비의 지출은 날로 늘어갈 것이다.

새로운 문명의 발생은
정통의 數學을 현재에
되살리는 곳에서 출발

이것은 현대문명의 수학이 실험치를 유도해내지 못하기 때문이다. 어쩌면 모든 것이 실제와는 거리가 먼 오락이나 기만으로 전락되어 가고 있는 것이다. 새로운 문명의 발생은 정통의 수학을 현재에 되살리는 곳에서 출발해야 된다. 즉, 가장 많은 시간과 가장

많은 비용을 희생시켰던 이른바 상대성 이론과 사이버네틱스(Cybernetics) 등등의 데이터들이 초래한 문명위기 의식은 형식적으로 발달한 현대수학과 정통의 고대수학을 연결시킴으로서 모면할 수 있을 것이다.

그러나 현재의 글로벌 인류에게는 역사적 진리와 양심에 물질이나 권력이 종속되기를 바라는 마음이 샘솟기 시작하고 있다. 참의 양식(良識)은 독립적인 것이다. 현대적 사회 제반은 메카니즘에 종속되어 가고 있는 것이다.

다행히 오늘날은 컴퓨터가 발달되어 가고 있다. 가령 무서운 카리스마적인 지배권을 행사할 힘을 갖고 있었던 공산주의자들의 이상을 볼 때, 만일 그들이 참다운 수학에 바탕을 둔 프로그래밍(Programming)에 의해서 자기와 그들의 미래를 실험치와 일치할 수 있겠끔 계산할 수만 있었다면, 알면서도 자기와 이웃을 멸망시키는 방법을 택하지는 않았을 것이다. 이것은 바로 지구가 파괴되는 실험을 행한 후에 지구가 파괴되지 않는 방법을 발견했다고 하는 것과 무엇이 다르겠는가.

그리고 더욱더 나아가 초정밀도로 발달한 소위 거짓말탐지기 등도 원격조정이 가능할 정도로 발견된다면, 각

기업체에서의 활용성뿐만 아니라 오늘날 측정가능 해져 가는 기(氣)의 실체와 그것의 근거까지도 측정가능하지 않겠는가. 최근 계발된 PET(양전자방출단층촬영술, Positron Emission Tomography)라는 기계도 그러한 것을 시도하고 있다. 이것은 바로 기업의 생산성(生産性)과도 직결된 당면의 것이 되어가고 있다. 물론 사회의 발전도 마찬가지이다. 문명의 이기를 근원적인 것에서부터 유도시키지 못한 이유를 파헤치는 것이 당면과제이다.

한국만이 가지고 있는
천부(天符)의 정통을 터나게 해야

"산은 산이요 물은 물이다"라는 어느 스님의 말이 떠오른다. 이제 우리는 근원적인 것에서 출발해야 한다. 철학적으로는 후설의 현상학(現象學)과 키에르케고르의 미(美)의 실존(實存) 등도 고려하면서, 아시아 시대라고 일컬어지고 있는 이때 소승도(小乘道)로서의 노장사상(老莊思想)을 되살려 나가는 것이 컴퓨터 시대의 길을 제시할 것이다. 더욱이 한국의 것은 그 제반을 유도시킨 한국만이 가지고 있는 천부의 정통을 터나게 해야 한다.

산업경영은 공룡들의 기근사(饑饉史)를 출발점으로 한다.

금년에 들어 고성이나 의성등지에서 세계사에서는 처음으로 공룡들의 집단 서식지가 발견되었고, 또한 선사시대의 고도문명을 대변하는 암각화가 경남 언양 등지에서 나타나기도 했다. 그로부터 보면 간빙기로부터 24만 년 전까지 거슬러 올라가지 않더라도, 적어도 고려 이후부터 외세의 침략을 받았던 천 년사는 오히려 짧은 것이다.

식물을 통해서 생체의 풍토를 알듯이, 가령 흔한 우리나라 김치의 경우 우리나라에서 재배된 농산물이 아니면 안 되는 것도 알려져 있다. 칼칼한 맛이 그것이다. 만일 여기에 나타나지는 않는다고 하더라도 바탕의 무형의 얼이 오염된 부분을 정제해서 소생된다고 하면, 가장 기뻐하는 자는 인류임을 느끼게 한다. 최근 한국의 남성이나 여성이 여러 차례 금메달에 도전을 한 사실이 있었다. 과연 그렇다면 21세기의 세계를 향해 전개된 한국의 얼이 빛을 발휘한다면 어떻게 될까.

세상은 이렇게 말한다.

에게문명에서 시작된 문화는 지중해를 통하고, 또한 대서양, 태평양을 건너 동북아시아로 온다고 인류문명의 흐름은 구름의 이동과는 반대방향이다. 일찍이 우랄산맥에서 피었던 민들레나 한국의 생명은 구름을 따라 극동지방으로 와서 당시의 공룡과 더불어 한반도에 안주했던 것이다. 그래서 동해의 바닷가에서 박, 석, 김, 이, 최, 손, 정, 배, 설 등 하늘이 주었다는 구성(九姓)을 탄생시키고, 서녘으로 가서 농토를 가꾼 것이다.

한국의 얼을 간추리는 것은
이 시대의 인류적 수압(需壓)

그러나 지금은 이러한 원조(元祖)는 간 곳이 없고 근친조상(近親祖上)만 집단적으로 섬기는 풍토가 어쩌면 사촌이 땅을 사면 배가 아프다고에 연결될 정도로 되어 온 것이다. 그러나 뼈속 깊은 이른바 한국인의 DNA와 HLA(골수)에 넉넉히 살아 있는 것은 선조의 혼(魂)이다. 그것은 서쪽에서 오늘날의 독일이 '오딘'이나 '유밀'의 전설과 더불어 조상을 숭배하는 아넨쿨트스(Ahnenkults)와 같이 극동에서 우리나라도 유일한 조선(祖先) 숭배국으로 알려져 있다. 그리고 이것은 더욱 평화로운 바탕을 깔고 있는 것이 특색이다. 이러한 사실들을 고려해 보

더라도 보이는 것으로 나타날 보이지 않는 한국의 얼을 간추리지 않으면 안 될 때가 온 것은 이 시대의 인류적 수압(需壓)이 가까워지고 있기 때문이다.

금세기의 생산성은 "미(美)의 실존(實存)"의 결과이다. 이것은 "인류(X)의 우리(Y) 탄력성"이다. 참의 발생－파생이 내일이다. 곧 이것은 자연시스템이 지닌 기능을 소생시키는 것을 의미한다. 앞으로도 계속될 다양한 'Round'들의 출현 속에서 각 사람의 인성(人性)이 그의 내일을 결정하게 된다.

이를테면 해당지역의 불우인(不遇人)의 활성도 생산성의 밑거름이 된다. 그러므로 떳떳하고, 그윽하고, 흐뭇한 삶을 준비하는 편이 유익하다. 미국의 경우 대학교도 나오지 않은 에디슨, 라이트 형제, 트루만, 링컨, 그리고 헤밍웨이 등이 그 나라를 키웠다는 것도 고려할 필요가 있다. 우리는 이제 시행착오로 인한 부작용을 줄여야 한다.

녹색신문 1994년 4월 25일(월)

한반도, 新르네상스와 산업혁명 동시발생 징후

- 건국대 이득희 교수 - 특별대담 정홍기 전무

물질의 절대적 우위로 인한 가치관 상실로 참이념(理念)이 부재한 오늘날 세계역사는 새 세기를 맞이할 준비로 격동하고 또 무한궤도로 요동치고 있다. 이런 때에 우리 민족의 건국이념(建國理念)인 천부경(天符經)을 수리적으로 분석 풀이하여, 21C를 살아가야할 나라와 인류에게 불변의 Logos를 새롭게 투영시켜 새로운 비전과 방법론을 제시하기위해 산업현장에서, 실험실에서 또 강단에서 법학, 경제학, 물리학과 산업공학의 바탕에서 40년을 연구에 전념한 이득희교수님과 특별대담을 마련하였다.

〈편집자 주〉

▲정홍기 전무 : 선생님 건강하십니까? 천부경의 수치실험해석(數値實驗解析)에 대한 연구는 아직도 계속되고 있습니까?

▲이득희 교수 : 대체로 고비는 넘겼다고 보지만 풀이할수록 심오합니다.

▲정 : 김대통령의 집권 100일은 평가 받아도 좋을 듯 싶습니다만 신한국건설을 위해 문민정부가 벌여온 사정과 부정척결에 대한 의견을 말씀해 주십시오.

▲李 : 부정척결은 대단히 중요합니다. 그러나 이는 과거의 잘못을 색출하여 척결한다는 소극적 입장에 머물러서는 안됩니다. 내일을 설계하고 펼쳐갈 소망스런 비전의 정지작업으로써의 적극적 성격을 띄었을 때 부정척결은 큰 의미가 있고 전체국민의 사기가 됩니다. 비전이 보이지 않는 부정

척결은 원수 갚는 쾌감으로 왜곡되게 비춰지고 잘못하면 타락적 현상으로 오도됩니다. 따라서 비젼이 매우 중요합니다.

▲정 : 문민정부의 개혁에 대한 의견은 어떠합니까?

하였고 독일국민들이 그들의 미래를 기대 걸었던 사회민주주의가 무너지게 하는데도 관련이 있습니다. 또 5년간 준비해왔던 미국의 대한(對韓) 반도체 보복계획이 개혁의 비교우위적 연합이랄까, 클린턴의 인기하락과 유엔에서의 권위상실로 급기야는 보복재검토라는 결과를 낳았습니다. 지구촌 시대의

▲이 : 김대통령의 개혁은 변환기시대에 그 시기적 의미만으로도 큰 뜻을 가지고 있는 전세계에 던진 파장도 컸습니다. '사정'뿐 아니라 '고통분담'을 전제로 한 개혁은 일본 대만과 이태리를 비롯 유럽각국 등 세계 여러 나라에 새로운 가치의식을 심어주는데 큰 격려가 되었고 구질서의 재편작업에 버팀목 역할을 하였습니다.

김대통령의 개혁 쇼크는 불란서의 전총리 베레고부아가 자살하는데 영향

김대통령의 개혁은 국내문제 범주가 아니고 세계적으로 파급되고 영향을 주는 무게를 가지고 있습니다.

최근에는 오히려 그들의 사정과 고통분담을 위해 넌즈시 김대통령에게 좀 더 깊이, 지속적으로 해 나가주기를 기대하는 면이 있어 좋은 의미의 국제적 압력으로 받아들일 수 있게끔 되었습니다. 국내문제뿐 아니라 국외적 요청이 크다는 얘깁니다.

▲정 : 그 나라의 산업이 발전하려면 어떤 준비와 조건이 필요하겠습니까.

▲이 : 무엇보다도 먼저 그 나라 국민의 양심이 바로서고 맑은 마음이 솟구치는 것이 선결조건입니다. 그와 더불어 산업발전계획이 따라야 합니다.

가 히틀러를 후원하여 세계를 상대로 싸웠으나 패망 후 아데나워는 히틀러의 아류를 처단하고 전통적 게르만민족의 얼을 받들어 신독일주의로써 근면하고 양심적인 독일민족의 전통을 살리니까 라인강의 기적을 낳았습니다.

우리의 경우는 어떠합니까. '10월유신'은 같은 '유신'인데 '잘 살아 보

산업발전, 먼저 그 나라의
양심(良心)이 바로 커야

이를테면 양심이나 맑은 마음은 독립변수이고 산업 혹은 생산성은 종속변수입니다.

일본의 예를 봅시다. 임진왜란 때만 하더라도 지식적으로 우리보다 훨씬 뒤떨어졌던 그 나라가 우리의 이율곡 정신을 받아들여 명치유신의 정신적 근간으로 삼고, 전국적으로 양심개발(良心開發) 운동을 '유신'의 기초작업으로 하였으니 각 마을마다 벌인 비양심인 축출운동 등은 좋은 예입니다. 그런 바탕 위에 서양을 배우자는 목표를 세우니까 그 결과 산업개발이 괄목할 정도로 이루어 진 겁니다.

독일의 경우는 신헤겔, 신칸트학파

세'로 산업을 먼저 앞세워 국민의 탐심을 자극하여 동기로 삼는, 즉 종속변수인 산업을 독립변수로 놓고 오히려 독립변수인 양심을 종속변수화한 위에 국가전체주의(國家全體主義)적 산업을 강조한 결과 단기적으로 산업은 육성되었으나 제도의 미비점과 함께 오늘날 우리들이 겪고 있는 바의 심대한 부작용에 직면하게 된 겁니다.

양심이 뿌리가 되지 않고 또 양심개발이 이뤄지지 않음으로 해서 비유컨대 심장은 썩어가나 손과 발은 숙련되어 온갖 기법은 발달되었다고 할 수 있습니다. 그 결과로 산업은 발달되었으나 노사간 양심적 노력은 파괴되고

상호 심한 불신(不信)과 기회주의, 보신주의가 팽배하여, 이제 참으로 발전해야 할 때에 와서는 그 산업적 토대가 위태로운 지경에 이른 것 입니다.

「신한국」은 이점에 유의, 우리의 정통의 진실을 길어 올려 그 토대로 삼고 국민 대화합을 이뤄야 산업발전이 될 것입니다.

▲정 : 건국이념인 천부경의 수리적 해석을 연구하셨는데 그것이 현대의 우리나라에 어떤 의의가 있습니까?

▲이 : 천부경의 수리적 해석은 눈 앞의 현실이란 입장에서 보면 우선 물리학이나 기타 공업기술에 활용될 수 있는 점도 있지만, 나는 그보다 더 깊은 것 곧 여기에서 발견되는 것이 물질이나 경제에 움직여지는 원리와 인간의 생리구조와 인간 마음의 움직임 즉 뇌파의 움직임, 심장파의 움직임 뿐 아니라 마음과 기(氣)를 지배하는 공통 알고리즘(Algorithm)을 발견해 낼 수 있다고 보고 그 기존 실험데이터와 이러한 의미의 이론과의 일치된 것을 발견해 보았습니다. 다시 말하면 물질의 움직임을 보는 인간의 마음의 움직임은 구체적으로 동일한 수식이

존재한다는 것을 확인한 것입니다.

사실 창조란 대원칙(大原則)이 증명되어 가면서 이루어지는 것이 능률적입니다. 그리고 인간상호간의 문제도 쉽게 측정 할 수 있는 길도 열리는 것 같습니다. 지금까지 「천부경」이란 마치 무속(巫俗)의 원리인 양 알려지고 있는 형편이지만 거기엔 구체적으로 물질을 발명할 수 있는 원리도 들어있을 뿐 아니라 더 자연스런 가운데서 인간행동의 원리도 발견되어 측정할 수 있을 것으로 봅니다. 이는 우리나라가 갖고있는 놀라운 신비(神祕) 그 자체라 믿습니다.

▲정 : 요즈음 의식개혁(意識改革)에대한 논의가 활발합니다만 진정한 의식개혁이란 어떤 모양이어야 합니까?

▲이 : 지금까지 「의식개혁」하면 누구나 과거의 경험에 입각하여 사정(司正)적 입장에서 개혁되어야 할 점을 보는 것이었습니다. 그러나 내가 보는 「의식개혁」은 우리다운 우리의 양심(良心)을 트나게 하여 우리의 슬기와 더불어 잘살게 되도록 하는 방향의 것이어야 합니다.

이제 세계가 우리민족에게 기대를 거는 방향으로 나아가고 있기 때문에 우리의 양심과 우리의 슬기는 그만큼 더 절실해져 가고 있습니다. 그러므로 오늘날의 의식개혁은 문민시대 이전의 개념과는 어쩌면 다른 새 차원이어야 합니다.

끈질기게 동쪽을 찾아 정착한 민족은 그만큼 끈질기게 양심과 슬기를 닦아왔을 것입니다. 다시 말해 우리의 얼이 묻혀 왔다는 것은 최근에 보더라도 그렇게 비판만 받아온 우리가 갑자기 세계 앞에 등장되고 그 나라의 산

족이동을 통해서 또 토착과정을 거쳐 정착기간 내내 얼을 심는 작업을 게을리 하지 않았습니다. 어쩌면 그야말로 이 시대를 당면해 피어나게 해 왔을런지도 모릅니다. 사실 우리는 매우 선량하고 그윽한 잠재력을 다져온 셈이지요. 이것을 확실히 깨닫는 것, 이것이 의식개혁이어야 합니다.

▲정 : 우리나라가 신르네상스 운동의 중심이 된다고 보십니까? 그렇다면 어떤 근거에서인지 말씀해 주십시오.

천부경(天符經), 물질과 마음의 움직임엔 동일수식 존재

업이 본보기 마냥 된 사실만 보더라도 그 기틀에는 얼마만한 참다운 얼과 슬기가 매장되어 있는가하고 세계인들은 놀라고 있습니다. 지나간 천여 년 외부적 통제에 의해 우리의 깊은 이성이 흐트러져 보일 수밖에 없게 되었던 역사가 지극히 아쉬울 뿐입니다.

우리민족은 수천 년의 강인한 집념으로 'Logos－참'을 찾는 노력을 민

▲이 : 중세에는 신(神)을 파는 카리스마 안에서 중세 말 인간을 찾는 르네상스운동이 이태리에서 일어나 그 결과로 불란서 시민혁명과 더불어 영국에서는 산업혁명이 일어났습니다. 오늘날은 국민의식이 모두 때 묻은 민주주의·공산주의 등 경제카리스마적 제도에 얽매여 인권을 위탁하다시피 이미 인간성 상실상태가 된지 오래입니다.

이와 같은 경제카리스마에서 벗어나 본연의 인권을 회복하려는 노력은 여러 모양으로 나타나는데 공산주의 몰락이 그 대표적 예입니다. 또 미국에서 비정당인 「페로」가 등장할 수 있었던 것도 국민의식 저변의 욕구를 반영한 것이라 봅니다.

한국은 최근세사에서 유엔에 의한 해방과 세계적 민주와 공산의 날카로운 대립의 결전장으로 세계앞에 드러나더니, 이제는 88올림픽으로 양 초갈등(超葛藤) 당사자들의 화해의 장소로 세계의 이목을 끈 후 문민정부의 등장과 그의 사정 및 개혁으로 새시대의 가치관에 대한 정지작업을 하여 그 충격을 세계에 계속 던지고 있습니다.

작금에는 역설적으로나마 북한의 NPT탈퇴, 번복 등 계속적으로 세계인의 하이라이트가 됨은 2000년대 초 개발이 확실한 핵융합이 에너지 문제를 해결하면 광대한 지하자원을 가진 시베리아로 들어가는 초입의 나루터와 같은 자리에 한국이 놓여있고 또한 여기에 과거의 4대강국들이 수시로 자극하고 있습니다.

더욱이 지금은 자타가 이르는 바 지구촌 시대가 아닙니까. 그런데 역사적으로 다른 나라를 침략하지도 또 침략할 능력도 없는 나라로 한국이 비춰지고 있기 때문에 세계의 네거리요 안전한 중심인 우리나라가 시대가 요청하는 바의 신르네상스와 산업혁명을 대신할 수 있는 지역일만 하지 않습니까. 그리고 정통을 뚫은 전통의 백성이 사는 나라이기도 하니까요.

더구나 엄청난 경제카리스마에서 인권을 되찾고 상실한 인간성을 회복하는 일은 인류적 예지와 전인류적 잠재탄력성이 요청되는 것이거든요.

스펭글러(Oswald Spengler)는 서구 문명의 몰락을 예언했는데 사실상 서구 문명은 재기가 불가능한 상태에 이른다고 했어요. 아놀드 토인비(A. J. Toynbee)도 현대문명에 적게 영향받은 아시아에서 새 빛이 솟아나 여기에 서구문명이 비추었을 때 이른바 새시대의 소금이요 빛이 되는 양 예언했습니다. 타고르는 노골적으로 「그 등불 다시 켜지는 날 아시아의 빛이 되리라」라고 예언시(詩)를 썼습니다.

이것은 오늘날에 있어서 사회적 권력과 금력에 마비되어 버린 뿌리에서 새로이 본래의 인간다운 인간이 소생됨으로 해서 역사가 재창조된다는 것을 뜻하는 것입니다. 이러한 예언들도 한국이 당면한 현실 앞에 스스로를 깨우치는 꺼리로 봄직합니다.

이러한 의미에서 중세 유럽 때와는 달리 르네상스와 산업혁명이 각각의 다른 장소라기보다 포스트모던이라 일컬어지는 오늘날에 있어서는 한반도에서 동시적으로 발생할 징후가 보입니다.

▲정 : 그러면 지금까지는 인간성 회복을 위한 다른 노력이 없었습니까?

▲李 : 문화철학(文化哲學)적 측면에서 말한다면 획일성을 띤 보편주의에 존재론—실존주의, 그리고 여기에 언어—구조주의가 한 결 같이 인간의 내면에 깔린 본연을 길러내게 하려고 애써왔습니다. 그럼에도 인간의 궁지(窮地)에로 부딪히게 마련인 것이 역사였습니다.

사람들은 고전(古典)보다는 잡지나 신문, 클래식음악 보다는 예컨대 팝송 등 넓고 깊고 장구한 것보다는 찰라와 목전(目前)에 빠져 근원적인 것에 갈증을 더해왔었다는 것이 철학자들의 얘기였습니다. 그동안 철학자들이 매너리즘, 테크노크러시(Technocracy), 인스트루멘탈리즘(Instrumentalism)을 경고해 왔지만 이제는 지친 상태입니다. 한 예로 케네디가 컴퓨터의 팽배정책을 발표할 당시만 하더라도 당시의 식자들은 테크노크러시 뷰로크라시즘(기술관료주의)을 맹렬히 비판했습니다. 인간의 가슴과 뇌는 경시하고 손과 발을 중시하는 듯한 국가정책은 장래 미국의 GNP를 내려가게 할 것이라고, 우리나라도 88올림픽이후 기계의존적 경향이 강하게 나타나고 있습니다.

이것은 수학으로 말하면 독립변수와 종속변수가 뒤바뀐 이치로서 말해진 것이라 보아도 됩니다. 지금은 문화의 이기(利器)로써의 기계보다는 바로 그 기계와 물질에 인간의 예속이 더 심화되었습니다. 현대인들은 자본이나 기계에 종속된 생활에 젖어들면서 다만 창조적 개발을 운운하며 환상을 팔고 있습니다.

여기에서 근원의 계발을 수반하는 본연의 창조란 무엇이겠습니까. 우리는 이것에 직면하고 있습니다. 우리가 맞닥뜨린 산업은 역사의 냉혹한 현실 앞에서 부딪혀 우리의 본연이 소생될 수밖에 없는 것이어서 정통을 뚫은 우리의 슬기는 좀 더 효과적이고 좀 더 성공적인 창조력을 바라는 바의 것일 수밖에 없습니다.

▲정 : 선생님, 너무나 근원적이고 광범한 말씀과 새 시대에 우리민족이 맡아야 될 역할을 생각하니 벅찬 감개도 있으나 한편으론 어깨가 무거움을 느낍니다. 새 정부의 중소기업 정책과 사람의 양심이나 마음을 측정하는 인성(人性)테스트기 등에 대해서도 여쭤볼 예정이었으나 이 문제는 지면관계상 다음에 듣도록 하겠습니다.

녹색신보 1993년 6월 21일(월)

〈신문 기고 원본 사진〉

오늘날의 우리는 세계사에서 인구가 가장 많다는 중국과, 가장 넓은 영토를 소유한 러시아-몽고, 그리고 기술왕국으로서의 일본을 주변으로 하고 있다. 특히 일본의 기술력이라는 것은 제품원가를 임의대로 변경시킴으로써 주변국의 공업부품이나 공업제품의 원가체계를 자유자재로 붕괴시킬 수 있고, 마침내는 해당국가의 경제를 마비시킬 수도 있는 잠재력을 지니고 있다.

이들은 전·후삼국, 통일신라, 고려, 그리고 조선의 문화유산과 한국의 도

씨앗은 뿌리를 낳고, 뿌리는 열매를 남긴다.

이때 기술이나 자본이라는 것은 그 뿌리가 낳은 껍질에 불과한 것이다. 오늘날은 국제경쟁이 기술력이나 자본력을 중심으로 이루어지고 있지만, 실제로는 그 씨앗과 뿌리를 통해서 이루어져야 한다.

예문화를 갈고 닦고 길러 올린 힘으로 오늘의 기술이나 자본이라는 껍질을 튼튼히 준비했던 것이다. 어쩌면 우리는 그들의 껍질인 기술이나 자본만을 구걸하는 처지에 놓일 지도 모른다는 두려움마저 있다.

서양사를 보더라도 초기의 로마는 모두가 제 일인자였으나, 말기에는 월급쟁이가 전체의 2/3를 차지했다. 지금의 미국도 초창기에는 청교도가 상징하듯이, 콜로라도(Colorado)주부터 크리스마스날에는 중노동을 하는 것을 원칙으로 했었다. 그러나 월급쟁이가 증가함에 따라 이러한 제도가 붕괴되었던 것이다. 즉, 나라가 망하면 월급 받을 기술과 돈만 가지고서 다른 나라의 새로운 자본가나 권력자에게 서식하면 되기 때문이다.

가깝게는 국제연맹의 힘에 의하여 8.15 해방이 이루어진 것과, 또 국제연합에 의하여 6.25사변 때 탱크 한 대 없던 우리가 동족의 공산당을 물리친 일, 그리고 88올림픽을 통하여 더

개방하의 산업과 지식을 위하여

- 이득희

건국대
산업공학과 교수

욱더 세계에 알려진 한반도는 그때부터 사치와 과소비가 만연되어 왔다. 지금은 마지막 남은 공산당의 원자탄 제조라는 공포 앞에 세계와 같이 서 있다. 이제 우리는 성철스님의 말씀처럼 세계 앞에서 우리가 산인지 물인지를 알아야 할 때가 온 것이다. 펼쳐질 것은 모두 펼쳐져 간다.

이제는 건실한 씨앗과 튼튼한 뿌리를 키워야

우리나라는 88올림픽 이후부터 상대적으로 빠른 성장을 하고 있는 아시안에게 계속 추적을 당하고 있다. 세계적인 인삼을 먹으면서 노력을 일본의 열배 이상으로 했지만 결과는 40대 사망률이 최고라는 오명만 남게 되었다. 뿐만 아니라 학교에서는 품질관리나 원가관리에 대한 교육을 지나칠 정도로 강조했지만, 그 결과는 정반대로 나타났다. 사회윤리 측면에서도 겉으로는 동방예의지국을 표방하지만 내적으로는 살인, 강간이 세계적 수준이다.

왜 이러한 시행착오를 거듭해야만 하는 것일까?

최근에 강조하는 개방과 경쟁이라는 것도 어쩌면 또 다른 시행착오를 거듭하는 것은 아닐까? 심리학적으로 노예근성이란 다음의 경우를 두고 이른다. 첫째, 남에게 잘난척하는 행위, 둘째, 남을 깔보는 행위, 셋째, 남의 약점을 찾고 부추기는 행위, 넷째, 살육경쟁을 좋아하는 행위. 이것은 카인과 예수 콤플렉스인 아집과 과장, 그리고 메조키즘과 새디즘 등으로 나타나므로 프로이드(Freud)적 초자아(超自我 : Superego)는 문제가 있다는 학설도 있다.

세계 최초의 실업가라고 할 수 있는 헨리 포드(H.Ford)가 가장 금기시했던 것이 경쟁이었다는 것도 고려할 가치가 있는 것이다. 아울러 로마와 미국 및 기타 오늘날의 선진국들이 초창기에 가장 중요시 한 것은 최대다수가 가진 최대의 씨앗과 뿌리를 개발하는 것이었다.

오늘날 아시안은 노장(老莊)사상을 바탕으로 한 그들의 영세중소기업과 그 기업간의 이른바 컨소시움을 확장하고 있다. 즉 나라도 인류도 곧 각개의 직접적인 생활에 가깝게 된 것이다. 그리고 중소기업은 나름대로 지역사회의 특산물 개발에 근거하여 성장하고 있다. 우리나라에서의 '지역사회개발'

이란 당장 은행잎, 배추, 그리고 한국 산삼이 상징하듯이 특화품(特化品) 개발이 우선적으로 이루어져야 한다.

이제 세계는 권력전쟁에서 경제전쟁으로 기울어지고 있다. 오늘날은 단순히 의식주 문제 때문에 국가 간에 힘을 겨루지는 않는다. 그 뒤에 숨은 권력의 영향력을 막는 것도 또한 생존의 필요충분조건이다. 원래 유전인자의 계통발생(系統發生)을 되풀이하는 것이 개체발생(個體發生)이어야 한다.

씨앗은 뿌리를 낳고, 뿌리는 열매를

초국가적 르네상스 산업 ― 뿌리산업

할아버지와 손자, 남녀가 맑은 씨앗을 발굴하여 뿌리를 키우고 새로운 창조를 이루는데 있어서 가장 중요한 진실한 사귐을 저해한 것이 오늘날까지 공자, 석가, 그리고 예수를 팔아 온 권력자들의 가르침이었던 것이다. 그 결과 권력자들도 급기야는 자멸을 거듭했던 것이다. 이러한 권력자들의 철없는 꿈은 양반계급과 봉토였던 것이며,

초연(超然) 속에서만 얻을 수 있는 내일을 꽃피울 희소가치 찾아야

남긴다. 이때 기술이나 자본이라는 것은 그 뿌리가 낳은 껍질에 불과한 것이다. 오늘날은 국제경쟁이 기술력이나 자본력을 중심으로 이루어지고 있지만, 실제로는 그 씨앗과 뿌리를 통해서 이루어져야 한다. 그러므로 건실한 씨앗과 튼튼한 뿌리를 키우는 것은 인류사적으로 볼 때 초절대적인 것이지만, 기술과 자본은 상대적인 것이라고 할 수 있다.

선조가 준 튼튼한 뿌리이고, 이것의 결과로서 이른바 오늘날의 기술과 자본을 얻게 되는 것이다. 그 씨앗과 뿌리의 열매를 간추린 것이 그 나라의 지식이어야 한다. 그렇지 못할 때 그 지식은 몽고 침입 때 지식층이 내세웠던 팔만대장경이 될 수 있고, 임진왜란 때의 사서삼경에 지나지 않을 것이다.

오늘날은 글로벌(Global) 인류층이 점차로 그 힘을 증대시켜가면서 서서히 민주/공산주의를 부정하고 있다.

그 정도는 점차로 심화되어 가고 있고, 서서히 초국가적인 르네상스 산업을 아쉬워하며, 한편으로는 한국과 한국혼을 신비스러워 하고 있는 것 같다. 바야흐로 횡적으로는 좌익과 우익속에서, 종적으로는 패권층과 인류대중 속에서 본연의 자연스러운 인간본성과 본연의 산업을 찾고 있는 것이다. 이제는 탐욕에 기인한 시행착오에서 벗

대에는 어느 한 부분의 일도 단순하지 않고, 복합적이며 다양 속변한다.

이러한 시대에는 아무튼 생명현상적인 역할이 요구된다. 이를테면 하드웨어에서 소프트웨어로 나아가 휴먼웨어(Humanware)로의 역할을 수행해야 하는 것이다. 살아남기 위해서든 무한경쟁이든 그것은 사람의 온전한 뿌리에서 발생되는 것을 더 길러 올릴

서서히 초국가적인 르네상스 산업을 아쉬워하며, 한편으로는 한국과 한국혼을 신비스러워하고 있는 것 같다.

어나 인류적 대망을 수용하는 방향으로 최대다수가 뿌리의 산업을 찾아 일할 때이다.

이것은 사명이라기보다는 어쩌면 인류적 본능인 것이다. 짚신벌레도 어둠 속에서 제 갈 길을 잘 찾고, 해바라기도 태양광을 찾고, 재봉새(鳥)는 본적도 없는 제 살림을 잘 차리며, 철새도 겨울의 따스한 날씨나 여름의 추운 날씨에도 아랑곳 않고 오로지 지축의 기울기를 정확히 감지하여 나란히 정렬해서 날아간다. 활짝 열려가는 시

수 있는 것이어야 한다. 그러므로 개방이란 본연에로의 수렴을 수반하는 것이 더 실현성이 있다. 만약 그렇지 못하면 이론과 실제가 그리고 목적과 결과가 반대로 나타나는 현상에 이르게 된다.

그러면 이러한 목적과 결과 사이에 발생하는 차이나 이치와 실지(實地)사이에 발생하는 차이를 어떻게 하면 줄일 수 있을까? 실제로 세계는 오늘날 이것을 극복할 수 있는 방법을 찾는 경쟁을 하고 있는 것이다. 또한 전 세

계는 초연(超然)속에서만 얻을 수 있는 내일에 꽃피울 오늘의 희소가치를 찾는 경쟁을 하고 있는 것이다.

과거 이것을 찾는 것이 르네상스이자 산업혁명이 아니었던가. 갑자기 당하는 세계의 장(場)에서는 비상한 긍지를 처리해야 하므로 보수적인 타성에 얽힌 이해관계 등은 스스로의 위험(risk)을 자초하게 되고, 기회(chance)를 포기하게 한다. 형식의 극한은 또한 본질의 극한에 기초를 두므로 인간된 동질감을 요구한다. 시행착오를 가져오는 경쟁은 이제 그만 두어야 한다. 뿌리의 산업은 보다 높은 그리고 보다 넓고 오랜 성과를 가져다준다. 아울러 참다운 화목과 단결도 가져다 준다.

노자(老子)나 원효(元曉)가 말한 '자연'이라는 것과 장자 크루소가 말한 '자연으로 돌아가라'는 민주주의의 실체를 이제 다시금 재조명해야 할 때이다.

설악의 빛 1994 · 봄
한국통신 강원사업본부

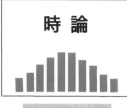

이득희

는 공식등도 큰 관심사였다. 이 아인 슈타인 공식은 어딘가 한구석이 빠진 느낌인데 어설프게 지적할 수가 없었다. 그러다가 드디어 작년에 그 잘못을 증명했다. 더욱 놀라운 것은 아인 슈타인 공식에 나오는 이 숫자가 우리의 건국 경전이라 할 수 있는 천부경에서 나오는 숫자라는 것이다.

우리는 우리 자신을 너무 모르고 있다. 일본에 대한 우리의 태도만 보아도 알 수 있다. 해방 후 친일파들은

전통문화에 뿌리 둔 경제윤리
유구한 정통의 얼 계승해야

어릴적 서당 공부를 시작으로 내가 학문의 길로 들어선 이후 가장 관심을 가지고 연구하고 있는 분야는 경제학과 수학이다. 연구하면 할수록 더 많은 문제점들이 발견되고 어떻게 해결할 것인가라는 문제로 밤새워 씨름을 한 적도 있다.

인간의 심성을 컴퓨터에 도입하여 알아보는 것과 미래 경제를 예측하는 것, 아인슈타인의 태양광선을 측정하

자신의 친일행각을 드러내지 않기 위해 남보다 먼저 왜놈이라 부르고 일본을 제대로 알려고 하지 않았다. 일본 여행길에서 돌아올 때 너나없이 들고 들어오는 니콘카메라, 코끼리 밥솥이 그들이 아는 일본이었다. 그러나 일본 고대문화의 주류를 형성하는 맥은 어디서 비롯된 것일까?

우리는 우리 것 중에서 많은 것을 일본에게 빼앗겼다. 일본은 명치유신을 하면서 교육칙어를 제정, 발표했다.

그런데 알고 보면 이 『교육칙어』라는 것이 이율곡 선생의 글을 단 한 줄도 고치지 않고 사용한 것이다. 이는 무엇을 말하는 것인가? 우리는 수 만년 된 우리의 윤리를 빼앗기고 새로운 윤리를 만들려고 짜 맞추고 끼워 넣고 하다가 얻은 것은 무엇인가? 결국은 문화적 기형아만 만들어 놓지 않았는가!

제대로 알려하지 않았던 우리의 교만함과 무관심이 알맹이는 다 빼앗기고 혹시 먹다 남은 껍질이라도 얻을까 하며 살피는 꼴이 되어 버렸으니 서글픈 일이 아닐 수 없다.

우리를 흉내낸 일본은 지금 세계를 지배하고 있다. 일본은 겉모습만 흉내 내지만 우리는 우리 윤리를 제대로 계승 발전시킬 수 있는 잠재력을 지닌 민족이다. 일본을 지탱하고 있는 윤리는 계급과 성에 의한 단절이 심했던 우리 이조시대의 윤리이다. 우리의 삼한시대 윤리를 보면 계급이나 성에 의한 단절이 없다.

즉 요즘의 정보공학적인 면에서 보면 자유롭고 다양한 교류, 서로 도우며 공동체를 이루는 화목한 사회라 할 수 있다. 정보과학과 정보공학의 입장에서 보면 현실속에서 개인의 기재성

(基在性)과 잠재성 및 현재성이 내생적 체계를 보완하면서 외생과 실현성 있고 깊이 있는 교류작용가운데서 효과를 거두어 가려 하고 있다.

이제 경제윤리를 전개시킬 윤리경영은 신앙성과 인간성을 수반하는 생산성을 필요로 하고 있다. 이것은 이른바 창조적 잠재의식으로 선택된 생산자의 더욱 참다운 길을 제시하고 멘토라(Mentorat)의 일을 수반하는 것이다.

지금까지는 서양 근대 경제학에서 말하는 경쟁과 청교도 정신에서 배태된 경제윤리에 의해 경제가 지탱되었다. 그러나 지금은 정보 사회과학시대를 지나며 이러한 경제윤리로는 경제가 운영되지 않을뿐더러 심각한 문제에 부딪치게 된다.

새로운 윤리가 바탕이 된 경제만이 앞으로 인류의 번영과 행복을 보장해 줄 수 있기 때문이다. 이는 경쟁의 원리가 아닌 인간의 창조성과 자율성 그리고 서로 도움을 주는, 동양철학에서 말하는 상생의 원리를 바탕 한 경제가 되어야 한다는 것이다. 지금의 경제윤리로는 인간의 경제활동을 설명할 수도 생산성 향상을 보장할 수도 없을 것이다. 이러한 경제윤리를 바탕 한

사회를 제 5차 산업사회(또는 然泉産業)라 명명할 수 있을 것이며, 이러한 경제윤리의 원형은 다름아닌 우리 조상들의 윤리에서 찾을 수 있다.

지중해 – 대서양 – 태평양을 건너서 아시아에 이른다는 문명의 흐름을 볼 때, 구조적으로 Diachronic(통시태)에서 Synchronic(공시태)적인 것을 발상시킨 경우에 고려해야 하는 것은 메소포타미아와 티그리스강, 유프라데스강, 그리스의 Delphi(신탁), Olymps(천의 제단) 그리고 지중해를 낀 크레타섬이다. 이를 태평양 연안에서 농축시켜보면 인류적 차원의 더 깊고 넓은 역사는 동해와 서해를 가지고 있는, 서라벌의 신탁, 백두산 천지의 제단, 그리고 태평양을 끼고 있는 제주도 등이 문명사의 흐름의 도달점으로 간주될 수도 있는 것이다. 따라서 그리스 크레타섬의 신비와 태평양을 낀 제주도를 비유하는 것은 유익하다. 이러한 의미에서 퉁구스(Tungus)족의 연천성(然泉性)은 넓고 깊은 뜻으로 해석해 봄직하다.

더욱이 오늘날 일본의 생산 진출의 바탕과 조선사의 현상을 보면서 견물생심, 온고지신을 통한 더 뛰어난 원삼국혼(元三國魂)을 고려할 때, 미래시대의 바탕으로서 유구한 정통의 얼을 발생, 발상시켜 올바른 경제윤리와 생산성을 향상시키는 것이 우리 민족에게 부여된 하늘의 소명이기도 하다.

한민족이여! 고개를 두리번거리지 말고 우리 속에 흐르고 있는 얼(然泉)을 올바르게 닦아 나가자.

(건국대 교수)

녹색신문 1992년 5월 30일(토)

숲과 피리(建國人에게)

李 得 熙

　따스한 가을에는 가끔 낙엽이 스친
다. 우리 학교는 숲 속에 있어서 좋다.
옛날에도 나는 줄곧 숲 속 학교를 다
닌 셈이다. 그것은 다행한 일이었다.
그때, 그 우거진 교문 길을 들어서면
문득, 커다란 바위를 만났다. 그 바위
에는 이러한 글이 새겨져 있었다.

　『학교는 진정한 인생도장이다.』 영
국 사람의 글이다.

　그 후 6.25 피난길을 뚫어 용케 살
아남은 사람들과 더불어 이상한 삶을
헤매곤 했다. 마치 전후파(戰後派) 작
가(作家)인 양 25시의 길을 허덕여 온
셈이다. 그로부터 오랜 세월 헝클어진
세상을 쫓다가 마음은 찢기고 닳아 이
상하고 기이한 형태로 변하여 왔다.

　그야말로 호머(Homer)의 말대로
「곽 속에서 기어 나온 달팽이」가 돌아
다니다가 두꺼비로 변하여 도로 곽 속
에 들어갈 수도 없어서 할 수 없이 앉
을 방석이 필요했다. 그것은 그가 원
해서가 아니라 그럴 수 있었기 때문이
다 라는 느낌을 가질 때가 많다.

　오늘날은 내가 마치 낚시꾼이 되어
드리운 낚시 끝에 「학점」이라는 미끼
를 매달고 이제나 저제나 낚아 올릴
포동포동한 「젊은이의 도(道)」를 기다
리고 있다. 살아있을 발랄한 내일의
도를 말이다. 그것은 어떤 시인의 글
처럼 「시대의 기형아인 인테리로서 고
민」인 양 안타깝다.

　생각하면　전만하더라도　사람들이
걸어온 길은 「숲 속의 길」이기도 하고
「나무의 길」이기도 했다. 그러나 지금
우리들 앞에 놓인 것은 플라스틱의 길
이 아닌가.

　옛날 사람들은 나무라 하면 살아
있는 숲을 생각했다. 오늘날 사람들은
나무라 하면 죽은 나무를 생각한다.
하지만 사람들의 마음속에 더 아늑한
숲이 있어 다만 길을 찾아 헛된 발을
내딛고 있을 뿐이다. 오히려 죽은 나
무의 숲이 너무 우거져 있어서 보이는
것은 미로(迷路)뿐이다.

　건국인은 다행히 숲 속에서 길을
찾고 있다. 우리는 태고(太古)와 같은
숲과 천지(天池)와 같은 호수에서 공
부하며 길을 닦는 것이다.

　때때로는 빼앗긴 나라를 찾아 차가
운 들판을 달리며 돈과 이름도 잊어버
리고 항상 공허 속에 숨쉬던 이 학교

창설의 입김도 들리어 온다.

그것은 차라리 서양의 슈바이쳐 (Albert Schweitzer)의 그것보다도 값지지 않은가. 건국인의 마음에는 그 피리 소리가 들려야 할 때가 왔다.

그래서 젊은이들은 이 숲과 호수를 거닐면서 따스한 이 가을에 스치는 진정한 겨레의 소리를 들어야 한다. 그 말굽소리에 들려오는 것은 이 학교에서 들을 수 있는 피리 소리인 것이다.

〈공대교수〉

건대신문 1983.11.7

建大新聞 西紀 1983年 11月 7日

농업기술회보(1967년 9월 1일)

역사속의 한국 농민상(農民像)

농민(農民)은
역사의 참된 주인이다

李 得 熙

○ 다음 글은 지난 7월 20일과 21일 양일간에 열린 이사 및 시군지회장 합동회의 때 건국대학교 축산대학 이득희교수가 행한 강연요지를 초록한 것이다.(편집자주) ○

오늘날 많은 사람들이 국가나 민족을 이야기하는 가운데 있지만 한편으로는 많은 사람의 머리 속에서 국가라는 것이 하나의 오락으로 여겨지는 가공할 현실 속에 우리는 살고 있다. 세금을 받기위해 찾아오는 세무서원이나 다른 어떤 부담을 느낄 때에야 비로소 이 나라의 국민됨을 느끼는 사람의 수는 상상보다 많은 것이다. 국민주의에 대한 개념이나 국가에 대한 충성심은 아시아 아프리카 및 라틴아메리카의 비발전지역의 많은 국민에게는 거의 존재하고 있지 않다는 칸트릴의 지적

이 합당한 것으로 생각된다.

이와 같이 분명히 혼란의 시대로 규정지워 질 수 있는 현대에 있어 우리가 명확히 지적할 수 있는 것은 이 윤추구의 기업체는 이론상으로 아무리 나라와 민족의 발전을 논의한다 할지라도 그것이 자기에게 소득이 되지 않을 때는 실현되지 않는다는 사실이다.

간단한 예로 정치문제만 하더라도 대통령중심제 행정체제에 있어 얼마나 많은 번복을 해왔는가? 어느 때는 지지하다가 또 어느 때는 지지하지 않는 가운데 있었으니 우리의 사고방식은 어디에다 기점을 두는지 의심할 수밖에 없다. 산업부문은 더 말할 것도 없다. 이와 같은 상황 속에 오늘 우리 농촌은 날이 갈수록 살기가 어려운데 만일 우리가 장사꾼의 속셈으로 분석해보면 이와 같은 상황은 당연한 귀결이란 것을 알 수 있다.

농촌과 공장, 장사 이렇게 셋을 두고 생각할 때 돈벌이의 경쟁에서 농민이 이 양자와 겨루어 승산을 얻을 수

있느냐하는 것은 어리석은 질문이 아닐 수 없다. 우리가 생활에 여유가 있다면 모를 일이나 살아가기 어려운 현실에서 민족이나 국가를 생각하기를 기대하기는 어려운 것이며 오히려 그를 가지고 돈벌이에 약삭빠르게 이용하려 들지 않으면 다행인 것이지만 현실은 부정적인 답을 주고 있다.

돈벌이를 위해서는 부모형제를 배신하고 국가나 겨레를 팔고 속이며 친구와 동지를 배반하는 사람이 한

이다. 설사 그럴 수 있다 하더라도 그것은 이미 남의 꽁무니를 쫓아가는 것밖에 되지 않아 약삭빠르기 경쟁에 농민은 항상 열세를 보일 따름인 것이다.

신문지상이나 라이오, 기타 매스콤을 통하여 누군가가 「농민은 국가를 위해서 내 땅을 잘되게 해야 한다」고 할 때 물론 거기에는 순수한 애국심도 있겠지만 대부분의 부류가 「나는 돈벌이가 잘 되지 않아 미안하지만 잠시 국가나 민족을 팔아야겠소」하는 거나

가난과 굴욕으로 점철된 삶에 오늘날도 씻겨지지 않는 빈곤

두 사람이 아닌 것이 현실의 풍토가 아닌가?

그러므로 땅을 얼마만큼 가꾸었느냐하는 문제가 곧 농촌을 잘살게 하는 것이 아니라 현재의 풍토 속에서는 우리 선량한 농민도 돈벌이를 위해서 부모형제 자식을 능히 배신하고 오직 나 하나만이 잘살겠다고 약삭빠르게 현실과 타협할 수 있느냐가 문제이다.

그러나 저들은 그럴 수 있어도 농민이 돈벌이를 위해서 부모형제 자식까지 배신할 수 없다는 것은 자명한 일

마찬가지의 뜻을 지닌 그 말의 공간을 쉽게 이해할 수 있다.

이와 같이 불리한 입장에만 있는 농촌이 잘 살 수 있는 길은 없는가? 여하히 문제의 열쇠를 찾아 우리농민의 호주머니를 두둑하게 한단 말인가? 어떻게 하는 것이 우리와 우리의 자손이 잘 살 수 있는 길인가? 이러한 풍토는 누가 만들 것인가?

문제는 사태를 이루고 있는 반면에 해결의 길은 막연하기만 한 것 같이 보인다. 그렇다고 일체를 타협해 버릴

수는 없는 것, 명확하고 확실한 답변을 마련하기 위한 노력이 부단히 계속되지 않으면 안 된다. 밥을 먹고 위장까지 들어가고 토하면 나온다는 사고방식, 그것이 핏속에 들어가서 완전히 내 것이 된 후에라야 비로소 안심할 수 있는 이런 풍토에서 우리가 어리석게 혼동하는 날에는 자멸이외에 아무 것도 없다.

그러면 정치가나 농민 기업인 상인 모두가 함께 살 수 있는 길은 없는가? 있다. 분명히 말하지만 그 길은 바로 우리나라 역사 속에 부단히 이어져온 가장 소중하면서도 외면당하기만 해온 농민정신의 발굴 육성 계승이다.

최근 50년 역사를 볼 때 우리민족 위에 감돌고 있는 암운이 있다면, 그것

이 싸움에서 가장 약했던 농민 그 농심(農心)이 우리 5천년 역사의 정신으로서 굳굳한 밑바탕을 이룩하고 있다.

만약에 사람이 자기 입밖에 모른다면 하등동물에서 다를 바가 뭐 있겠는가? 도의에 바른 사람이 되어야 한다. 먹고 살기 위해서라도 의를 저버린다는 이것처럼 어리석은 데가 없다. 도의가 사람을 만드는 것이며 도의가 돈을 벌게 하는 것이니 우리는 이와 같은 사실을 경험으로 체득한 많은 사람들을 본다. 이러한 경험들을 종합해 볼 때 도의를 앞세우고 또 발굴하지 않으면 못 먹고 산다는 결론이 나온다. 「도의가 무슨 도의냐! 먹고 살기가 바쁜 세상에」라고들 투덜대는 사람을 흔히 보지만 나중에 배고프고 살길이 막

역사를 이어온 農心(농심)의 개발 · 육성 · 계승이 겨레의 소망과 세기적(世紀的) 불안(不安) 해소의 근원

은 너의 조상을 배신해라! 도의(道義), 삼강오륜은 필요 없는 것이다! 그따위 것을 지키면 굶어 죽는다!는 식으로 역천적(逆天的)이고 패륜 패역한 역사를 기록해 왔지만 서로 헐고 뜯고 다투는

연해지면 모든 사람이 바른 도의의 길로 들어설 것을 확신한다.

그런데 문제는 우리가 여하히 민족을 잘살게 하고 자신의 호주머니를 두툼하게 하며 자식을 잘 키우고 여하히

친척과 친구를 잃지 않고 떳떳하게 잘 살 수 있을 것인가? 도의에 바를 때 살길이 나오고 그것에서 이득이 나와 호주머니를 채워준다면 배고픈 도의비판을 계속할 사람은 없을 것이다. 나는 지난 2년 동안 살려는 일단의 젊은 학사들의 생활을 검토한 결과 이러한 나의 생각이 틀림없다는 확고한 신념을 얻었다. 오히려 그들 젊은이와 마찬가지로 나에게 있어서 그것은 신념을 넘어 하나의 신앙으로 갖는 것이다.

유산을 타기 위해 아버지 비행기에 시한폭탄을 장치하고 돈대주는 낯선 아저씨가 진짜 아버지인 양 그를 따르는 자식들을 둔사람, 돈 못 주면 아버지 행세도 못하는 세상, 우리가 개나 구데기의 불안을 알고 이대로 살아도 좋은 것인가? 오늘날 미국을 소개하는 사람들의 얘기를 들어 보라. 하나같이 부모형제를 타산하려고 가르치지 않는가?

그러나 미국의 역사는 작은 배에 생의 전부를 걸고 대서양을 건넌 동지의 힘, 순수한 도의에 근거를 둔 희생이요 오늘의 미국을 건설한 근본정신을 잊어서는 안 된다. 순수하게 국민과 국민의 신뢰로 뭉쳐진 이스라엘, 이 같은 도의에 근거하지 않은 국민이 잘사는 나라를 건설한 예는 하나도 없다. 그런데도 우리가 아버지 재산을 타산하고 자식을 완구로 여기며 돈만 주면 빨갱이도 되는 5천년 역사의 역천자가 될 것인가?

공산주의나 타산주의는 우리 역사에는 없다. 역사에도 없는 이러한 비도덕의 사고방식이 우리의 수천년 역사를 한꺼번에 배척할 수는 없을 것이다. 공부 이전에 재주, 돈, 권력 이전에 인간이 어떠한 심령으로서 수천년래의 역사의 밑바탕에 깔린 인간의 체취를 마음속에 간직할 것인가를 생각하라! 이렇게 하는 것만이 우리의 살길임을 목숨을 내놓고 단언한다.

그렇다면 남은 문제는 누가 그렇게 할 것인가가 문제이다. 남대문시장에서 구할 것인가? 이름난 대학의 문전에서 돈을 주고 살 것인가? 이래서는 아예 한사람도 못 모을 것이다. 분명히 말하자면 이제야 말로 정말 농민에게 때가 왔다는 것이다. 왜냐하면 농민은 그 속에 가지고 있는 바른 역사 창조의 자질을 현실의 풍토에서 홀로 갖고 있기 때문이다. 말하자면 현대적인 군자의 출현이 반드시 우리 농민에게서 나올 것을 기대하는 것이다. 그런데도 불구하고 최근 농촌의 젊은 청년들이 진심으로 부모를 배신하지도 못하면서 재주를 부리려고 쫓아다니지만 나는 그들이 손을 잡고 「이 바보야 우리 튼튼한 오른 손을 두고 하필이면 나약한 왼손을 쓸려고 하는가? 우리 튼튼한 오른손으로 풍성한 수확을 거두자」라고 말한다.

왜냐하면 도의의 바탕에서 우리가 5천년 동안 닦아온 것이 바로 오른손이기 때문이다. 이것을 버리고 불과 수십 년 내에 돌풍적으로 방향도 없이 닥친 엇길을 흉내 낸다는 것은 먼저 자기에게 그 만큼의 손해밖에 아무 것도 주는 것이 없다. 이대로 타락주의, 사리사욕주의로 나간다고 한다면 그 결과는 장벽에 부딪치고, 과정에 있어서도 경쟁이 극심해 이제는 그런 약은 수작에 넘어갈 사람이라고는 없다. 하물며 속임수를 모르는 자연의 열매를 따는 것을 천직으로 하는 농민이 어떻게 그런 짓을 할 수 있단 말인가?

진실로 이제부터 우리는 어느 길로 갈 것인가? 막다른 골목으로 이해관계에 얽매여 돈이 우리의 상좌에 있어 친구를 타산하고 부모 형제자식까지 저울질 하는 길을 택할 것인가, 그렇지 않으면 조금 시간이 길더라도 20년을 참더라도 우리 조상 전래의 도의로 무장하고 수 천 년간 믿어오던 그런 의리로 전진할 것인가? 예언자가 아닌 나는 20여 년간의 장사꾼의 경험에 비추어 분명히 후자가 우리의 참 살길임을 밝혀둔다.

이러한 도의의 나라는 날이 갈수록 번창할 것이며 경쟁에 이겨 마침내는 흔들리지 않는 토대위에 아름다운 꽃을 피울 것이다. 가령 현상을 꽃나무에 비유한다면 우리가 지금 하고자 하는 것은 뿌리를 찾는 것인 반면에 도회지 사람들이 하려는 것은 꽃만 따려는 것 외에 아무 것도 아니다. 뿌리 깊은 나무는 바람에 흔들리지 않아 꽃이 충실하고 열매가 많이 열린다는 용비어천가의 한 구절은 바로 우리의 이와 같은 생각을 크게 뒷받침해 주는 말이라 하겠다.

꽃은 드러나 있어도 뿌리는 흙 속에 묻혀 있어 언뜻 사람들은 꽃만 향할 뿐 뿌리 힘을 알지 못하니 안타까운 노릇이다. 그런데 뿌리가 아름다운 꽃을 피우기 위해서는 그 중간체인 기둥의 형성이 가장 요긴한 문제이다. 누가 기둥을 형성하여 뿌리를 찾고 살찌울 것인가?

만일 농민가운데 가장 효도가 있고 가장 도리를 잘 지키며 군자적이며 서민적인 사람이 있다면 그 사람들이 한데 뭉치는 것이 바로 기둥을 형성하는 길인 것이다.

입만 살아있는 사람이 살 수 있던 시대는 이미 지났다. 그들이 현재 처하고 있는 막다른 골목을 보지 못하는가? 우리는 말많은 사람을 싫어한다. 상대도 하지 않을 지도 모른다. 이와 같은 마음이면서도 자신이 그 길을 쫓아가려고 하는 바보는 없을 것이다.

이와 같은 우리 한 사람 한 사람의 마음은 곧 국민의 마음이니 어리석게도 혼동하여 자멸의 길을 택하지 말고 국가와 민족이 진실로 바라는 바를 받아들여야 한다. 그것은 곧 세계적으로 우리나라 농촌이 가장 많이 가지고 있는 뿌리의 개발이요 육성이며 하나의 새로운 '이즘'으로써, 세계도처의 허덕이는 인류사회에 빛을 던져주는 길이다.

오천년 동안 우리의 피와 살 속에 간직해온 양심의 결속으로 사는 길인 동시에 막다른 골목에 처한 세계의 위기를 구하고 국가적 소망을 이룩하는 길은 현대적인 삼강오륜을 찾고 실천하는 길 밖에 없음을 확신한다. 배부른 참된 삶을 위하여

(S.記)

思想大講演會
새 「컨센서스」 摸索

建大新聞

思想的貧困은 救濟될수있는가

韓國的 헤브라이즘

「李得熙 교수」 經濟的, 精神的, 靈的인 不安속에 살고 있는 人間은 위의 三者의 調和가 동시에 이루어질 때 해소될 것이라고 말하고 學者와 藝術家와 宗教人들의 부패상을 지적했다. 그리고 現 韓國의 不安은 한국 자체의 문제임과 동시에 世界的인 문제임을 밝히고 資本主義, 依他主義, 封建主義가 얽힌 한국의 갈등을 「헤브라이즘」적 사상을 환기하는 것으로 方向을 제시했다.

建大新聞 西紀 1965年 10月 21日

誠 (言→成:創造) ： 信 ・ 義 ・ 業
(廣深久의 焦核)　　(敬天)　(愛人)　(實地)

작사 작곡

2. 하얀 자락
3. 뜻있게 살자
4. 진실한 그루
5. 참을 찾아
6. 금지게
7. 길을 따라

1. 흘러만 가네

이 득 회 詩曲 78년 가을

너 와 나 밀 물 같 이 딩 굴 며 왔 네

출 렁 이 며 치 솟 - - 으 며 부 딪 쳐 - - 울 며 세

월 이 갔 네 보 라 굽 이 치 는 것 보 라

사 무 치 는 것 론 들 로 론 들 로

흘 러 만 가 네

Ⅱ. 너와 나 떨리는 손 쥐어잡으며
이세상 오솔길을 가시넝쿨을
헤쳐서왔네 보라 다져진 가을
보라 피어난 봄을 론들로 론들로
전하여 가네

Ⅲ. 너와 나 별과 같이 떨어졌어도
꿈길로 오가며 미소지우며
속삭여 왔네 보라 영원한 것
보라 찬란한 것 론들로 론들로
이루어 가네

2. 하 얀 자 락

이 득 회 詩曲   81년 봄

가 랑 잎 을 쓸 고 간 하 얀 자 락 이

진 눈 깨 비 되 어 서 내 려 와 녹 네

어느사이 개나리 움이트-는 데

아지랑이 사이로 은은히 오네

II. 실바람에 실려온 어느 사연이
   치마자락 여미는 새싹이 되네
   속삭이는 이른 봄
   꿈을 실고서
   아지랑이 사이로 어엿이 오네

III. 일그러진 세월의 하얀자락이
   스며나는 물 사이 구슬로 구네
   속삭이는 푸른 날
   하늘거리며
   아지랑이 사이로 사라져 가네

3. 뜻 있 게 살 자

이 득 회 詩曲 1981년

금 지 - 게 벗 들 - 아   뜻 있 게   살 자

금   지 게 벗 들 아   뜻 - 있 - 게 -   살   자

별 받 는 - 저 하 늘 은   아 름 한 - 아 - 름

II. 금지게 벗들아 뜻있게 살자 금지게 벗들아 뜻있게 살자
　　흐르는 땀방울을 굴리고 굴려 흐뭇한 한세상을 만끽해 보세
　　금지게 벗들아 뜻있게 살자　금지게 벗들아 뜻있게 살자

III. 금지게 벗들아 뜻있게 살자 금지게 벗들아 뜻있게 살자
　　뜻으로 새겨 새겨 내일 또 내일 그윽한 한세상을 가슴에 묻세
　　금지게 벗들아 뜻있게 살자　금지게 벗들아 뜻있게 살자

4. 진실한 그루

이 득 회 詩曲 76년

눈 보 라 비 바 람   휘 몰 아 쳐   와 - 도 -

출 령 인 다.

Ⅱ. 파릇이 열어라 간직해온 나래를-
　무궁한 씨방도 한들거린다.흙으로
　엮어온 유유한 맥결의 가락이여
　영그른 열매마다 진실한 그루향기가
　출령인다.

Ⅲ. 만세를 밝혀라 누르른 땅의 등불
　무궁한 이끌림의 얼이 여문다.섭리로
　엮어온 유유한 인연의 가락이여
　덧있는 두들김 진실한 그루 향기가
　출령인다.

5. 참을 찾아

이득희 詩曲 76년

그윽한 순결속-에 눈시울이젖으-면

도도히 앞을딛는 우리들은금지게

내일을 일구-며 참을찾으리 라

Ⅱ. 산이고 바다고 사막도 거-친
　　아슬한-꿈결속에 나부끼는 옷자-락
　　하늘로 이어주랴 하얀- 핏줄-기
　　아득한 해-륙-에 구-름이 뭉치-면
　　눈속에 피어나는 우리들은 금지게
　　내일을 일깨우며 참을 닦으리라

Ⅲ. 오는길 가는길 손을 흔들-며
　　솟음치는 생기-는 다시 날은-다
　　둥우리 열어주랴 자라-는 독수리
　　흐뭇한 수레위-에 잠-못-이루-면
　　새로이 나래치는 우리들은 금지게
　　내일을 다지-며 참을 지키리라

6. 금 지 게

이득회 詩曲 63년

구 름 의 - 문 열 려 구 슬 이 랑 금 이 랑

섞 여 어 린 호 수 에 이 쁘 란 선 녀 여 울 에 실 려

춤 춰 내 려 내 려 온 -------- 다

Ⅱ. 태고의 숲은열려 옥도끼랑 금지게
　　오색어린 호수엔 어엿이 나뭇군 여울옷을
　　숨겨 어루어루 만진다.

Ⅲ. 아쉬운 날은 흘러 구슬이랑 금이랑
　　사연어린 호수엔 천년 만년을 금지게
　　나라 세워세워 나간다.

7.길을 따라

이득희 詩曲 62년

오 랜 날 묻 히 어 온 얼 은 터 난 다

슬기로운 젊은 - 아 금지 - 게 들 - 아

한 뜻 모 아 가꾸어 가자 금 - 수 강 - 산

너 와 나 와 길 을 - 따 라 힘 을 - 더 하 자

너 와 나 와 길을-따 라 힘을-더하 자

Ⅱ. 거치른 일-터에 보람이 있다.
　　우리는 부름받은 금지게가 아니냐
　　보-아라 이루어지는 기쁨의 나-라
　　너와나와 참을-따라 힘을 더하자
　　너와나와 참을-따라 힘을 더하자.

Ⅲ. 지게는 금이-다 사명을 다하자
　　우리는 나라-의 거름이 되야한다.
　　굳세라 담대-하라 패배는 없다.
　　너와나와 삶을 따라 힘을 더하자
　　너와나와 삶을 따라 힘을 더하자.

誠 (言→成:創造) : 信 · 義 · 業
(廣深久의 焦核)　　(敬天)　(愛人)　(實地)

창작 시

찌끔의 희열
(마음)

-이 득 희-

동트는 새 아침이 출렁, 출렁거린다.

동해 도는 동아리, 활게 추는 항아리

별들은 꿈을 꾸고, 하늘은 헤아리네

구슬방울, 구슬방울 솟아져난다 - 싱그러워라

찌끔(마음)사이 스며져간다. - 희열이어라.

★ 구슬 방울, 구슬 방울 솟아져난다.

찌끔(마음)사이, 찌끔(마음)사이 스며져 난다. 희열이어라.

1998.11.19

源堂 李得熙 선생의 '찌끔의 희열' 詩 친필 초고

내 정체와 나

우랄산맥을 넘은 겨울은 고비사막을 달리다
고안령을 굴러대다가는 백두산에서 쉰다.
두텁게 얼어 붙은 천지 못 그래도 거기서 태어난
물고기는 빛과 공기를 속삭인다. 여름이 무성해질 때는
그늘아래서 春夏秋冬 희노애락의 시를 그린다.
그러는 사이에 「내」와 「나」는 세월사이의 욕정의 것이었나
견우와 직녀가 헤어지는 것이 또 헤어지는 것인지
태초를 흥얼거리며 하얀탈을 쓰고 악의 지혜를 던져
생명을 낚던 너 數奇한 운명이란 것
나는 너를 안다.
흰 빛 까마귀가 된 무리를 천사로 이끌며 노림과
노림의 미끼를 던지던 너
한때는 천지신명의 총애아래서 흉내를 내면서
그 주인을 밀쳐 내려던 너
욕정의 화신 루스벨아! 바이러스처럼 「내」와 「나」를
스며들어 노림과 노림의 미끼를 던지고 있지 않은가.
그러나 넌 새로이 태어나는 부활을 빠뜨린
탐욕의 낚시질이었을 뿐
수많은 나라들은 각기 다른 모습을 하고 있지만 나름대로
이땅에 심어진 것을 태어나는 생명과 더불어 내내 가슴을
파고 들어서는 순박과 진실을 치솟게 하나니
地心에서의 순박은 天心에서의 진실은 거침없이

탈바꿈하며 이어가나니
그래서 「내」와 「나」의 내일에 태초가 쉴새없이 샘솟아
사람다운 사람이 이어지는 저 하늘의 땅, 땅의 하늘이
영글어질 것을 믿는다.

1988.7.13.

李得熙

조약돌들의 말씀(1)

찬란한 숨결이 숨어있는데
계절이 보낸 겨울은 내내 눈을 쌓아 둔다.
그래서는 얼음이 되고 녹아
계곡은 똑똑 떨어지는 것 받아 산개울을 맨든다.
급기야는 콸콸 얼키고 설키고,
한참만에는 폭포도 된다.
살아 움직이는 자는 그들 같이 가히 곱고
귀한 것이리라.
그기다 씻는 삶들은 무엇을 간직해 와서 인지
더구나 참에 이끌리는 것, 사랑에 이끌리는
것만은 아니기에,
사람도 그렇게 쌓이고 쌓여 역사를 타고
똑똑 떨어져 급기야는 콸콸 얽혀
마즈막엔 거울 같은 우리의 서해가 될 듯
하기도 한다.
태초에 태어난 것이
흙이라는 것. 혹 진실이라는 것
아무튼 사람은 그것이란다.
그래서 개울에 돌들은 서로 뒹굴기도 하여
얽혀 낙서를 남긴다.
얼키며 설키며 새겨진 사연과 사연들
이것은 산모퉁이를 돌 때 인생이라는 삶의 모퉁이를

돌 때 사람의 가슴을 새긴다.

봄 하얀 옥에 어린 물방울, 백꽃 잎에 어린 물방울

기쁨인 양, 슬픔인 양 글성이며 더불어 살아

이어온 백성들

나름대로 새겨진 심장을 지녀온 사람들

돌처럼, 돌처럼 흙이 바탕이어라

흙은 여러 성스런 사람도 키운다

저 오리엔트의 東과 西로 번져오며

조약돌들에 새긴 말들, 신비들, 기적들로 빛난다.

저 道라는 글귀 無라는 글귀의 그 흙들을

맨든 참의 하나님은

백옥에 어린 눈물처럼 전하여 왔다.

아아 나는 똑똑, 콸콸 흘러왔던 그

새 물방울이 될 수 없는 것인지! 하나님 하나님

1988.6.8 아차산에서

李 得 熙

일하며 깨달으며

하늘이 준 일을 하며 科學을
깨닫는 사람들이 어느새 나의
것으로 하여 놀며 즐기는 과학이
된 바탕을 신의 섭리와 운명은
흐른다

나의 것으로 누리는 사람들, 나의
것으로 웅크러져가는 사람들의
벌판에는 아직도 수많은 벌레처럼
피조된 사람들이 서러움이 되고 있다.

나의 과학을 누리는 사람들, 나의
과학을 만드는 사람들의 '악이나 선',
'개방이나 폐쇄'들을 파는
간격에는 으레히 지진과도 같은
화산이 묻혀져 있었다.

하늘은 과학의 맹점을 흐르며
자유로이 말한다.

히틀러를 시켜 이스라엘을 찾게
하기도 하고 맑스를 시켜 누른

자를 깨닫게 하고는 물거품처럼
사라지게 한다.

낙원을 쫓겨난 사람들, 섭리와
운명의 들판에서 벌레와 더불어
일하며 깨달으며 쫓겨진 사람들의
고진감래 속에는 희열도 있다.

李 得 熙

誠 (言→成:創造) : 信 · 義 · 業
(廣深久의 焦核)　　(敬天)　(愛人)　(實地)

창작 그림

1. 자화상(1963)
2. 못과 無(1976)
3. 못과 꿈(1987)

1. 자화상(1963년)

2. 못과 無(1976년)

3. 못과 꿈(1987년)

부록 _5

수치실험해석 관련 친필노트

    원당선생이 남긴 방정식, 수식, 수치 관련 친필자료 수백 장 중 일부
이다. 연구실이나 자택에서든, 제자와 함께한 카페에서, 혹은 홀로 계신
어떤 장소에서든 떠오르는 방정식을 풀고 계산한 수식과 수치를 기록한
친필원고들이다. 이렇게 어렵고 고된, 그러면서도 아주 치밀한 수십 년의
수치계산을 통해 확인되고 정렬된 방정식들이 논문으로 완성되었던 것이
다. <총서 1,2,3권>의 내용 중, 건국이념-천부경의 수치실험해석을 이해
하는데 큰 도움이 되는 귀중한 자료이다.

$$\partial + P = \frac{4\Lambda x}{x^2 - \Lambda^2} = 0.4837718\,83 \qquad 1977 \quad 8. \quad 1\ 0$$

$$0.4837718\,83\ x^2 - 0.4837718\,83\ \Lambda^2 - 4\Lambda x = 0$$

$$0.4837718\,83\ x^2 - \overset{0.12344387}{0.4837718\,83} \cdot \frac{x^2 b^2}{4} - \frac{2}{x} \cdot \frac{x b}{2}\, x = 0$$

$$0.12344387\ b^2 + 2b - 0.4837718\,83 = 0$$

$$b = \frac{-2}{2 \times 0.12344387} \pm \frac{1}{2 \times 0.12344387}\sqrt{4 + 4 \times 0.12344387 \times 0.48}$$

$$= -8.10084121 \pm 4.05042060\,9\ \sqrt{4.24381462\,2}$$

$$= -8.10084121 \pm 4.05042060\,9 \times 2.06005209$$

$$= -8.10084121 \pm 8.34407743\,6$$

$$\therefore \begin{cases} b = 0.24323622 \\[4pt] x = \frac{b}{1-b} = 0.32141631\,1 \end{cases} \qquad 1977 \quad 8. \quad 1\ 0 \qquad \text{①}$$

$$\begin{cases} x\,b = 2\Lambda = 0.0781800\,8P \\[4pt] \frac{x b}{2} = \Lambda = 0.03900P00\,44 \end{cases}$$

$$P = \frac{2\Lambda}{x + \Lambda} = \frac{0.0781800\,8P}{0.36050635\,t} = 0.21881888$$

$$\partial = \frac{2\Lambda}{x - \Lambda} = \frac{0.0781800\,8P}{0.28232626\,9} = 0.276P13P\,78$$

$$P + \partial = \frac{4\Lambda x}{\quad} = \frac{0.05025671}{0.17379804\,13} = 0.4837718\,83$$

$$0.10330844 = \text{②} - \text{①} = 0.00128\,031t$$

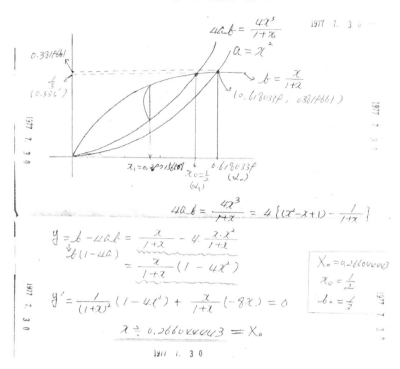

$$4ab = \frac{4x^3}{1+x} = 4\left\{(x^2-x+1) - \frac{1}{1+x}\right\}$$

$$y = b - 4ab = \frac{x}{1+x} - 4 \cdot \frac{x \cdot x^2}{1+x}$$

$$\downarrow b(1-4a)$$

$$= \frac{x}{1+x}(1 - 4x^2)$$

$$y' = \frac{1}{(1+x)^2}(1 - 4x^2) + \frac{x}{1+x}(-8x) = 0$$

$$X_0 = 0.2660\kappa\kappa\kappa\kappa3$$
$$x_0 = \frac{1}{2}$$
$$b_0 = \frac{1}{3}$$

$$x = 0.2660\kappa\kappa\kappa3 = X_0$$

1977. 1. 30

〈1982년 수치실험해석 친필원고〉

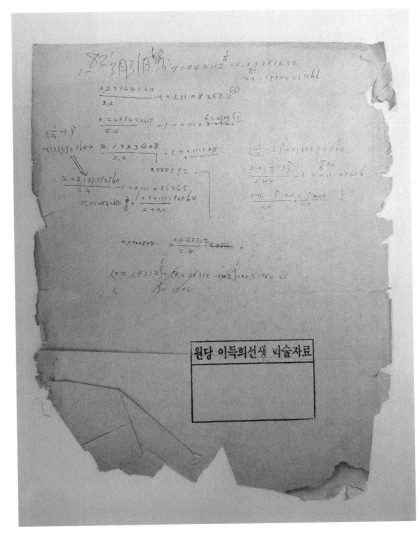

〈1990년 수치실험해석 친필원고〉

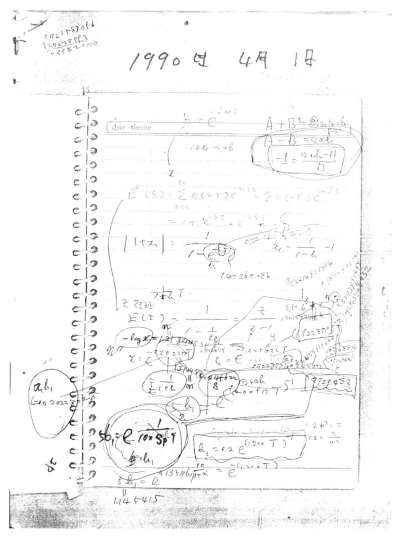

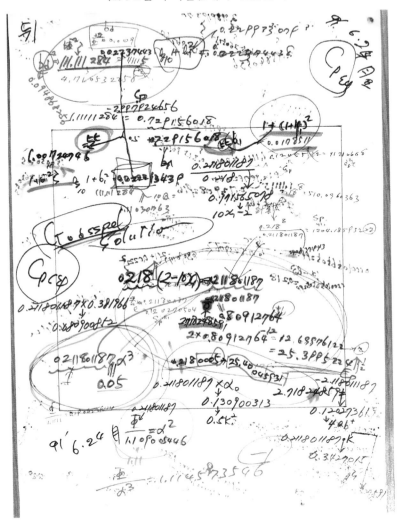

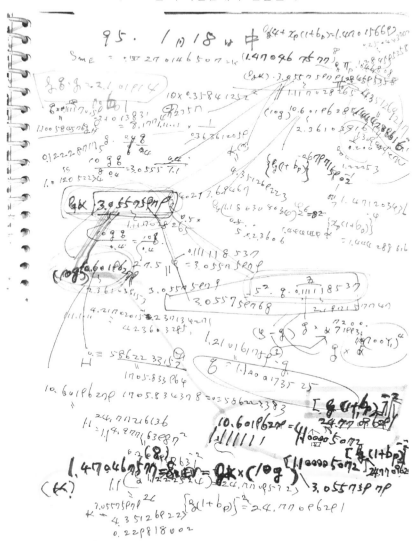

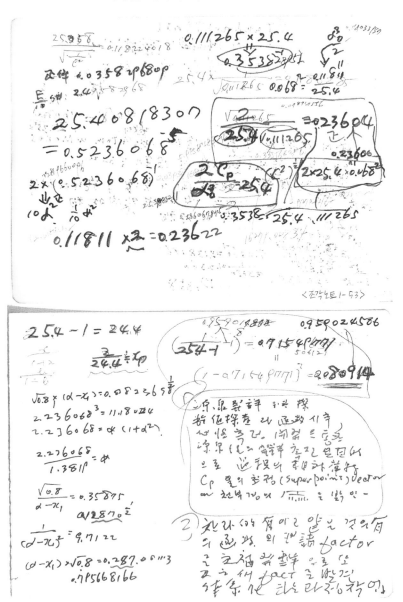

〈조각노트1-53〉

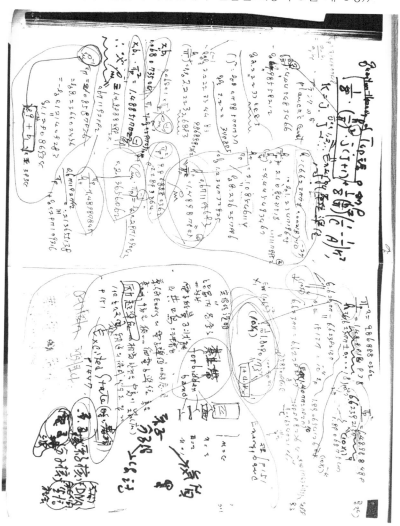

〈여러 쪽지에 기록한 수치실험해석 친필노트〉

〈원당선생 연구실 칠판 모습/건국대 공과대학 467호〉

〈원당선생 연구실 책상 벽면에 붙여놓은 수치실험해석 자료들〉

誠 (言→成:創造) : 信 ・ 義 ・ 業
(廣深久의 焦核) (敬天) (愛人) (實地)

찾아보기

원당 이득희(源堂 李得熙)

(1931.9.21.~2000.11.13)

△ 1931년 9월 21일 경상남도 울산시 의왕동 출생

△ **학력** 1949 부산상업중학교 졸/ 1953 연대 화학과 졸/ 1953 연대 대학원 물리학 전공/ 1961 국민대 경제, 법학과 卒

△ **경력** 1950 미8군 통역관(중국어)/ 1953 동래, 동성고 교사(불어, 독어)/ 1953 부산공과대학 강사(수학)/ 1954 국립공업연구소 식품과 연구원/ 1956 한일고무공업사 공장장/ 1957 대한발명협회 연구개발위원/ 1957 동방화학공업사 고문 및 공장장/ 1963 태화고무, 대동화학공업(주) 고문 및 공장장/ 1964 대한발명협회 이사/ 1964 건국대 축산대학 강사(경영학)/ 1968 건국대 공과대학 교수(산업공학과)/ 건국대학교 명예교수 역임

△ **연구논문** 윤리경영수압(需壓)과 개방체제실험(Ⅰ~ Ⅷ)/건국이념─천부경의 수치실험해석(Ⅰ~ Ⅳ)/창조적 고유탄력성에 관한 연구(Ⅰ~ Ⅱ) 외

△ **저서** 유물경제비판/기업이념연구/기업체제연구(1,2)/산업─Ergod: 하얀핏줄기(녹색신문사刊)/「誠 : 信·義·業」(녹색신문사刊)/찌끔(身焦)의 희열(嬉涅) 올터(土核)의 영채(映彩)(청운출판사, 2002)/윤리경영수압과 개방체제실험 〈「誠 : 信·義·業」 총서 제 1권〉(한국학술정보(주), 2020)/윤리경영수압과 개방체제실험 ─건국이념─천부경의 수치실험해석 〈「誠 : 信·義·業」 총서 제 2권〉(한국학술정보(주), 2021)

△ **발명특허** 1958 스태아린산 칼슘제조/1958 고무신 또는 합성수지고무이물도장료제조방법/1958 착색고무신/1959 실내용 합성수지 「타이루」제조방법/1959수용성강력접착제의 제조방법/1959 불휘발성접착제의 제조방법/1959 판휘가소물착의 제조방법/1959 합성고무신 주원료예비처리법/1960 접착제급예비도제 제조법/1960 가소물성의 착색표면보호가류법/1961 고무배합물의 기화증착피복법/1974 박피혁(薄皮革)과 직포를 일체로 접착시키는 방법/1979 강인접합물 제조방법

△ **실용신안** 1964 고무신/1974 2중 투명수지흑판

△ **상표등록** 1974 'GK' 마크/1979 '금지게 GK'

△ **발명성취품**(특허外) 〈50년~60년대 연구개발품 내역(최초)〉/고내마모성 정미(精米)로울러/고내유성 패킹/스폰지 종류 및 홀라후프 종류/토산재(土産在) 이용 어스타일 및 합성기와/토질(土質)콜로이드化(고무플라스틱 강장제)/폐기피혁(廢棄皮革) 합포재생/합포타이어 제조(최초 흥아타이어)/흑당분 간장 및 제당(제일제당)/적외선 제화(製靴) 자동기/석탄산 수지단추/전자회로기판(금성사 납품)/미사일용 부품(美 KPA 납품)

윤리경영수압과
개방체제실험

<창조적 고유탄력성에 관한 연구>

초판인쇄 2022년 12월 3일
초판발행 2022년 12월 3일

지은이 원당(源堂) 이득희
편저자 즈네상스팀
펴낸이 채종준
펴낸곳 한국학술정보㈜
주 소 경기도 파주시 회동길 230(문발동)
전 화 031) 908-3181(대표)
팩 스 031) 908-3189
홈페이지 http://ebook.kstudy.com
E-mail 출판사업부 publish@kstudy.com
등 록 제일산-115호(2000. 6. 19)

ISBN 979-11-6801-985-0 93320